図説

ユダヤ教の歴史

市川 裕＝編著

●河出書房新社●

はじめに

ユダヤ教の歴史を執筆するにあたって留意したことは、第一に、ユダヤ教を信奉した人々の営みに対する驚きを描写することであった。人類の歴史に大きな影響を及ぼした聖書は、ユダヤの民を含む古代イスラエルの人々によって生み出された。その歴史と内容については、すでに厖大な知識が提供されてきた。ではいったい、聖書を生み出した民は、その後どのような運命に遭遇し、それをいかに克服してきたであろうか。ユダヤ人の歴史意識では、ローマ帝国との戦争で西暦七〇年にエルサレム第二神殿が崩壊したことは、長い離散の時代の始まりとされ、以来、彼らの歴史は二〇〇〇年に及んで今日に至っているのである。本書は、正に宗教がユダヤの民に与えた「生きる力」を、歴史に沿って具体的に描写することを目的としている。

その中でも重要な論点になるのは、ユダヤ的一神教が具体的に歴史に現れた姿とはなんだったかである。それはときに、大きな歴史的事件とその結末に対する理解の仕方に現れることもあれば、一人の人物の事跡と思想として表れ、あるいは、人々を結ぶ社会システムとしての共同体の諸制度に生かされることもある。さらには、世界観や法規範として、人々の思いと行いに方向づけを与えていくこともあれば、日常的な衣食住の営みの中に深く根づいて習慣化した意識の中にも姿を現す。

このような多様な側面があることに鑑みて、本書は、これまで光の当てられてこなかった側面を意識的に取り上げることを心掛けている。また、ユダヤ教は時代によってその内容を変化させているばかりでなく、地域的にも中心が移動しているので、西欧のみが関心の中心にはならない。イスラーム社会のユダヤ教の展開、カバラーの歴史、さらにはゲットーの歴史的意義への着目が、本書の眼目となっている。

市川 裕

目次

地図・図版作成：小野寺美恵、Banhouse

第一章　ラビ・ユダヤ教までの歩み……市川 裕

1　ラビ・ユダヤ教から見たユダヤ教の歴史

ユダヤの民は、日本の歴史がすべて収まってしまうほどの長い年月にわたって、世界各地に四散した。それにもかかわらず、彼らは互いに同胞としての意識を保ち続けて、各地の住民の中へ溶け込んでしまうことがなかった。これは一般に「離散ユダヤ人共同体」と呼ばれ、離散の状態には、「まき散らされた者」を意味するギリシア語「ディアスポラ」が用いられてきた。今日では、様々な民族が本国から離れた状態を示すのにこの言葉が用いられるが、元来はユダヤ人の離散のみを示す概念だった。

そうした長期にわたって独自の社会を維持できたのはなぜか。それを可能にする様々な条件が揃っていたためである。キリスト教とイスラームという二つの一神教が中世、近世に世界を支配して、宗教が人間の帰属を決定したこと、身分制度によって社会の流動性が抑えられたこと、一元的な中央集権国家は存在せず、多様な権威が認められたモザイク国家であったこと、ユダヤ教徒が貿易と金融に独自の役割を果たし得たことなどである。その中で特筆すべき点は、ユダヤ教が果たした不可欠の役割である。

【ラビ・ユダヤ教とは】

離散時代のユダヤ教は、神の啓示によって与えられた法規範が生活のすべてを包摂するような宗教であった。ユダヤの民は唯一神との間に特別の契約を結んで、これらの規範に従うことを誓ったとされている。このユダヤ教の形態はラビという称号を持つ人々によって指導されたために、一般にラビ・ユダヤ教(Rabbinic Judaism)と呼ばれる。ラビたちが教授し伝承した啓示法は総称してヘブライ語で「ハラハー」と呼ばれる。イスラームでは「シャリーア」という概念がこれに相当する。今日に伝わるユダヤ教とは、狭義にはラビ・ユダヤ教を指す。

では、ラビ・ユダヤ教の成立はいつであろうか。成立の目安が二つある。一つは、西暦七〇年のエルサレム第二神殿の崩壊である。これはローマ帝国との戦争(第一次ユダヤ戦争)のさなかの出来事であった。第二の目安となるのが、西暦二〇〇年頃にユダヤ教の法典ミシュナが編纂されたことである。この間にラビ・ユダヤ教が徐々に体制を築いたと考えられる。

ミシュナの編纂者はラビ・ユダ・ハナスィと呼ばれる。ラビは称号、ユダが名で、ナスィはヘブライ語で「筆頭者、首長」を意味する職名、ハは定冠詞である。パレスチナのユダヤ社会の首長ラビ・ユダである。ミシュナの編纂地は、パレスチナ北部のガリラヤ地方の中心都市ツィポリで、数キロ近くにナザレの町があった。

【キリスト教出現以後】

西暦七〇年も二〇〇年も、キリスト教の成立よりも後である。ナザレのイエスの処刑が西暦三〇年頃で、ペトロとパウロの処刑は五四年頃である。一般にキリスト教は

▶ツィポリは下ガリラヤのほぼ中央に位置し、地中海とガリラヤ湖を結ぶ街道と、シリアとエジプトを結ぶ海の道が交わる交通の要衝であり、ローマのガリラヤ支配の中心地であった。

▶モザイク2点：ツィポリの名を知らしめたのは、頂上部分から出土した「ガリラヤのモナリザ」のモザイクである。ローマ式邸宅跡の中央広間には、一面にモザイクが敷き詰められ、ディオニュソスとヘラクレスの酒宴での飲み比べの場面が数多く描かれている。おそらくそれを囲むように、宴会が催されたものと想定されている。女性の顔は中央モザイクの周囲の装飾部分に描かれている。発掘後、イスラエル博物館で修復保存作業が行われ、現在、遺跡に戻されて公開されている。このモザイク群は西暦三世紀前半に成立したとされ、ミシュナ編纂とほぼ同時期であることから、ユダヤ的生活様式を保存するミシュナの編纂場所がローマ文化華やかな都市であったことのギャップが鮮烈な印象を与える。

▶古代に栄えたのち、地震のために廃れ、その後は放置された。一九八〇年代までは丘陵の頂上に要塞址があるだけの遺跡丘だったが、九〇年代からの大規模な発掘の結果、広大な都市遺構が出現し、往時の繁栄がしのばれる。

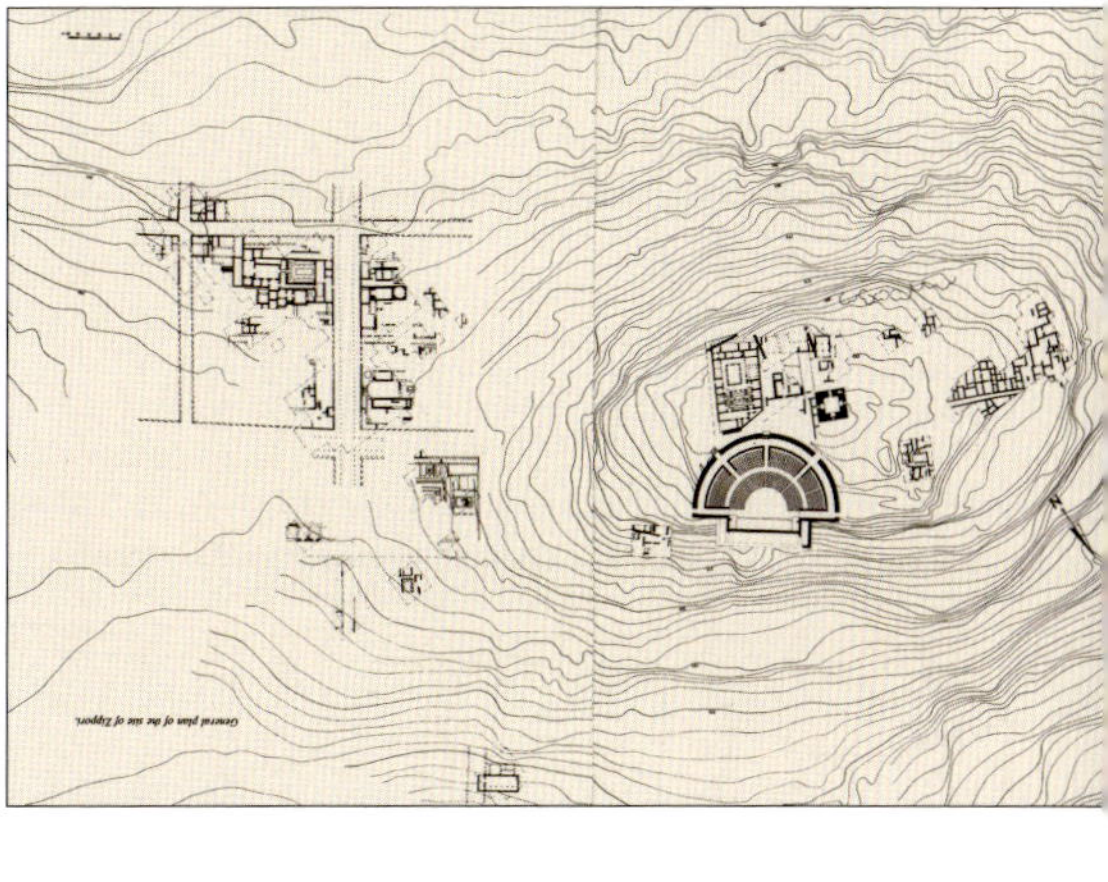

▶丘陵のすそ野には「下の町」が広がり、南北と東西にカルドとデクマノスの中心街道が走る典型的なローマ式都市構造が認められる。そうした居住区域内でもミクヴェ（沐浴施設）が発見されたので、ユダヤ人の居住した可能性が高い。

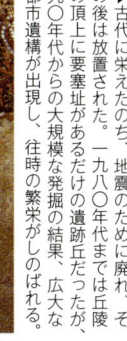

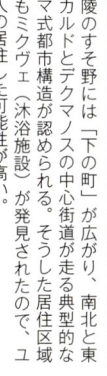

▶旧約時代の中東地図。肥沃な三日月地帯からナイル川流域にかけて、長らくメソポタミアとエジプトの両文明に挟まれた地域に複数の小国家が出現し、ついに消滅した。古代イスラエル王国もその例外ではなかった。

ユダヤ教から生まれたといわれるが、ラビ・ユダヤ教の基盤が形成されたのは、キリスト教成立以後である。これは、キリスト教成立後に、ユダヤ社会を変容させる重大な出来事が起こったことによる。それが、ローマ帝国と戦った二度の破滅的な戦争であり、エルサレム第二神殿の崩壊であった。それによって、国家・領土・神殿を喪失し、本格的な離散が開始されたのである。本書では、西暦二〇〇年頃までを「ラビ・ユダヤ教前史」と捉え、まずはそこに至るまでのユダヤ教の歴史を概観する。

2 旧約聖書時代の古代イスラエル宗教

【古代イスラエル国家の出現と滅亡】

ラビ・ユダヤ教の成立に至るまで、ユダヤ教はどのような歴史を歩んだのであろうか。ユダヤ教を意味するユダイズム（Judaism）という言葉の起源はギリシア語の「ユダイスモス」で、「ヘレニスモス」への対抗概念として生み出されたと考えられる。これは、アレクサンドロス大王の遠征以後に生まれた概念であるが、それ以前から、すでにユダヤ教共同体の原型となるような宗教共同体の存在が確認できる。

エジプトとメソポタミアの帝国の勢力が衰えた時代、紀元前一三〇〇～一〇〇〇年頃に、イスラエルのような小規模国家群が両大国の中間地帯にいくつも出現し覇を競った。その後数百年を経て勢力を回復させた両大国、とりわけメソポタミアの帝国はそれらの小国家群を次々と征服し、歴史の舞台から消し去った。その中で、ユダ王国の末裔だけが、滅亡した後もその存在を歴史に留め続け、ヘブライ語聖書を生み出した。その理由は彼らの宗教にあった。

【ヘブライ語聖書の歴史観】

ヘブライ語聖書は、キリスト教においては「旧約聖書」と呼ばれるが、イスラエル民族の歴史が神ヤハウェとの契約関係として語られている。アブラハムを始祖とするイスラエル一二部族連合が、モーセの指導のもとでエジプトを脱出して神ヤハウェと契約を結び、神がアブラハムに与えると約束した地カナンを征服し王国を形成した後、南北に分裂しついに強国に征服され滅亡したと。

それは長大な民族叙事詩としても読めるものであるが、神の啓示の書として編纂され、明確な意図が込められた。即ち、誤った信仰が国家を滅亡させ民を追放させたという教えである。信仰の何たるかは、歴史

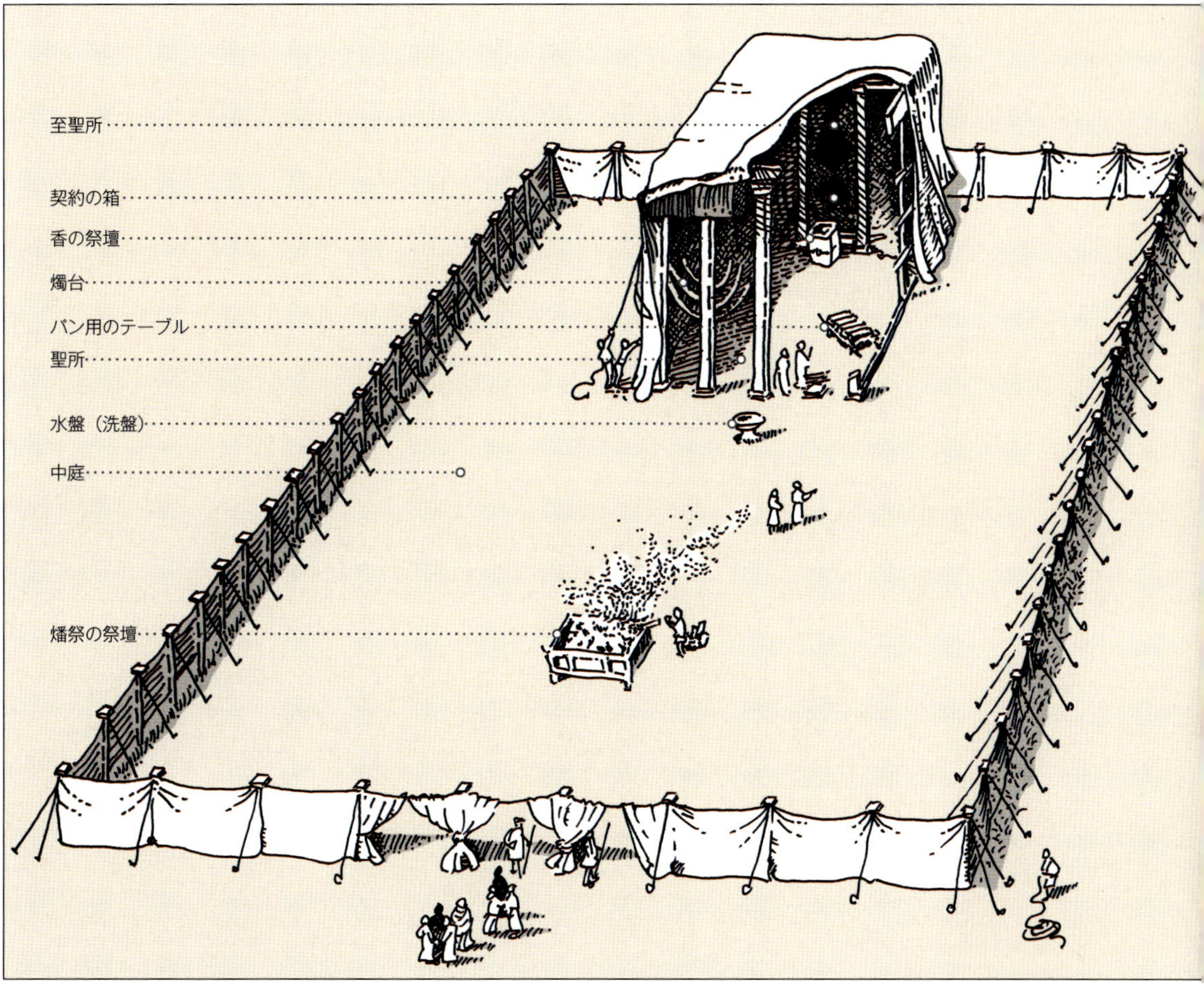

▲会見の幕屋と神殿。預言者と並んで聖書における最も中心的な施設は、神が祭儀を要求した場であった。シナイの荒野で神は「会見の幕屋」の建設を命じ、カナン定住後には、エルサレムのソロモン神殿がその役目を果たした。

を通して如実に証明されているという。それを告知したのは、イスラエルの預言者たちであった。

【国家滅亡と「モーセの律法」の成立】

イスラエルには古くから預言者への厚い信頼が存在した。預言者は、真実の信仰と社会的正義を失った国家権力者を厳しく批判して、真実の神へ戻ることを訴え続けた。モーセに始まって、サムエル、エリヤ、イザヤ、エレミヤ、エゼキエルなどが続いた。新バビロニア帝国の侵略により、紀元前五八六年にユダ王国が滅亡しエルサレム神殿が破壊されたとき、バビロンに捕囚の身となった民はこの教訓を真実と認めた。王国の滅亡は自分たちの背信のゆえであったと。そして、真実の信仰に戻るべく、預言者モーセに下った神の啓示を編纂した。それが「モーセの律法」である。律法の原語はヘブライ語の「トーラー」で、これは神意や神の教えを意味する語である。モーセ五書には詳細な法規定が含まれることから、七〇人訳ギリシア語聖書はモーセ五書を「ノモス（法）」と訳し、日本語訳では「律法」となった。

【第二神殿時代の始まり】

アケメネス朝ペルシアが新バビロニア帝国を滅ぼし、被征服民の帰還を認めたこと

▲アレクサンドロスの遠征。アレクサンドロス大王の関心は西のローマにはなかった。アテネの神殿を破壊した蛮族ペルシアの制圧こそ、彼の悲願であった。その足跡はアケメネス朝ペルシアの支配領域全土に及んでいる。対照的に、イスラエルにとってのペルシア帝国は、キュロス大王による解放、祖国への帰還、神殿再建の勅令に始まって、ダリウス大王によるエルサレム神殿再建の追認など、好意的であった。

によって、紀元前五三八年に、ユダ王国の民はエルサレムへの帰還を許された。大半の民はそのまま残ったといわれるが、エルサレムに戻った民は、ダビデ家の総督とツァドク家の大祭司を筆頭に神殿の再建に取りかかった。これをエルサレム第二神殿と呼ぶ。このときも預言者が民を鼓舞した。かつてのイスラエルには、神を祀りいけにえを捧げる場所が各地に多数存在したが、今やエルサレム神殿のみが神の定めた聖所であるとの信念が浸透した。

【ユダヤ教の成立】

ペルシア帝国はユダ地方を属州として認め、総督ネヘミヤを派遣してエルサレム市の城壁を建設させた。そこに、祭司エズラがモーセの律法を携えてやってくる。新たな共同体はイスラエルの神ヤハウェと契約を結んで「モーセの律法」を遵守することを誓約したとされている。そして、安息日と割礼は、契約の徴として厳重に実施されることになった。ここに、それまでのイスラエル宗教と区別してユダヤ教の始まりが認められる。この間の事情は、旧約聖書のエズラ・ネヘミヤ記に描かれている。このときの属州の範囲は、エルサレムを中心に半径が二〇〜三〇キロメートルの狭い領土で、その後、平穏な時代が数百年続き、聖書に含まれる書物の編纂も進んだ。

◀エフェソス遺跡。ヘレニズム文化は彼らが建設した新しいポリスとその複合施設において、最も明白にその特徴が示される。都市の守護神の礼拝は、スポーツ競技と悲劇の競演によって彩られ、蛮勇と音楽の素養を養うことが市民の不可欠の徳目とされた。

3 ヘレニズム・ローマ時代のユダヤ教

【ヘレニズムとユダイズムの対抗】

旧約聖書の世界は、エジプトとメソポタミアの二大文明を中心とする文化圏での出来事であって、イスラエルの民は、その二つに挟まれて強い影響を受けつつも、独自の宗教思想を発展させた。そのときはまだギリシア世界との接触はなかった。しかし、ペルシア帝国がギリシアと戦争してから、アレクサンドロス大王によるペルシア帝国征服の東方遠征が行われ、ついにパレスチナ地域がギリシア文化の影響下に置かれる時代が到来した。これがヘレニズム・ローマ時代の幕開けである。

ヘレニズム時代のユダヤ人社会には、かつてなかった重要な出来事が次々と起こった。一つは、ギリシア至上主義ともいえるヘレニズムに遭遇したユダヤ人が、初めて自分の思想と生活様式を、「ユダイズム」として意識化したことである。ヘレニズムは、ギリシア的都市の建設を中心に、一つの明確に意識化された思想と運動を伴う文化的価値体系である。その圧倒的影響力の前に、ユダヤ人社会はヘレニズム推進派と伝統維持派との価値の対立を生み、ユダヤ教のあり方そのものを問う自覚的な思想運動が沸騰するようになった。

▲ハスモン朝の領土拡大。ユダヤの民は捕囚から帰還して以来、独立戦争に至るまで比較的平穏な時代を400年近く過ごしていたので、独立戦争以後の領土拡張戦争は異様に見える。独立の達成が民族の誇りを刺激して、ダビデ、ソロモン時代の栄華に匹敵する領土拡大に向かわせたと考えられる。

【国家の独立と領土征服】

シリアに誕生したセレウコス王朝は紀元前二〇〇年頃からパレスチナを支配し始めたが、ユダヤの民にギリシア文化を強要したことから、一連の歴史的出来事が生じた。宗教的迫害は殉教者を生み、文化の衝突は独立戦争へと発展した。祭司ハスモン家のユダ（マカベアのユダ）の活躍で勝利し独立を達成したユダヤ人国家は、ハスモン家を大祭司職に任じ、かつてのダビデのイスラエル王国を理想とする聖地回復運動を高揚させた。

ハスモン家はユダヤ王をも名のり、領土回復を目指す対外戦争がハスモン朝を貫く政策となった。回復された土地は聖別されねばならず、征服されたイドマヤやガリラヤの住民はユダヤ教を受容することで残留を許され、ユダヤ的慣習への同化が起こり、またユダヤ人の植民運動も行われた。サマリアの住民はゲリジム山の神殿を破壊されたため、サマリア教とユダヤ教との関係はこれを契機として悪化した。

【神学論争の活発化】

宗教思想の観点から注目されるのが、思想運動の活発化である。ハスモン朝は大祭司権と王権の地位を世襲化した。ユダヤの

▲▶ヘロデの土木事業。ローマとの友好関係を基礎に、国内の大土木工事を次々と成功させ、世俗的繁栄は頂点に達した。主要な建設事業は右の通り。反乱に対する逃走路を確保する意図もあった。最後にエルサレム神殿の大改造に着手した。

❶サマリアはセバステ（＝アウグスタ）と改名され、アウグストゥスの神域が建設された。	前25
❷ストラトンの塔は海辺のカイザリアの港湾都市に変貌した。	前20～前10
❸アンテドンはアグリッピスへ改造された。	
❹エルサレムの王宮としてカイサレイオンとアグリッペイオンを建設。	前24
❺アンテパトリス（父にちなんで）。	
❻キュプロス砦（母にちなんで）。	
❼ファサエリス（兄にちなんで）。	
❽ヘロディオン（パルティア戦勝記念要塞）。遺言により埋葬されたはず→最近発掘された。	
❾マサダ。宮殿、ローマ風呂施設、貯蔵庫等を建設。第1次ユダヤ戦争の最後の戦場。	
❿マカイロス（＝マケルス）。のちに息子アンテパスが洗礼者ヨハネをここに幽閉。	
⓫マクペラの聖墓の囲壁。	
⓬エリコの別荘など。	
⓭エルサレム神殿。丘の頂上の高さにプラットフォームを建設する大土木事業。	前20～死後

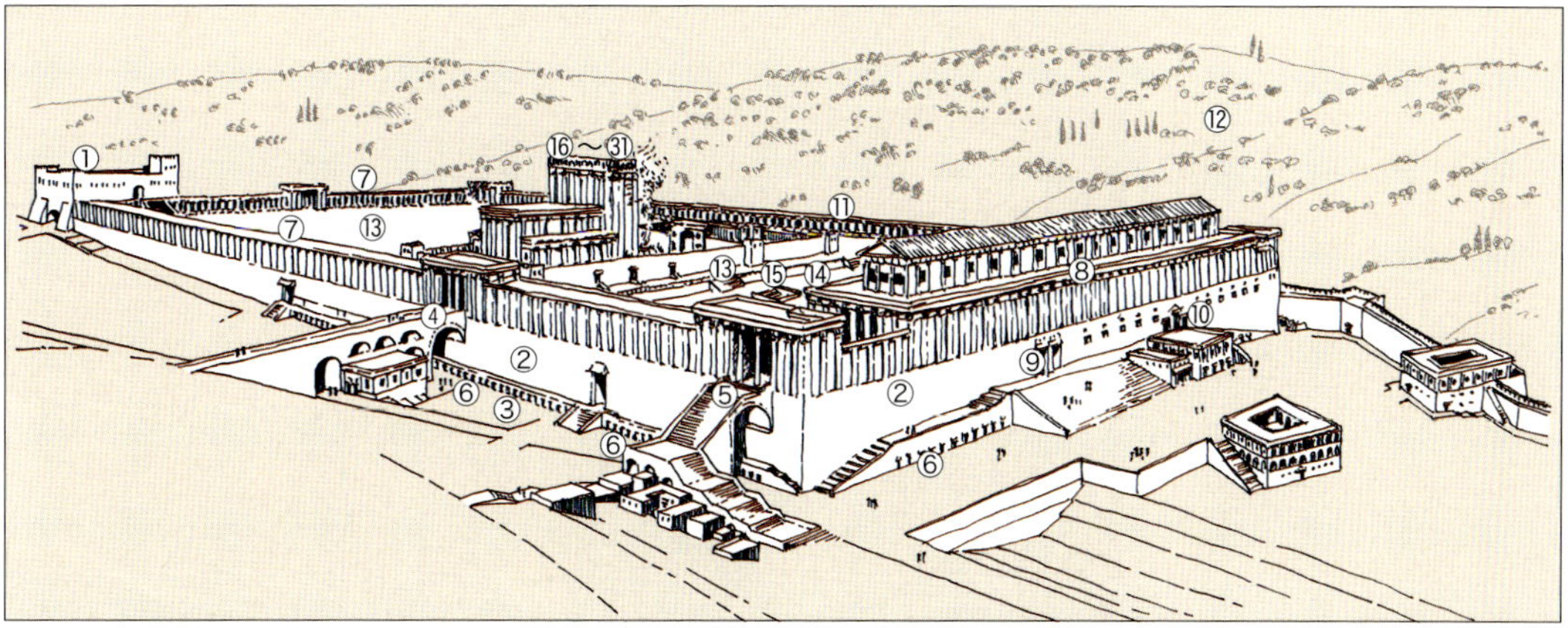

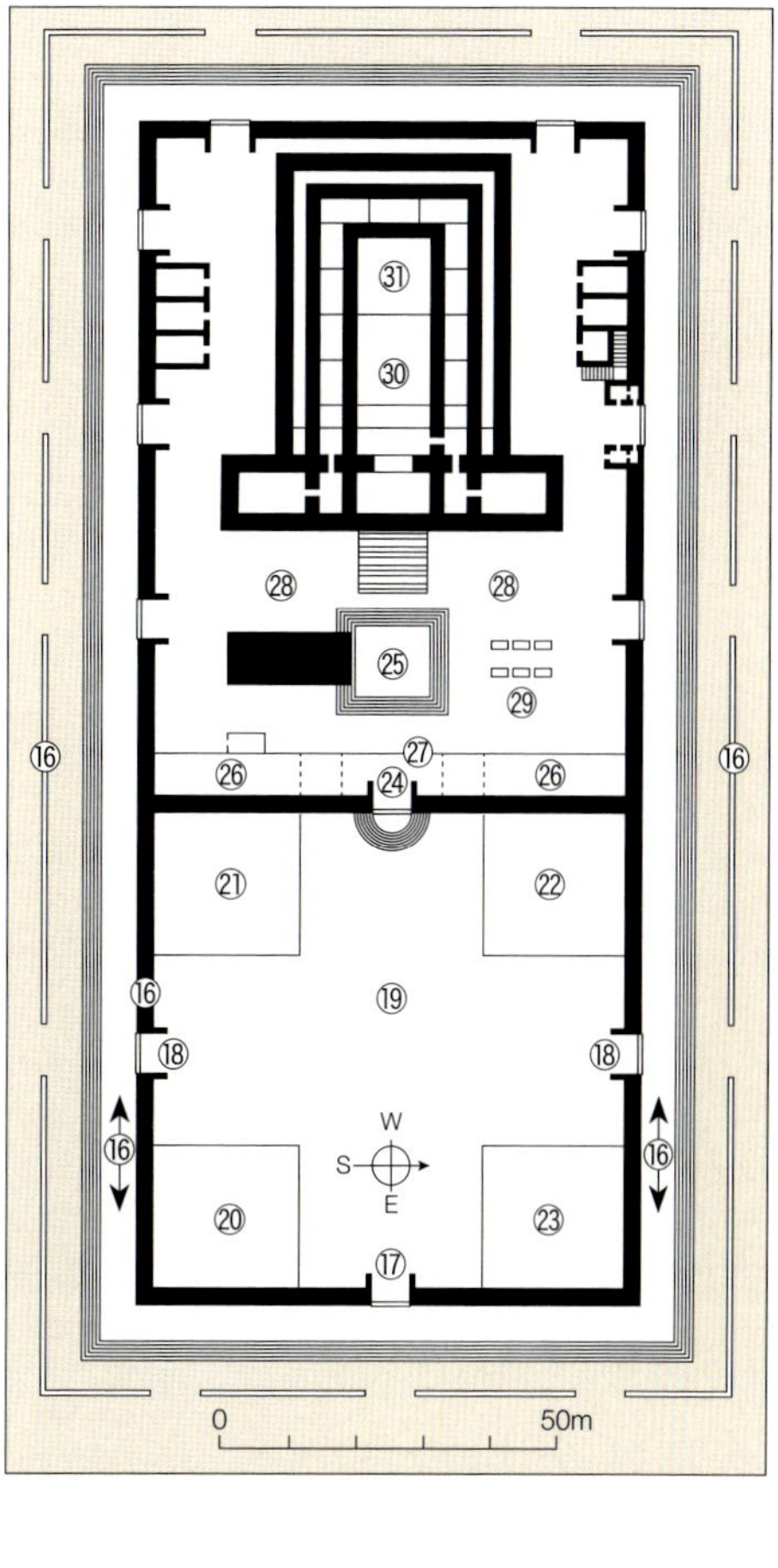

▲▼ヘロデの神殿（復元図）。ヘロデはユダヤ人の反感を避けるために、トーラーに忠実に神殿を再建したと考えられていて、その構造は、ヨセフスの『ユダヤ戦記』、出エジプト記、ミシュナの「ミッドート篇」などから相当程度再構成が可能である。〈ヘロデの第二神殿〉①アントニア要塞　②擁壁　③西壁通路　④ウィルソン・アーチ　⑤ロビンソン・アーチ　⑥商店　⑦柱廊　⑧王室用柱廊　⑨出口　⑩入り口　⑪ソロモンの柱廊　⑫オリーヴ山　⑬異教徒の庭　⑭ ⑩の入り口から境内に至る入り口　⑮ ⑨の出口へのトンネルと結ばれた、境内からの出口　⑯異教徒の進入を阻むための階段と欄干　⑰男性が入場した第一の東門　⑱女性入場用の南北の門　⑲女性の庭　⑳ナジル人の部屋　㉑オリーヴ油蔵　㉒皮膚病者の部屋　㉓薪蔵　㉔男性入場用の第二の東門　㉕祭壇　㉖イスラエル平信徒の庭　㉗イスラエル平信徒から祭司たちを隔てる欄干　㉘祭司の庭　㉙屠畜場　㉚聖所（香炉と燭台）　㉛至聖所

伝統では王はダビデ家、大祭司はツァドク家から出ると信じられていたため、ハスモン家による独占の正当性が深刻な問題となり、ユダヤ人社会内部に、ファリサイ派、サドカイ派、エッセネ派、死海教団、その他の多様な思想と運動を生み出す重大な契機となった。

ヘレニズム期の新たな文化的雰囲気において、かつてのイスラエルの預言は中断してしまったと意識され、かわって黙示思想（アポカリプス）が隆盛を見る。天使の知恵とされた文字と数字を管轄する知識階層の祭司集団は、引き続き支配的であるが、これに対抗して、世襲ではなく学問に権威を置くファリサイ派の賢者が擡頭する。

【ローマの支配と独立の記憶】

ハスモン朝の約一〇〇年間に、ユダヤ国家は領土をかつてのダビデ王、ソロモン王の時代に匹敵する広さに拡大するが、その後継者争いにローマが介入した。東方征服を進めるローマは、シリアのセレウコス朝を滅ぼした後、紀元前六三年に、ポンペイウスを総督とするローマ軍がエルサレムを征服して、ユダヤ王国を支配下においた。その後のローマは、エジプトとの抗争、東方のパルティア、南方のナバテアとの対立、国内の支配権争いなどで多難を極めたため、

ユダヤ支配はユダヤ王ヘロデに託された。

　ヘロデはユダヤ教に改宗したとはいえ、多民族支配に腐心し、各民族との閨閥関係を築いた。ユダヤとの関係ではハスモン家のマリアンメと結婚するが、ハスモン家の人気に猜疑の眼を向け、夫人と息子二人を処刑している。

▲メデバのエルサレム。キリスト教の巡礼地であるヨルダンのメデバ教会は、紀元4世紀頃の聖地を描いたモザイク絵図が床に描かれていることで著名である。エルサレムは左(北)のダマスカス門から右(南)にまっすぐにカルドが通り、その中央付近に聖墳墓教会への入り口がある。同じ門から、やや上方にもう1本の通りが延びているが、神殿の丘にあたるものは描かれていない。

　国内の対抗勢力を制圧したヘロデは、ローマとの友好関係を基礎として各地で大土木事業を展開し、海辺のカエサリアの港湾都市建設などを手がけ、ついにはエルサレム神殿の大改造に乗り出した。しかし、ハスモン朝時代の独立を経験したユダヤ人は、改宗者の子弟でローマの傀儡であるヘロデの王権を歓迎せず、その圧制に抗した。

【ヘロデ王の死後】

　ヘロデ王死後、直接支配に乗り出したローマは、皇帝像や鷲の彫像をエルサレム神殿に持ち込もうとしたり、神殿の神聖な財宝を略奪したり、ユダヤ教の戒律に反する暴挙を繰り返し、ユダヤ人側はこうした圧力に対抗して、父祖伝来のユダヤ法慣習を認めさせようと、強くローマに要求し、両者の宗教的対立、政治的対立は高じていった。ファリサイ派のトーラー重視の運動、洗礼者ヨハネの洗礼運動、そしてナザレのイエスの活動はこうした背景の中で民衆の支持を集めた。一九四七年にクムランの洞窟で発見された写本はこの時期のものである。

　こうした政治的背景は、世の終わりの到来を人々に印象付け、メシアを自称する預言者の出現や黙示録的世界戦争を予言する者まで出現している。そしてついに、西暦六六年のカエサリアでの騒動から、本格的なローマとの軍事的対立へと発展した。歴史上、第一次ユダヤ戦争と呼ばれる。戦争は八年近く続き、七〇年にはエルサレム第二神殿が破壊され、国家としての独立も失われた。

　しかしエルサレム神殿崩壊後も戦闘は終息せず、千名近いユダヤ兵士とその家族がマサダ要塞に籠城して抗戦したが、七三年にローマ軍の総攻撃を前にして集団自死を遂げて終了した。彼らは、奴隷になるよりは死を選んだ。当時の戦争としては、犠牲者や奴隷として売られた者は非常に多かった。

【第二次ユダヤ戦争】

　さらにその約六〇年後、バルコフバをメシアと認めたユダヤ人は、国家の独立と神殿供犠の再開を目指して再度ローマ帝国と戦闘を交え、第二次ユダヤ戦争に突入する（一三二〜一三五）。周到な作戦と果敢な攻撃でローマ軍に多大な犠牲を強いたが、最後は徹底的に鎮圧され、エルサレムとユダ

地方から追放され、エルサレムはローマ式都市アエリア・カピトリーナに改造された。ユダヤ人の抵抗の激しさから、地名はユダヤからシリア・パレスチナへ変更された。

　ヘレニズム時代のハスモン家の独立からローマ時代のバルコフバの反乱まで、政治的自由と独立を第一義とする宗教思想が強い影響力を持って、ユダヤ人社会を席巻した。理想とされたのは、エルサレム神殿を中心に、ユダヤ国家の大祭司権と王権に支えられた聖書時代の伝統であった。大祭司権は政治体制と不可分で、ヨセフスはこの時代を「神権政治」と命名し、大祭司を中心に神がその支配権を知恵と知識に満ちた祭司集団に賦与したと考えた。父祖の教えを命がけで守り戦争も辞さないという強い覚悟は、しばしば戦争を過酷かつ凄惨なものにした。しかしその理想は達成されなかった。

▲▼ティトゥスの建築物三点。第一次ユダヤ戦争のローマ側司令官として父を継いでエルサレム神殿を崩壊に導いたのは、のちのローマ皇帝ティトゥスである。彼はのちに、コロッセオを建設し、また凱旋門のレリーフに、エルサレム神殿からの略奪物を描いた。至聖所の前に置かれていた七枝の燭台（メノラー）が鮮明に見て取れる。

第二章 ラビ・ユダヤ教の成立と特徴……市川 裕

これまでのユダヤ社会は、唯一神を奉じるとはいえ、王を推戴し、国家の独立を誇り、大祭司を中心にエルサレム神殿で祭儀を執行することが枢要な要素であった。その国家が滅び神殿は破壊され、人々は殺害され奴隷として売られた。それでもユダヤの民は滅亡しなかった。しかし彼らはその存在形態を大きく変化させた。それがラビ・ユダヤ教である。ユダヤ人の生活全体が、神の意志であるハラハーの法規範によって隅々まで規定される宗教共同体の始まりである。

1 ミシュナ・タルムード時代

【ヒレル】

この宗教体制は、突然出現したのではない。のちのラビたちに連なる律法学者の出現によって、神の教えを伝達する営みが神殿時代から始まり、社会が壊滅の危機に瀕したとき、父祖代々の法伝承が収集され学習されていったと考えられる。

すでにヘロデ時代と思われる頃、ヒレルと呼ばれるバビロニア出身の賢者の活躍が知られる。母方はダビデの系列といわれた。深い学識で注目され、彼のもとにはトーラーの学問を志す学生が急増したといわれ、シャンマイと並んで学派を形成し、互いに切磋琢磨した。ヒレルは、法判断において、伝承の権威ではなく解釈の原理を示して新たな学問を開き、聖典解釈の七つの原則を提示したとされる。温和な性格で、異邦人にユダヤ教への改宗の道を開いた。その学識と名声ゆえにヒレル家は代々ナスィという指導的地位を託されていく。

【ラビ・ヨハナン・ベン・ザッカイ】

エルサレム神殿崩壊の時代には、ラビ・ヨハナン・ベン・ザッカイという賢者が登場した。彼は神殿崩壊の直前にエルサレム城内を脱出し、ローマ総督ウェスパシアヌスに面会し、ヤブネのブドウ園を賜ったとされる。ユダヤ国家の最高法院サンヘドリン再興が意図されたのかもしれない。供犠の中断に対する特別令が布告され、戦後には父祖伝来の法を学習する学塾として機能した。その功績で彼はラバン（我らのラビ）の称号で呼ばれる。

次代を担う弟子を多く育て、とりわけラビ・エリエゼルとラビ・ヨシュアが傑出した。のちにこの学塾においてヘブライ語聖書が最終的に正典化したとも考えられてきた。

【ラビ・アキバ】

その後、この二人のラビの薫陶を受け、神殿崩壊後の失意の時代に登場し、人々に希望を与えた人物がラビ・アキバである。それまでのあらゆる教えは、アキバによって整理されて新たなトーラーの体系として蘇った。その後のトーラーの発展はここから始まるとさえいわれた。彼は聖書解釈の分野（ミドラシュ）にも独自の思想を展開した。彼はバルコフバをメシアと認めて、第二次ユダヤ戦争に弟子とともに参加し、

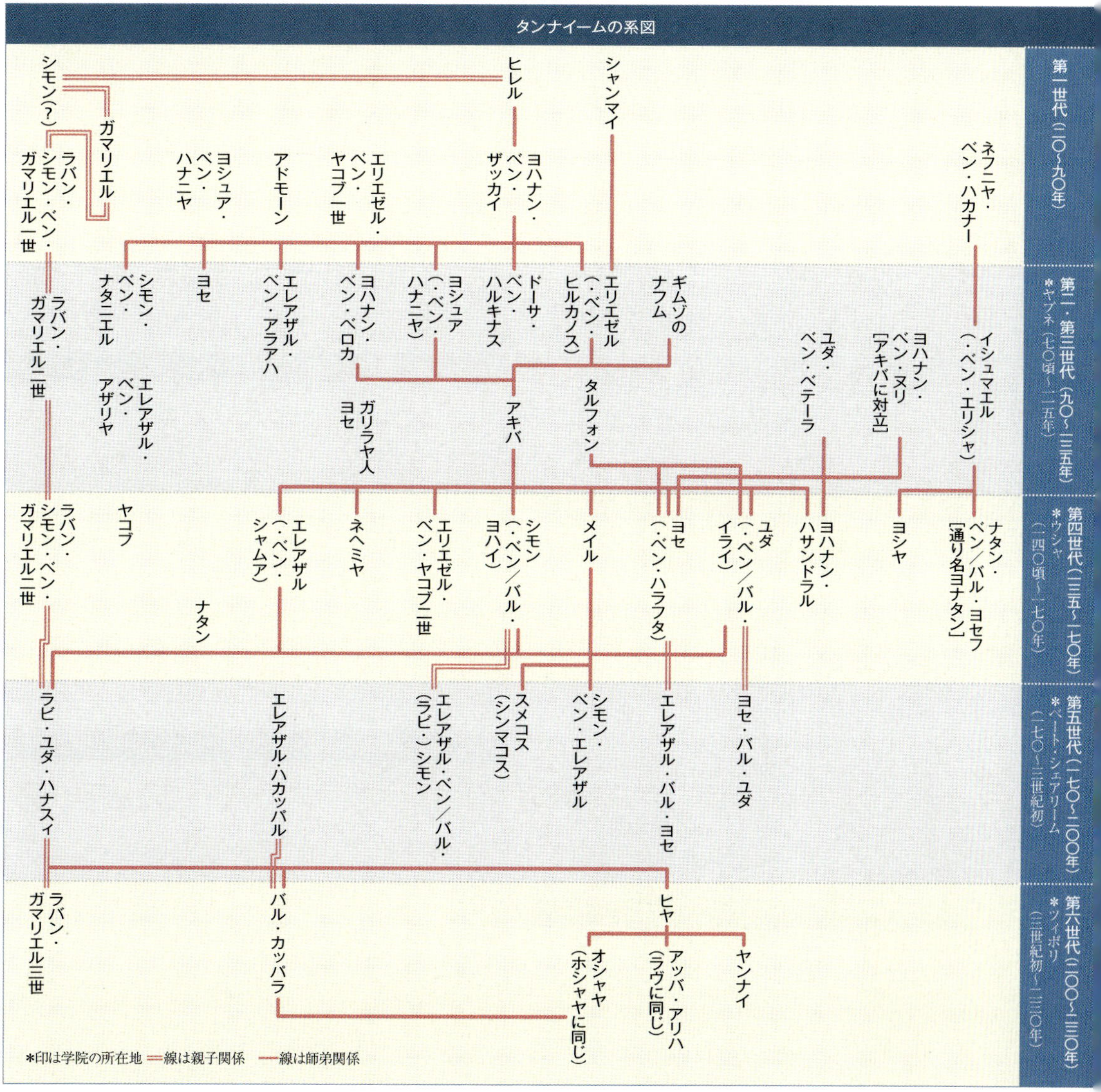

戦後、ユダヤ教を教授した廉で磔の刑に処せられ、伝説に彩られた生涯を閉じた。

しかし、学問の伝統は途切れることなく、若い世代の弟子たちに引き継がれた。ラビ・メイル、ラビ・シモン、ラビ・ユダ、ラビ・ネヘミヤなどが輩出し、残党を追うローマ軍の前から長く身を隠したのち、ガリラヤにおいてユダヤ社会を立て直すことに成功する。

【ラビ・ユダ・ハナスィ】

多難な時代を画するのが、ヒレル家の頭領として聖俗ともに権威を掌握したラビ・ユダ・ハナスィである。セヴェルス朝のローマ皇帝との間に友好関係を築き、ユダヤ社会の首長としてパトリアルクの称号を獲得した彼は、ラビとしての学問的権威に基づいて、自治社会の基礎となる法の体系化に成功した。ミシュナの欽定編纂（二〇〇年頃）は、以後のユダヤ社会の根幹をなす啓示法体系となった。

ズライーム（種子）の巻		
1	ベラホート篇	祈り
2	ペアー篇	畑の一画（レビ19：9－10）
3	デマーイ篇	十分の一税の取分けが疑わしい穀物
4	キルアイム篇	異種交配（申命22：9－11）
5	シュヴィイート篇	休耕の年、いわゆる安息年（出エ23：10－11）
6	テルモート篇	祭司への贈物（レビ22：10－14）
7	マアスロート篇	十分の一税（民数18：21）
8	マアセル・シェニー篇	神殿へ捧げる第二の十分の一税（申命14：22以下）
9	ハッラー篇	練り粉の供物（民数15：17－21）
10	オルラー篇	果樹の若木の扱い（レビ19：23－25）
11	ビックリーム篇	初物の果樹（レビ26：1－11）

モエード（祭日）の巻		
1	シャバット篇	安息日に禁じられる仕事
2	エルヴィーン篇	安息日の移動制限の融合
3	ペサヒーム篇	過ぎ越し祭
4	シュカリーム篇	命の代償額（出エ30：11－16）
5	ヨーマ篇	贖罪日
6	スッカー篇	仮庵祭
7	ベーツァー篇	祭日の規則
8	ローシュ・ハシャナー篇	新年祭の祝い
9	タアニート篇	断食
10	メギラー篇	エステル記とトーラーの朗読
11	モエード・カタン篇	半祭日（祭りの中間日）の規定
12	ハギガー篇	3つの巡礼祭の供物（申命16：16－17）

ナシーム（女性）の巻		
1	イェヴァモート篇	レヴィラート婚（申命25：5－10）
2	ケトゥボート篇	結婚契約書
3	ネダリーム篇	誓い（民数30）
4	ナズィール篇	ナジル誓願（民数6）
5	ソーター篇	女の不倫の疑惑（民数5：11以下）
6	ギッティーン篇	離婚
7	キドゥシーン篇	結婚

＊レビ＝レビ記、申命＝申命記、出エ＝出エジプト記、民数＝民数記

ネズィキーン（損害）の巻		
1	バヴァ・カマ篇	不法行為
2	バヴァ・メツィア篇	市民法
3	バヴァ・バトラ篇	財産法
4	サンヘドリン篇	法廷・裁判組織
5	マッコート篇	体罰（申命25：2）
6	シュヴオート篇	法律上の誓言
7	エドゥヨート篇	証言
8	アヴォダー・ザラー篇	異教崇拝
9	アヴォート篇	父祖の遺訓
10	ホーラヨート篇	法廷の誤審と民の責任（レビ4：22以下）

コダシーム（聖物）の巻		
1	セヴァヒーム篇	家畜のいけにえ
2	メナホート篇	血の生贄以外の供物
3	フリーン篇	食用のための屠畜
4	ベホーロート篇	家畜の初子（申命15：19以下）
5	アラヒーン篇	誓言の実行（レビ27：1－8）
6	テムラー篇	生贄の交換（レビ27：10）
7	ケリトート篇	追放罰（レビ18：29）
8	メイラー篇	神殿財産の誤用（レビ5：15－16）
9	タミード篇	日々の捧げ物（民数28：3－4）
10	ミッドート篇	神殿の構造
11	キンニーム篇	鳥の捧げ物（レビ5：7以下）

トホロート（清浄）の巻		
1	ケリーム篇	器の不浄
2	オホロート篇	死者による天幕内の穢れ（民数19：14－15）
3	ネガイーム篇	重い皮膚病の清め（レビ13、14）
4	パラー篇	赤い雌牛（民数19）
5	トホロート篇	儀礼的な清浄
6	ミクヴォオート篇	儀礼用水槽
7	ニッダー篇	女性の生理の不浄
8	マフシリーン篇	食物を不浄にする液体（レビ11：37－38）
9	ザヴィーム篇	男性の不浄な漏出（レビ15）
10	テヴール・ヨーム篇	日没まで穢れる不浄（レビ22：6－7）
11	ヤダイム篇	手の不浄と清め方
12	ウクツィーン篇	穢れを伝染させる植物の部位

ヒレルの言行録

「ヒレルはいう。平安を愛し、平安を求め、人類を愛し、彼らを律法に近づけさせるアロンの弟子のひとりになりなさい。彼はよくいう。名声をえようとする者はその名を失い、増し加えない者は枯渇し、（律法を）学ばない者は死罪にあたる。冠（律法）を利用する者は滅びるであろう、と。もしわたしがわたしのために存在しているのでないとするならば、だれがわたしのために存在するのか。わたしがわたし自身のために存在するのであれば、わたしとはなにものであるのか。もしいまでないならば、いつのときがあろうか。」（ミシュナ・アヴォート1・12—14）

◀タルムードの1頁。今日通用しているタルムードは、16世紀にベネツィアで印刷された体裁を踏襲する。中央のコラムにミシュナとゲマラ、綴じる側のコラムにラシの註解、反対側のコラムにトサフォートを配置する。その後、異読や律法典の参照箇所や聖書の引用箇所などを追記したものが、19世紀にリトアニアで発刊され、今日に至る。

ラビ・ヨハナン・ベン・ザッカイ

①ヤブネのサンヘドリンの意義とは、危機における伝承の収集であった。「賢者たちがヤブネのブドウ園に入って以来、彼らはこう言った。将来人がトーラーの言葉を探しても……見つからないときがやってこよう。『それゆえに、見よ、その日が近づいている』と主は語る。『私は地に飢饉をもたらす。食物への飢えではなく、水への渇きではない。主の言葉を聞くことへの渇きである。東から西へ巡り、北から南へさまよって、トーラーの言葉を探し求めても見出すことができないであろう。(アモス書8：11―12)』これこそ主の言葉の予兆……である。トーラーの言葉に比すべきものはない。そこで彼らは互いに言った。さあ、ヒレルとシャンマイから始めよう。」(トセフタ・ホラヨート1・1)

②神殿の廃墟を見たラビたちの反応。弟子ヨシュアの嘆きに対して、ラバン・ヨハナン・ベン・ザッカイは言った。「弟子よ、嘆くな。我々には神殿にも劣らない別の贖いがあるではないか。それは何か。慈悲深い行いである。『私は慈愛を欲し、いけにえは望まない（ホセア書6：6)』と書かれていよう。」(アヴォート・デ・ラビ・ナタン1・4)

ラビ・アキバ

①「一切のことは見られている。しかし自由は与えられている。世界は善行にしたがって審かれる。一切は行為の多寡にかかっている。」(ミシュナ・アヴォート3・15) ②「単にミシュナといえば、ラビ・メイルのものを指し、単にトセフタ（ミシュナの補遺）といえば、ラビ・ネヘミヤのもの、単にスィフラ（レビ記註解）といえば、ラビ・ユダのもの、単にスィフレ（民数記と申命記の註解）といえばラビ・シモンのものを指し、それらすべてはラビ・アキバの思考に由来する。」(バビロニア・タルムード、サンヘドリン87a) ③「ラビ・アキバを死刑に処した時は、あたかもシュマア*を唱える時刻であった。鉄の鋤が肉体を刺し通したとき、アキバは天の王国のくびきを悦んで身に受けていた。弟子たちが『先生、この期に及んでもなお、祈りを唱えるのですか』と問いかけると、彼らに言った。『私は生涯ずっと「魂を尽くして（命がけで)」の句が心残りでならなかった。たとえ主が汝の魂を奪おうとも、という時がいったいいつ自分に訪れるのだろう。その時は必ずそれを果たそうと、心に誓っていた。そして今、私にそのときがやって来た。ならばどうして、それを果たさずにいられようか』。アキバは『(我が主は）一なり』を長く延ばして唱え、唱えながら息絶えた。天の声が発せられていわく、『幸いなるかな、ラビ・アキバよ。「一なり」と唱えつつ息絶えし者よ。』」(バビロニア・タルムード、ベラホート51b)

＊シュマアは申命記6・4に始まる信仰告白で、当時から朝と晩に唱えることを義務とした。「聞けイスラエルよ、我が主は我らの神、我が主は一なり」と「心を尽くし、魂を尽くし、力を尽くして、あなたの神である主を愛せよ」がその告白の要点である。

ラビ・ユダ・ハナスィ

「些細な掟にも重要な掟と同じように気を配りなさい。……3つのことに心をとめて罪に陥らないようにし、あなたの上になにがあるかを知りなさい。即ち、照覧される目、聞き給う耳、および書にしるされているすべての行為を。」(ミシュナ・アヴォート2・1)

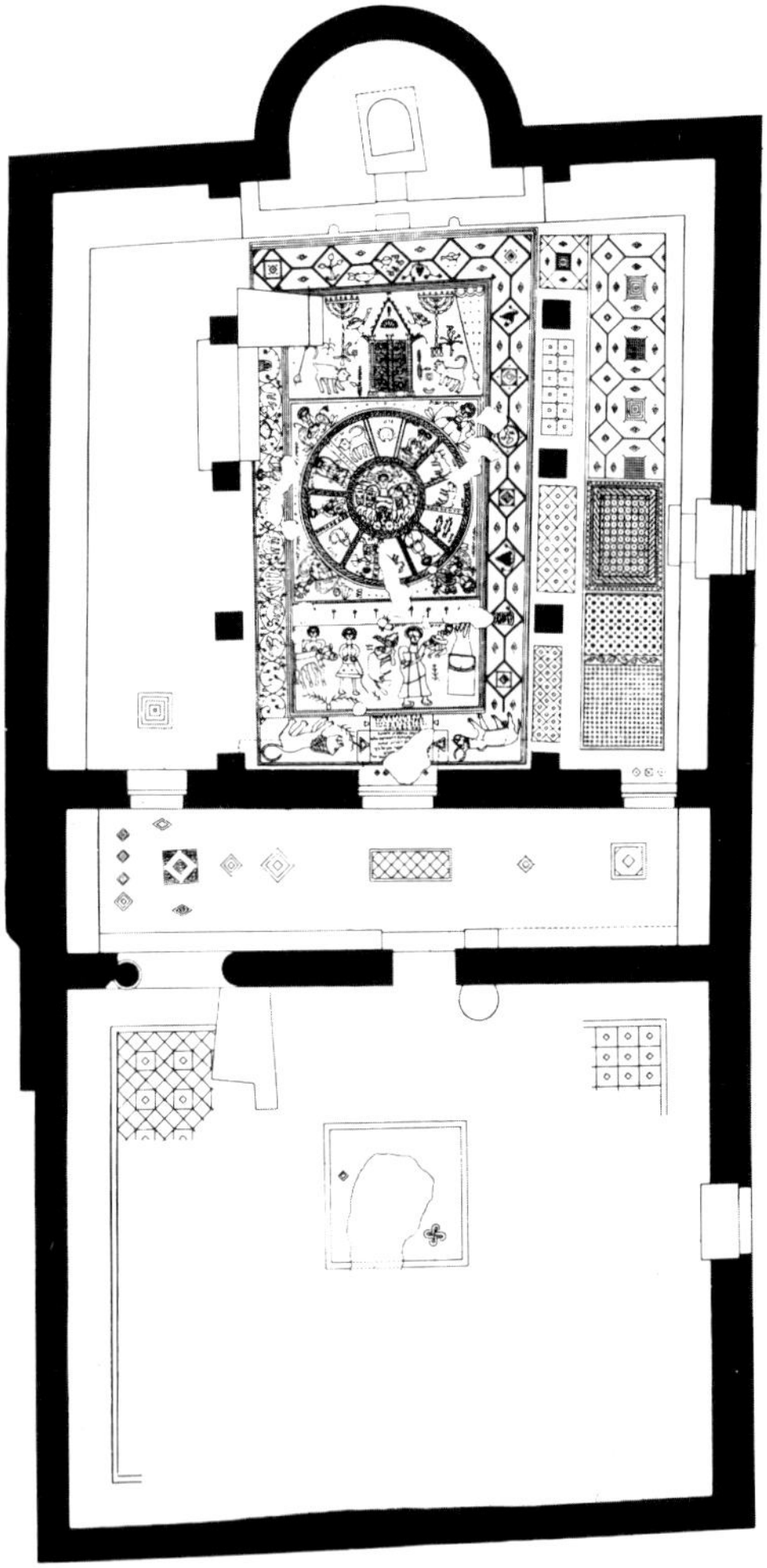

▲◀ベートアルファのシナゴーグ。二〇世紀になってガリラヤ地方で出土したシナゴーグは相当数に及ぶが、中でも最も保存状態がよいのが、この遺跡である。荒地の開拓で出土した。モザイクの絵柄は、聖書のモチーフと中央にヘリオス太陽神を描く黄道一二宮、神殿の聖所の扉と儀礼用の聖物が描かれる。これらの図柄は四世紀から七世紀にかけてガリラヤ各地のシナゴーグに多く見られる。

▲▼シナゴーグ遺跡。今日のシナゴーグはエルサレムに向かう側を正面にするのを原則とするが、この方式はガリラヤで4世紀頃から一般化した。それ以前は必ずしもそうではなかった。左右の側廊にベンチが残されている事例は、女性の席を思わせる。

◀トーラーの聖櫃。シナゴーグでトーラーの朗読が行われたことは、すでにイエス時代から知られ、二世紀には安息日の朗読の仕方にも規則化が見られる。実際にどういう状態の書物から読まれたかについて、出土品や文献資料によって推定されている。

2 ラビ・ユダヤ教の思想的特徴

ラビ・ユダヤ教による宗教共同体は、一般にヘブライ語でケヒラーと呼ばれ、啓示法が生活様式全体を規定する点でイスラームのウンマと極めて類似した構造を持つ。ミシュナのテキストの中に、教えを伝えたラビたちの名と彼らの格言を伝える一篇がある。「アヴォート」といい、父祖の意である。唯一神がシナイ山でモーセにトーラーを伝えた後、いかなる経路を経てミシュナ編纂に至ったかが示される。その系譜は、ミシュナを編纂したラビ・ユダ・ハナスィの息子の代まで伝承の連鎖によって示され、トーラーの学問は師資相承によったことがわかる。彼らは、ミシュナを教えた人々として、タンナイームと総称される。

【トーラーの特徴】

ここに表明された思想の特徴の第一は、二重の啓示、あるいは二つのトーラーを信仰の根幹とする点である。神がモーセにシナイ山で啓示したトーラー（教え）は、文字によるものと口頭によるものをともに含んでおり、口伝トーラーは、代々、師資相承によってラビたちに継承された。ミシュナは正にこの口伝トーラーの集成に他ならない。

第二に、伝承の起源をたどると、モーセからヨシュアへの継承に至る。両者は師弟関係の雛型であり、モーセはラビのモデルと見なされ、現在に至るまで「モシェ・ラベーヌー（我らのラビ、モーセ）」と呼ばれる。第三に、伝達される神の啓示は無尽蔵であり、神学思想から法規範までが包摂され、新たな時代状況に対する柔軟な法解釈を生んだ。伝説の一つに、モーセは将来ラビの弟子がラビの前で尋ねる新規の質問に対する答えさえもすでに知っていたというものがある。また反対に、モーセは神によってラビ・アキバの学塾に連れて行かれたとき、そこでの議論がまるでわからず塞いでいると、アキバが弟子にこの教えはシナイのモーセにさかのぼると語るのを聞いてほっとした、という伝説もある。

【ユダヤ教の人間観】

人間は他の被造物とともに、神の創造物であるが、人間には、神の似姿たる資質が備わっている。人間は神の義に則って正しく振る舞うべき責務を負っている。無知は罪である。正しい行いと誤った行いを識別する源泉は、神のトーラーである。トーラーの学習を通して、人はいかに為すべきかを明らかにしなければならない。

人間の心には、悪への衝動と善への衝動という二つの衝動が備わっているといわれる。人間が生まれてから一三歳になるまでは、悪の衝動が勝っているため、その力に負けて悪いことを行っても、その子に罪を

口伝トーラーの伝承経路

「モーセはシナイからトーラー（律法）を承け、それをヨシュアに伝え、ヨシュアは長老たちに、長老たちは預言者たちに、預言者たちは大集会の人々（祭司エズラの権威に集った指導者たち）に伝えた。彼らは3つのことを語った。慎重に判断をくだしなさい。多くの弟子を興しなさい。トーラー（律法）に垣根を設けなさい。義人シモンは大集会の残りの者のひとりであった。彼は言う。この世は3つのものの上に立っている。トーラーと祭儀と慈愛あふれる行為の上に。」（ミシュナ・アヴォート1・1―2）

613戒のミツヴァ

①613のミツヴァはモーセに対して語られた。365の禁止命令は、太陽年の日数に同じであり、248の当為命令は人間の体の骨肉の数に対応している。②トーラーという言葉は、数価に直せば611である。これは、モーセを介して伝えられた戒律である。残りの2つの掟とは、イスラエルの民が神から直接に聞いた教えであり、それは、「私は主、あなたの神である」と「あなたには、わたしをおいてほかに神があってはならない」の2つであり、合わせて、613となる。（バビロニア・タルムード・マッコート23b―24a）

問うことはできない。しかし、一三歳で男児は神の命令を行う義務が生じて、バル・ミツヴァという儀式を受ける。ミツヴァとは神の戒律のことで、六一三戒のミツヴァがあるとされている。そればかりではない。トーラーの知恵を増やせば増やすほど、その人の責任は重くなる。例えば、安息日の労働禁止では、禁止される仕事は、厳密に三九種類が定められているが、その区別を知っている人は、それだけ注意深く労働禁止に意を注がねばならない。くびきを負うことは、責務であるばかりか、契約の民の特権に他ならない。他の人間たちよりはるかに重い責務を負うという意味で、ユダヤ教徒は神に選ばれた民となる。それが、ユダヤ教にとっての道理である。

3 ミシュナとゲマラ

ユダヤ教がどのような生活様式を生み出してきたのかを、ミシュナの内容から探ってみよう。戒律の目的は、第一に、行為規範を確定してユダヤ教徒の生きる道（ハラハー）を確立することである。ハラハーとは、ヘブライ語で歩むという動詞から作られた概念である。ハラハーの学習は、正しい行為を導くゆえに尊いとされ、男子は幼少から学問を身につけることを定めとした。聖なる安息日には、シナゴーグにおいて祈りとトーラー朗読が励行された。

このラビ・ユダヤ教の最初の口伝トーラーであるミシュナは、ユダヤ教徒の接すべき世界を六つに分類した。元来は書物ではなく、記憶力の良い賢者の記憶にしまい込まれたものが「底本」であった。戒律とは、記憶にしまい込んで身に帯びることが求められる。

ミシュナ全六巻は、ラビ・ユダ・ハナスィの欽定編纂後、パレスチナとバビロニアでユダヤ人社会の制度知のかなめとなり、ミシュナはラビたちの学塾（イェシヴァ）を中心に教授され、それをめぐって註解と問答と論争が行われた。その集成がゲマラ（西暦三世紀〜五世紀）で、学習を意味する。ミシュナとゲマラはヘブライ語聖書と並んで最も権威のある書物とされ、ユダヤ人特有の思考方法と宗教法規を生み出した。

ユダヤ法はあらゆる事柄について、トーラーに照らしてそれが禁じられているのか許されているのか、清いのか穢れているのか、適正か否かという判断を徹底し、しかもその根拠をトーラーから導きつつその論理の一貫性がつねに討論の対象として吟味された。こうして、人と人との関係のみならず、神と人との関係をも法的関係として把握する思惟と徹底したカズイスティーク（決疑論）が形成された。

ミシュナの学問とケヒラー10項目

「ユダヤ賢者の子弟たる者、10の事柄が整った町以外には住むべきではない」（紀元3世紀頃の伝承「バビロニア・タルムード、サンヘドリン篇」17b）

その条件とは：①法廷（3人で構成される）、②慈善の基金（2人で集め3人で分配）、③会堂（シナゴーグ）、④公衆浴場、⑤公衆便所、⑥医師、⑦外科医、⑧書記、⑨資格のある屠畜者、⑩子供の教師。

「5歳で聖書、10歳でミシュナ、13歳で掟に従い、15歳でタルムード、18歳で結婚、20歳で義を求め、30歳で力に満ち、40歳で知恵に恵まれ……」（ミシュナ・アヴォート5・21）

4 アモライーム時代のユダヤ社会

ユダヤ教の賢者は、ミシュナ成立後には、ミシュナを解説する者としてアモライームと呼ばれる。パレスチナではラビ・ヨハナンを中心にアモライーム第二世代に学問が栄えた。西暦二五〇年から二九〇年にかけてである。当時は、ローマの軍人皇帝が頻繁に交代して、異民族の侵略に帝国が苦しんだ時代で、パレスチナも困窮が進み、ラビ・ヨハナンの教えに反して、イスラエルの地を去る賢者が続いた。二九五年には、ユダヤの暦法を公表して難に備え、のちにローマ帝国がキリスト教を公認すると、三五九年にはナスィ制度が廃止され、ユダヤ社会の公認された自治が途切れた。

　ラビたちは四〇〇年頃にパレスチナ・タルムードの編纂によって危機に対抗したが、パレスチナの地で学問が再び隆盛を見ることはなかった。ラビ・ヨハナンの時代は、パレスチナにおけるタルムード学の最後の輝きであり、その後の衰退を止めることはできなかったが、ラビ・アッバフなど、次世代の多くの優れた弟子を育成した。ナスィ制度を奪われたユダヤ社会は、それ以後もシナゴーグの公共生活を中心に連帯して困難な状況を生き抜いていく。

【バビロニアの学塾の歴史】

　パレスチナからミシュナを伝えたラヴとシュムエルの時代が第一世代（二二〇〜二五〇）である。当初二人はネハルデアにあったラヴ・シーラの学塾にいたが、塾長の没後、シュムエルが後継者に選ばれ、ラヴはスーラへ向かった。これ以後、バビロニアでは二つの学塾が発展する。ネハルデアは古くからバビロニアのユダヤ人の中心地で、バビロニアで発達した教えが蓄積されてきた。スーラはユダヤ人の新しい居住区でトーラーも知られていなかったので、ラヴの功績でイスラエルの地の伝統が直接に流入した。

　第一世代の二人は三世紀の半ばに逝去し、第二世代（二五〇〜二九〇）は、ラヴ（二四七没）を継いだラヴ・フナ（二九七没）と、シュムエル（二五四没）を継いだラヴ・ユダ（二九九没）が三世紀の末まで指導する。スーラでは学問が栄え、ラヴ・フナのもとに八〇〇人の学生が常時学んでいたという。ネハルデアは二五九年にタドモル人に襲撃されたため、ラヴ・ユダは学塾をプンベディータへ移動させた。

【賢者の二つのタイプ】

　第三世代（二九〇〜三二〇）になり、スーラではラヴ・フナの後を継いだラヴ・ヒスダが四世紀初めに逝去して以後、栄光は弱まり、塾長さえ長く不在であった。スーラに代わってプンベディータの学塾が栄え、ラヴ・ユダの下で賢者の二つのタイプを代表する二人の弟子が擡頭する。ラッバ・バル・ナフマニは、批判力にすぐれ理性的な推論を重視し、「山々を掘り返す者」と呼ばれた。ラヴ・ヨセフは、「漆喰を塗った水槽」の如くハラハーの議論の包括的な知識にすぐれ、「シナイ」と呼ばれた。塾長にはラッバが選ばれた。

　ラッバの学塾では、年二回の農閑期に行われる公開講義の月に、一万二〇〇〇人の学生が集まったといわれるが、ラッバは学生の税金不払いの問題で官憲の嫌疑を受け、塾長の地位を去って逃避先で死去した。ラヴ・ヨセフが後を継ぎ、弟子にアバイェとラヴァが輩出する。

【アバイェとラヴァ】

　第四世代（三二〇〜三五〇）がこの二人の時代で、タルムードの学問が発展し、アバイェとラヴァの論争はタルムードの精華である。ラヴ・ヨセフが没してのち（三二三）、「シナイ」的素質のアバイェが塾長となったため、ラヴァは故郷のマホザに帰って学塾を開く。「山々を掘り返す者」としてのラヴァのもとへ学生が集まり、アバイェ亡き後、学生が大挙してマホザへ移った。ここに至って、パレスチナが衰退し、バビロニアでも、スーラもネハルデアもプンベディータもが衰えを見せ、ユダヤ教全体の命運はラヴァの双肩に懸かった。

　ラヴァは、ペルシア王の宮廷とも交流し、マホザのユダヤ社会のために規律を設け、豊かな人々の飽食を批判し、労働者の勤勉さを褒め称えた。トーラーの教授と知識の普及に努め、トーラーの学問に高い価値を置いた。ラヴァの偉大な貢献によって、次代の賢者が多数養成され、ついにはネハルデアにラヴ・アシの出現を見る。彼は、弟子のラヴィナとともに、バビロニア・タルムードの編纂者として後世に名を残すことになる。その後、イスラームが中東の覇権を握ると、バビロニアのユダヤ社会は、学問の中心地として大いに栄えていく。

第三章 イスラーム社会のユダヤ教

嶋田英晴

1 ユダヤ人のネットワーク

トインビーのユダヤ・モデル

自らの国家を失って世界中に散らばったディアスポラのユダヤ人は、各地の多数派社会の中でいかにして父祖伝来の教えを守り、いかにして今日までいくつもの文明や王朝の盛衰の中を生き残ってきたのであろうか。この疑問に対しては、英国の歴史家で文明批評家でもあるアーノルド・J・トインビー（一八八九～一九七五）の「ユダヤ・モデル」（領土を持たず、宗教的紐帯によってのみ統合がなされ、世界中にその民族が点在しているような社会集団の型）が重要な示唆を与えてくれる。

トインビーは、その代表的な著書である『歴史の研究』において、世界の歴史を、国家や民族を単位とするのではなく、はるかに長期間にわたって存在する文明を単位として考えることを提唱した。そして、彼は文明の主要なモデルの一つとして「ユダヤ・モデル」を挙げた。それによれば、政治的枠組みたる国家も領土的基盤たる郷土も失ったディアスポラのユダヤ人は、紀元前五八六年（新バビロニアによるユダ王国抹殺の年）以来、世界中にディアスポラの共同体（離散共同体）を形成してその民族としての一体性を維持してきたという。

ゴイテインの地中海世界

トインビーは、領土と国家を必ずしも必要とせず「水平的」にどこまでも広がりうる社会構造の「離散共同体」の創造的な意味に着眼して、歴史上の「ユダヤ・モデル」を人類史の行方を問う「未来の波」として重視している。ところが、イスラーム社会経済史の碩学であるとともに、中世のユダヤ教徒の歴史をも研究した、二〇世紀のユダヤ系の学者であるシュロモ・ドヴ・ゴイテイン（一九〇〇～八五）によれば、中世においてイスラーム圏のユダヤ教徒が多数派のムスリムや同じくその支配下にあったキリスト教徒と平和裏に共生していたという。しかも、ゴイテインの主な研究対象である中世盛期（一〇世紀半ば～一三世紀半ば）のイスラーム圏では、地中海南岸、東岸、及び西岸一帯に点在する離散共同体を拠点としたユダヤ教徒が縦横無尽に取り結ぶ巨大なネットワークが存在していたという。その人的交流は、文化や王朝の違いを超えて非常に盛んであった。

ゴイテインは、ゲニザ文書の解明を通じて、ユダヤ教徒の離散共同体間の密接な交流から成るこのネットワーク社会を「一つの地中海社会」と名付けた。本章では、この中世盛期を中心に、イスラーム世界におけるユダヤ教徒について考察する。

ゲニザとは

ゲニザ（Genizah）とは、ヘブライ文字の書かれた文書や儀礼用具のうち、すでに使用されなくなったものを保管しておくためにシナゴーグなどの建物に併設された保管所を指すヘブライ語である。中世のユダヤ社会では、ヘブライ文字で「神」や神名の書かれた紙を廃棄しないよう、使用済みの大量の紙がゲニザに蓄えられて保存された。この中で、特に一九世紀末にエジプトのフスタート（オールド・カイロ）のパレスチナ系ベン・エズラ・シナゴーグのゲニザから、建物の建て替え中に発見された大量の文書が「カイロ・ゲニザ」と呼ばれ、通常「ゲニザ文書」といえばこれを指す。カイロ・ゲニザが保存されていたのは、乾燥したエジプトの気候によるところが大きい。

全体で三二万枚以上にもなるゲニザ文書の原本は、現在イギリス、アメリカ、フランス、ハンガリー、ロシア、イスラエルなどを中心とする世界各地の図書館及び幾人かの個人によって分散して所有されているが、大半はケンブリッジ大学図書館及びオクスフォード大学のボドレイアン・ライブラリーに所蔵されている。

ゲニザに使用済みの紙を貯蔵する習慣は、エジプトでは一九世紀に至るまで継続されてきたため、発見された文書の書かれた年代の幅は九世紀から一九世紀までと広いが、その大部分は一一世紀初めから一三世紀半ばに集中している。そしてこれらの文書が書かれた場所は西はイベリア半島から東はインドにまで及ぶ。

【ゲニザの内訳とその学術的意義】

三二万枚余りの紙の内訳は、礼拝用の詩、宗教書の断片などに代表される文学的文書と、ユダヤ教共同体の日常生活について書かれた記録文書に大別されるが、記録文書はすべて合わせても（今のところ）二万枚余りである。記録文書の約半数は公私両面にわたる手紙、商業上の往復書簡であり、以下種々の契約書や結婚契約書、ラビ法廷の裁判記録、帳簿、計算書などと続く。

文学的文書の大部分がヘブライ語で書かれているのに対し、記録文書の大半はヘブライ文字表記の中世アラビア語で書かれている。ゲニザ文書は、中世ユダヤ社会及びイスラーム世界、また当時の東西交易の様子を解明しようとする社会経済史の分野に大きく貢献する史料としても、今後のさらなる研究の進展が待たれている。

▲カイロ・ゲニザのジオラマ。「神」という語の書かれた紙を廃棄せず、保存して、やがて墓に埋めるという習慣は、ユダヤ教のみならずキリスト教・イスラームにおいても実践されていた。

2 初期イスラーム

【啓典の民としてのユダヤ教徒】

バビロン捕囚及びエルサレムの第二神殿崩壊以来、ユダヤ教徒は地中海周辺やバビロニア（イラク）などに離散共同体を築き、その地の支配者であったローマ帝国、ビザンツ帝国やパルティア、ササン朝のもとで農業や商業を営んでいた。やがて、この地域一帯はアラビア半島から征服活動を開始したイスラームの支配下に入り、八世紀初頭までにその範囲は、東はイラン、中央アジアから西は北アフリカを経てイベリア半島にまで達する。これにより、当時の世界のユダヤ教徒人口の九〇パーセント以上がイスラーム圏内に居住することとなった。

イスラームによる征服直前、ビザンツ帝

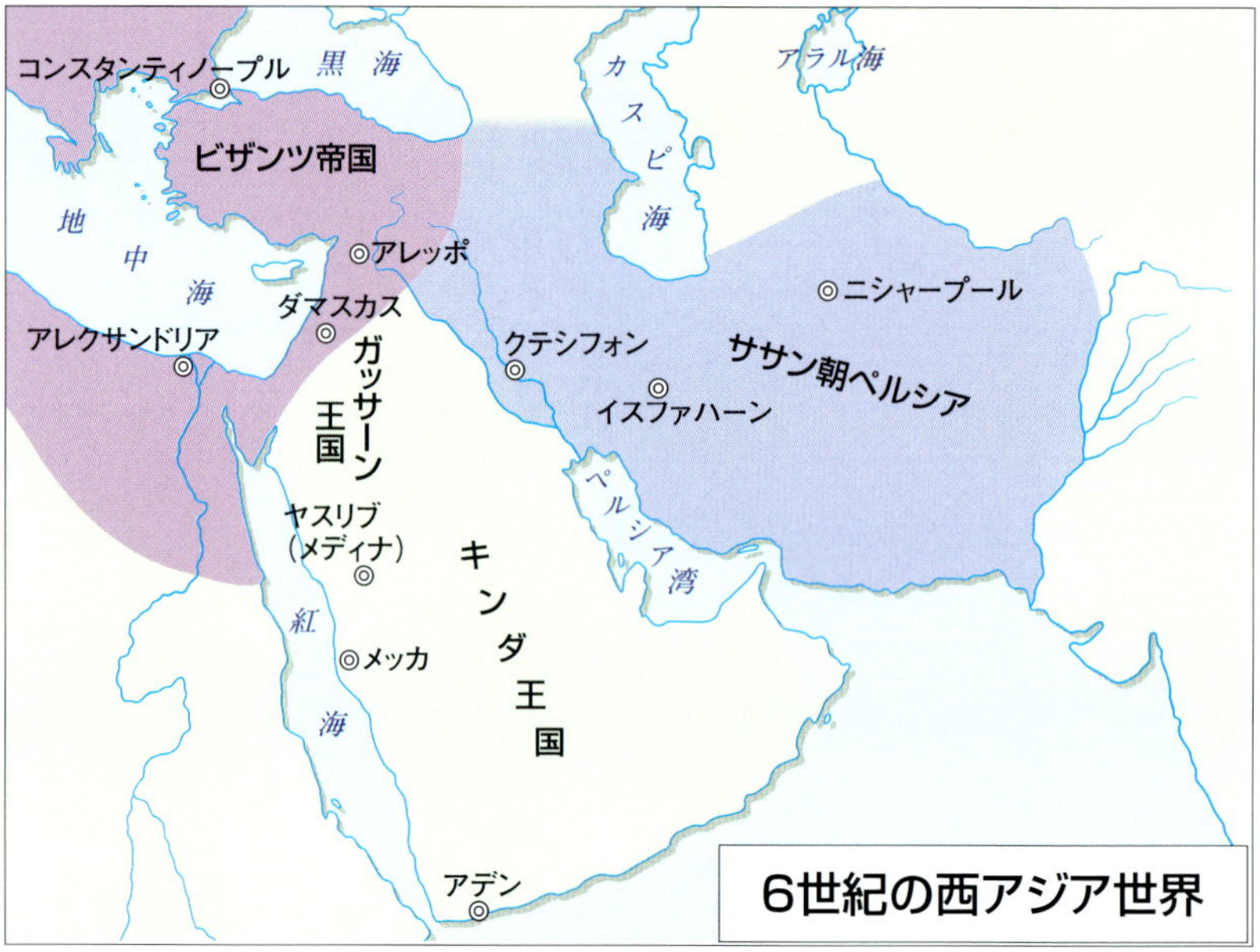

6世紀の西アジア世界

▶イスラーム登場以前の西アジアは、パルティアを倒したササン朝ペルシア帝国（二二六～六五一）がイラン全土及びメソポタミアを支配した。一方、コンスタンティノープルを首都としたビザンツ帝国（三九五～一四五三）は、南東欧や小アジアに加えて、肥沃なシリア・エジプト及び北アフリカを支配下に置いた。

国やササン朝では、ユダヤ教徒に対する宗教的圧迫が行われたのに対して、イスラーム圏では、ユダヤ教徒及びキリスト教諸派は同じ神を信仰する「啓典の民（アフル・アルキターブ）」とされ、人頭税（ジズヤ）と土地税（ハラージュ）の支払いを条件に、生命・財産・信仰の自由を保障される「庇護民（ズィンミー）」として各共同体ごとの法的自治が認められることとなった。カリフのウマルによって定められたとされるこの決定は、その後長きにわたってイスラーム圏において効力を持ったが、その原型は六二二年にメッカからメディナ（当時のヤスリブ）に移住した預言者ムハンマドが移住先の住民との間に結んだ憲章などに由来する。

当時のヨーロッパにおいて、ユダヤ教徒の地位が国王をはじめとする支配者の恣意に基づく非常に不安定なものであったことを考えると、イスラームの支配はユダヤ教徒にとって祝福となったといえよう。実際、古くから内陸アジアの交易に活躍したイラン系のソグド人が、七世紀にウマイヤ朝に征服されて消滅すると、ユダヤ教徒が代わってシルクロード交易において従来にも増して活躍するようになった。

【ゲオニーム時代の中央集権体制】

ところで古来、ユダヤ教徒の中心地はエレツ・イスラエル（パレスチナ）とバビロニア（イラク）であったが、前者ではヒレル家がナスィ（首長）として、そして後者では「レシュ・ガルータ（捕囚民の長）」がユダヤ教徒の代表者として君臨していた。両者ともにダビデ家の末裔であるが、前者がその地位を承認されたのが第二神殿崩壊以降であったのに対して、後者は紀元前六世紀のバビロン捕囚以来の伝統を有した。パレスチナのナスィはやがて四二五年に廃止されたため、それ以降レシュ・ガルータがユダヤ教徒の唯一の代表者であったが、さらにイスラームの支配者カリフのもとでその版図内のすべてのユダヤ教徒の代表者としての権威も付与された。

これに加えて、バビロニアの都市スーラとプンベディータには三世紀以来ユダヤ社会の法的権威である学塾（イェシヴァ）が存在し、やがて五〇〇年頃のバビロニア・タルムード編纂以降、学塾のガオン（塾長）の指導のもとで、世界各地のユダヤ教徒から寄せられる質問に対してラビたちが律法に則した回答状を与える体制が整えられた。レシュ・ガルータとガオンを頂点とする、バビロニアを中心としたこの指導体制は「ラ

▲ユダヤ教徒は、イスラーム帝国の中で、各地域の拠点となるような都市には必ず共同体を築いていた。これが、人的及び情報のネットワークとして機能し、ユダヤ教徒の遠距離貿易を支えていたのである。

▼ユダヤ商人は、ローマ帝国崩壊後の交易において主導的な役割を果たした。カール大帝の保護のもと、西からは毛皮、奴隷、宦官《かんがん》、刀剣などを、東からは香辛料やスパイスなどを運んで西ヨーロッパ、コンスタンティノープル、ダマスカス、バグダード、インド、中国などの商人と陸路と海路によって交易した。

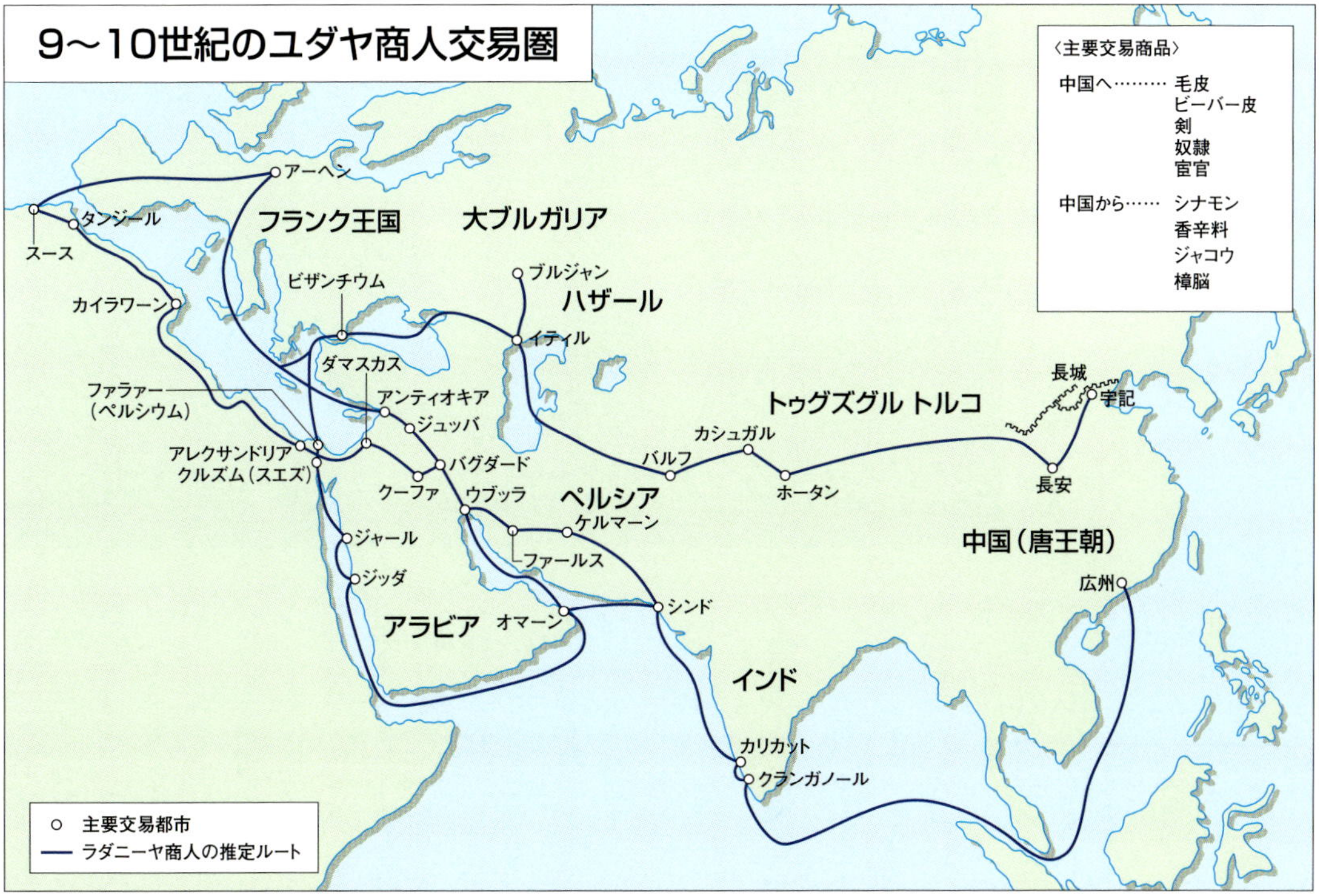

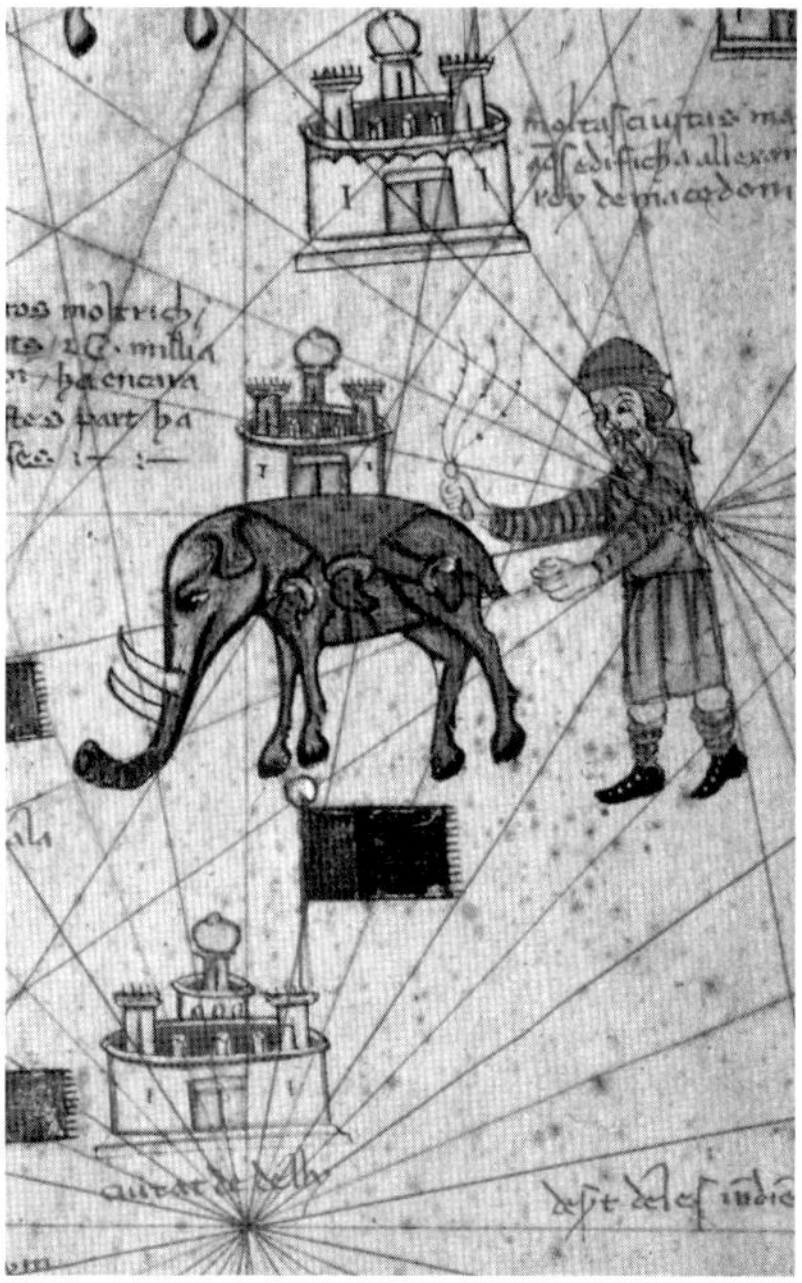

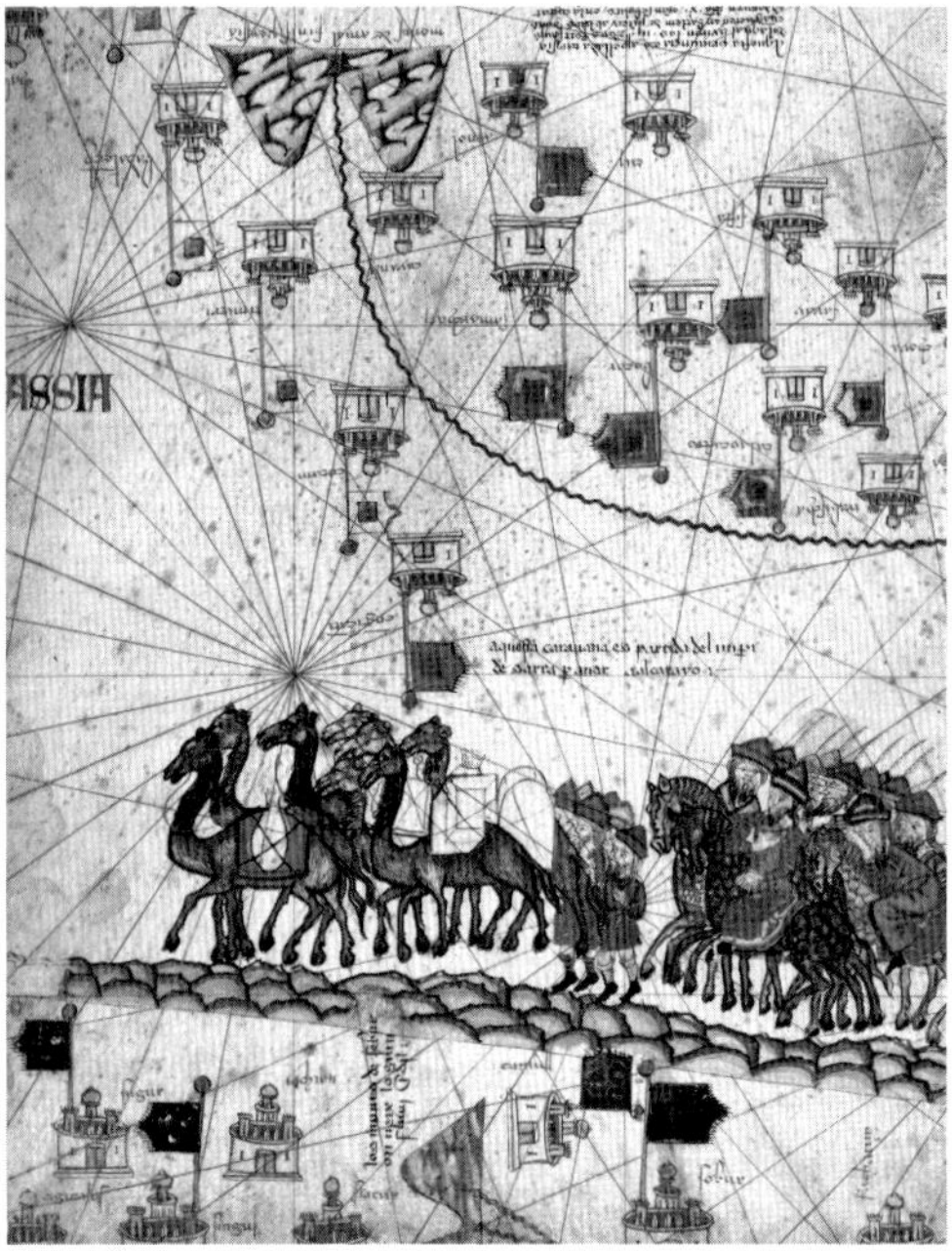

▶カール大帝の伝記作家の年代記によれば、イツァークはカール大帝の二人のフランク人使節に通訳として同行し、アッバース朝カリフ・ハールーン・アッラシードのもとに派遣された。フランク人使節は二人とも旅の途中で死亡したが、イツァークは象を含むたくさんの珍しい土産物を携えて帰ってきた。

◀『カタロニア地図』に描かれた、ラーダーニーヤー商人と呼ばれたユダヤ商人。その名前は、恐らく「道を知っている者」を表すペルシア語の表現に由来するといわれている。

▶バグダードのカリフの宮廷にはべる、レシュ・ガルータとサアディア・ガオンのジオラマ。いかに彼らがカリフから厚遇されていたかがうかがえる。

ビ・ユダヤ教中央集権体制」として、六世紀後半から一一世紀半ばまで有効に機能したため、ラビ・ユダヤ教ではこの時代をゲオニーム（ガオンの複数形）時代と呼ぶ。レシュ・ガルータもガオンもともにイスラームのカリフによる承認と任命によってその権威を付与されたが、イラクにおけるユダヤ教中央集権体制の権威は、ウマイヤ朝の首都であるダマスカスから後にバグダードに都を移して空前の繁栄を極めたアッバース朝カリフのもとでさらに高まった。

【カライ派の擡頭】

ところが、アッバース朝期においてユダヤ教内部でラビ・ユダヤ教と対立するカライ派が生まれた。ラビ・ユダヤ教では、成文トーラー（『聖書』）及び口伝トーラー（タルムード）の両方を権威とするが、カライ派は成文トーラーのみを権威と認め、それ以後ラビ・ユダヤ教が発展させた口伝トーラーの伝統を一切認めない

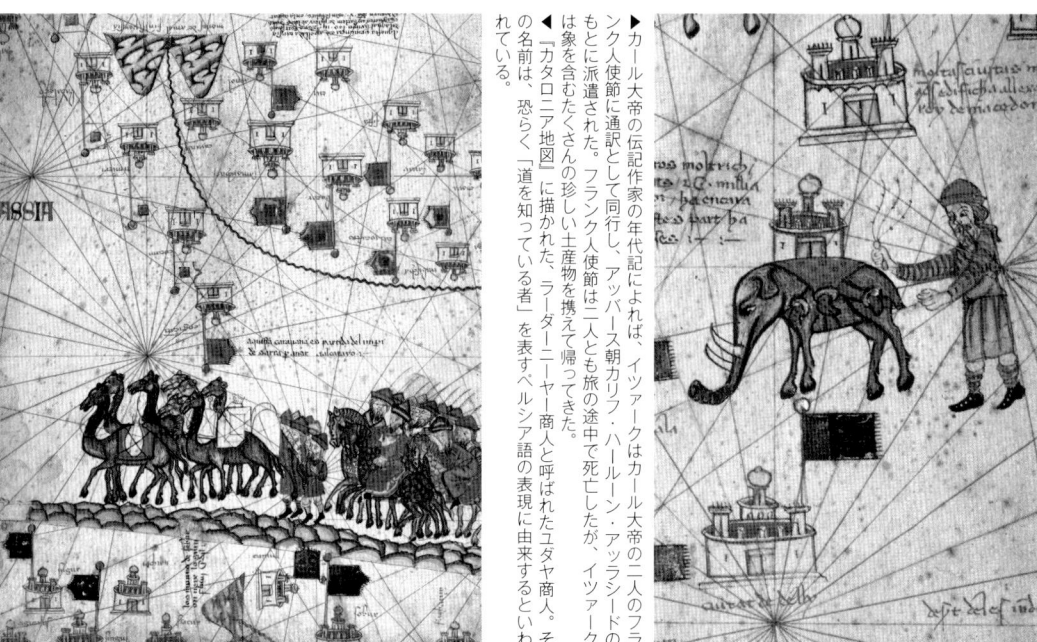

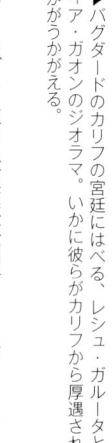

点でラビ・ユダヤ教と袂を分かった。カライ派は、アッバース朝カリフ・マームーンに対して、レシュ・ガルータとは異なる独自の指導者としてナスィを認めるよう要望した。

その結果カリフは八二五年に法令を発し、ユダヤ教、キリスト教、ゾロアスター教徒などに対して、最低一〇人以上の成人男性を最小単位とすることを条件に独立の共同体を組織すること、及び自由に独自の指導者を選ぶことを許可した。

【カライ派と合理主義精神】

カライ派は、成文トーラーのみが神の言葉を伝える聖なる文書であり、あらゆる真正なユダヤ的思想の唯一の源泉であるため、これを正しく解釈し、その解釈を展開していくことこそが、学問の名に値し、成文トーラーを解釈する際には、口伝トーラーの教説を一切考慮せず、「理性」の働きのみに依拠することが正しい操作であると主張した。この理性主義こそがカライ派の人々の大原則であり、彼らは徹底的な合理主義精神を持って聖書の意味を探ったのである。この合理主義精神において、彼らは明らかにイスラームの合理的神学、ムータジラ派の思惟方法の影響を受けていたと考えられる。しかし、成文トーラーによりながら、自らの理性を働かせて各個人が個別に解釈をしたため、カライ派には見解の異なる様々な集団がひしめくこととなった。

【サアディア・ガオン】

中世においてカライ派の活動が顕著になった一〇世紀に、ラビ・ユダヤ教の立場から果敢に挑んだのが、サアディア・ガオンである。カライ派は、九世紀以降イスラーム世界を席巻したギリシア哲学以来の合理主義精神に基づいて聖書解釈をしていたが、ラビ・ユダヤ教側、とりわけサアディアもムータジラ派の思想から多くを学んで、自らが率いるラビ・ユダヤ教の真正な信仰を守る際も、あるいはカライ派をはじめとする「分派思想」と論争する際にも、最も信頼すべき重要な指導原理として合理主義的な理性を据えたのである。したがって、一般に中世ユダヤ哲学といった場合、その起点をどの時代の誰に求めるかが問題となることがあるが、大部分の研究者は、それをサアディアに求めているのである。

【ジャフバズとは】

レシュ・ガルータもガオンもともにユダヤの名門の出身であり、就任に際して共同体内の有力者集団の承認を得、次にカリフによって任命され、最後に就任式において一般のユダヤ教徒に忠誠を誓わせる、という一連の手続きを踏まえることによってその権威の正当性が保証されていた。これら〝公〟の指導者とは別に、いわば〝非公式〟の指導者とでもいうべき存在でありながら、イスラームの支配者に対してもユダヤ教社会に対しても大きな影響力を持ったのが、イスラームの宮廷において医者や宮廷銀行家として活躍したユダヤ教徒である。

宮廷銀行家とは、アラビア語のジャフバズに対してW・J・フィシェル（一九〇二〜七三）が付した解釈である。それによれば、宮廷銀行家とは金融業者の一種、特に何らかの特権を付与された貨幣取扱資本家、高利貸付資本家であって、徴税人的性格や財務官的性格をも具備した多機能な存在であると結論づけている。九・一〇世紀のイスラーム社会においては様々な面で金融業者を不可欠とする条件が揃っていたのであり、これらの要求に応じたのが宮廷銀行家であった。

ユダヤ教徒は、当初農村部において農業を営む場合が多かったが、アッバース朝の成立以来の経済的高揚を経てイスラーム世界全体に商品貨幣経済が広く浸透した九世紀初め頃までには、その大半が離農を完了して都市に集中していた。加えて、先に述べたイラクの学塾を中心として形成された離散共同体間の強い絆を持ち、それを基本として各地の離散共同体間に張り巡らされた広汎かつ強力な人的及び情報のネットワークを有していたことから、宮廷銀行家として活動するには圧倒的に有利であった。また、イスラーム法が利子付貸付を「リバー禁令」として固く禁じていたため、ムスリムは擬制的売買契約、利子参加組合、土地その他の質入れなどの煩わしく複雑な手続きを通じて利子付貸付を避けざるを得なかったのに対し、ユダヤ法は少なくとも異教徒に対する利子付貸付を容認していたため、金融業務に携わるユダヤ教徒の進出ぶりはとりわけ目覚ましかった。

こうした中、一握りではあるが、才覚に恵まれ信用を勝ち得たユダヤ教徒が貯蓄銀行を運営するようになり、多数の裕福なユダヤ商人やムスリム高官などから資金を預かって手元に巨額の資金を集中させた。やがて彼らは、自己の資本をも合わせた巨額の資金を、カリフやその他のイスラームの行政官たちの求めに応じて用立てるようになり、次第に宮廷銀行家の意味合いを持つジャフバズとして確固たる地位を築いていったのである。

【イスラーム世界のユダヤ教徒と金融業】

以上のように、宮廷銀行家の財源は九世紀末以降逼迫していた王朝財政にとって非常に魅力あるものであり、カリフや宰相などのイスラームの支配者たちは表面的には宮廷銀行家に借款の強制を行ったものの、実質的にはその資金、信用に頼り、これに政治的権力でもって強圧を加えることはできなかった。宮廷銀行家にとって、商人との強い絆を有していることは非常に重要であった。なぜなら、宮廷銀行家は商人たちの間で得ていた絶大な信用の力によって主に裕福な商人から巨額の資金を集めていたからである。

しかし、その資金をイスラームの支配者の必要に応じて貸し付けることで、今度はイスラームの支配者からも信頼されるようになり、その結果王侯貸付に必ずつきものの特権を享受し、益々その経済力及び信頼を強めていった。こうした宮廷銀行家が、イスラームの支配者とユダヤ教社会の仲介者として、宮廷内とユダヤ教社会の双方において大きな発言力を持つようになったとしても何の不思議もない。当然宮廷銀行家は、レシュ・ガルータやガオンといったユダヤ教社会の有力者とも深い結びつきを持つようになり、資金や宮廷対策などの面で彼らの援助を行う一方、彼らの進退問題にまで干渉することも少なくなかった。

宮廷銀行家は、もちろんほんの一握りのキリスト教徒及びユダヤ教徒がなし得たごく例外的な成功例であった。しかし、それ以外でも、ユダヤ教徒の多くが金融業務に携わっていたため、金融業におけるユダヤ教徒の影響力はやはり大きかった。当時のバグダードでは、両替商などの金融業者が軒を連ねる特定の地域があり、その中心的

▲▼ウマイヤ朝のコイン。

▲▼アッバース朝のコイン。

▲▼ファーティマ朝のコイン。

▲▼マムルーク朝のコイン。

な通りである「アウン通り」には、ユダヤ教徒の金融業者がひしめいていた。バグダード以外では、アフワーズ（バグダードより南東の地域名）が九世紀までにユダヤ教徒をはじめとする商人たちの商業活動の根拠地の一つとして大いに繁栄するようになっており、そこからの徴税額はアッバース朝領内において最高額を誇っていた。その繁栄ぶりを当時の行政官は「アフワーズの歳入が止まれば帝国は立ち行かない」と表現したほどである。そして、アフワーズを中心とする地域の中でも金融の中心地であるトゥスタルの商人や金融業者の中には、非常に多くのユダヤ教徒がいた。

以上に見た通り、ユダヤ教徒の諸活動は各地のユダヤ社会の内部だけで自己完結していたわけではなく、イスラーム王朝の宮廷の諸政策や地域の経済の動向にまで深く関わっており、それらの発展に与えていた影響も決して小さいものではなかった。しかし、一〇世紀に入ると、戦乱や権力者による財産没収を恐れて、イラクやイランの多くの商人（当時の有力な商人は同時に金融業務をも兼ねるのが一般的だった）が西方のシリア・エジプトやイエメンへと移住していった。その中には当然多くのユダヤ教徒も含まれていた。これら大量の商人の減少の結果、アッバース朝の徴税機構が混乱したばかりでなく、貨幣制度や流通機構までもが大きな打撃を受けた。

【カリフの弱体化】

その背景には、一〇世紀半ばから一一世紀半ばにかけてのイスラーム世界が、国家権力の交替、統治体系や社会秩序の変化など、政治、社会、経済を根底から揺るがすほどの諸変化が各方面で顕在化するという大きな転換期を迎えていたことがある。すなわち政治的にはアッバース朝（七五〇～一二五八）カリフ権力の九世紀末以来の弱体化に伴い、イスラーム帝国内のいたるところで独立の小王朝が樹立され、アッバース朝による従来の一元的な支配体制が崩れつつあった。

具体的には、ティグリス川の下流域のバ

◀コルドバの後ウマイヤ朝のカリフの宮廷は、文化の中心としてアラブ世界だけでなく、欧州中に知れ渡っており、多くの賢人や芸術家が各地から集まって来た。一方コルドバのユダヤ共同体も、イベリア半島で最も重要なユダヤ社会として繁栄していた。

スラ、ウブッラ、ワーシトなどを拠点として、およそ一五年間にわたって続いたザンジュの反乱（八六九〜八八三）、ペルシア湾の周辺部、とりわけバフライン地方（アラビア半島東部）によった異端シーア派イスマーイールの一分派カルマト教団による反アッバース運動の拡大などによる、カリフの権威の失墜である。そして一〇世紀に入ると、イベリア半島の後ウマイヤ朝（七五六〜一〇三一）及びマグリブ（北西アフリカ）に興ったファーティマ朝（九〇九〜一一七一）がそれぞれ独立のカリフ権を主張し、もはやイスラーム世界の政治的な分裂は決定的となった。

【後ウマイヤ朝とユダヤ教徒】

西イスラーム圏に属するイベリア半島では、コルドバに都を置く後ウマイヤ朝の支配者達が七五六年以来アミール（司令官、総督の意、転じて支配者や王族の称号）と自称して統治してきたが、長らくカリフを称することはなかった。これは後ウマイヤ朝の勢力がいまだアッバース朝と比肩できず、またイスラーム国家は一つで、しかも一人のカリフ（この場合はアッバース朝カリフ）によって治められなければならないという伝統を重んじた結果であった。しかし、九世紀末以来のアッバース朝カリフの弱体化やイベリア半島自身の成熟に伴い、八代目のアブド・アッラフマーン三世は、九二九年に至って初めてカリフを称するようになった。これは、後ウマイヤ朝がアッバース朝カリフの権威に挑戦したことを意味し、イスラーム世界におけるアンダルス（イスラーム支配下のイベリア半島）の政治的な独立を目指した画期的な出来事であった。

アンダルスでは、元来、ムスリム、キリスト教徒、ユダヤ教徒などの関係が比較的友好的であったため、この頃には東イスラーム圏の各地から多くのユダヤ教徒が集まってきており、アンダルスはあたかもディアスポラのユダヤ教徒にとっての避難所的役割を果たすようになっていた。そして、特にアブド・アッラフマーン三世のときには、才能のある者がその宗教や民族の別を問わず大いに登用され、その能力を存分に発揮することができるようになっていた。

そうした中、このアブド・アッラフマーン三世、及びその息子ハカム二世の親子二代のカリフから厚く信頼され、その相談役の一人として仕えたのがユダヤ教徒の医師ハスダイ・イブン・シャプルートである。ハスダイは、宮廷医として召し抱えられ、やがてカリフの絶大な信用を勝ち得てその相談役として国政に携わるようになった。彼は財政や産業政策に携わった他、類い稀な語学の才能も手伝ってビザンツ帝国、神聖ローマ帝国や北方のキリスト教諸王国との和平を維持するための外交交渉をも担った。

また、ハスダイは、北東のユダヤ国家ハザール王国との交流でも有名である。ハザール族は、ビザンツ勢力とムスリム勢力がぶつかる中央アジアで何世紀にもわたって彷徨していたトルコ系遊牧民である。ハザール族は七世紀までにクリミアにまで勢力を拡大し、ユダヤ教徒、ムスリム、キリスト教徒が在住する地域を取り巻くいくつかの町を支配下に置いた。そして、ビザンツ帝国によるユダヤ教徒迫害の際は、彼らのための避難所的な役割を果したことも一度や二度ではなかった。やがて、ビザンツ帝国とイスラームの勢力からの圧力を受け、キリスト教でもイスラーム教でもなく、ユダヤ教を国教として受け容れたのであった。

【アンダルスの学問におけるユダヤの貢献】

ところで後ウマイヤ朝カリフとの強い関係を築いたハスダイは、イスラーム社会のみならず当然アンダルスのユダヤ社会のためにも尽力した。アンダルスのナスィ（全ユダヤ共同体の指導者）となったハスダイは、アンダルスを衰退しつつあるバビロニアに代わる、ディアスポラのユダヤ文化の一大中心地とすることを自らの義務と感じ、東方の文化を積極的に取り入れる一方で領内の芸術家や科学者を保護した。しかも、文化の育成に重点を置くハスダイの政策は、アブド・アッラフマーン三世や開明君主として名高いハカム二世の方針ともよく合致していたため、国家的な支援のもとに大規模に行われた。ハスダイのもとに、コルドバにはユダヤ教の独自の学塾が設立され、そこから法的な疑義に関する回答状が出されるようにもなった。

以上見たように、ハスダイ以降のアンダルスのユダヤ社会は、その後のキリスト教による支配時代をも含めて、一四九二年までにはディアスポラのユダヤ社会の中で文化的に最も繁栄するようになっており、ユダヤ教徒の歴史上類を見ないユダヤ固有の文化の黄金期を現出させていた。こうしたイベリア半島のユダヤ教徒が世界史的規模で果たした文化面での貢献は、彼らがアラビア語の文献をラテン語やヘブライ語へ翻訳する作業に積極的に参加し、イベリア半島の高度な文化を西欧世界に広める諸過程などを通じて、中世欧州のキリスト教世界がイスラーム文化の諸成果を吸収する際の手助けをしたことである。

3 ファーティマ朝と危機の時代

【ビザンツの海としての地中海】

マグリブ（日が没する地、または西方を意味し、イスラーム圏では北西アフリカを指す）は、アラブの大征服以来ほぼ完全にイスラームの支配下に置かれていた。これに対し、地中海は当初からイスラーム海軍とビザンツ海軍が度重なる交戦を繰り広げてきた舞台であり、イスラーム勢力からは長い間「ビザンツの海」とみなされ、敬遠されてきた。実際、イスラーム勢力による北アフリカ征服の当初から、支配領域の拠点となる諸都市が地中海に面する沿岸部にではなく内陸部に建設されたのも、ビザンツ海軍による急襲に対する防衛を主な目的としたものであった。

【イスラーム勢力の地中海への進出】

しかし、九世紀前半からは、地中海南岸及びアンダルスのイスラーム勢力による地中海

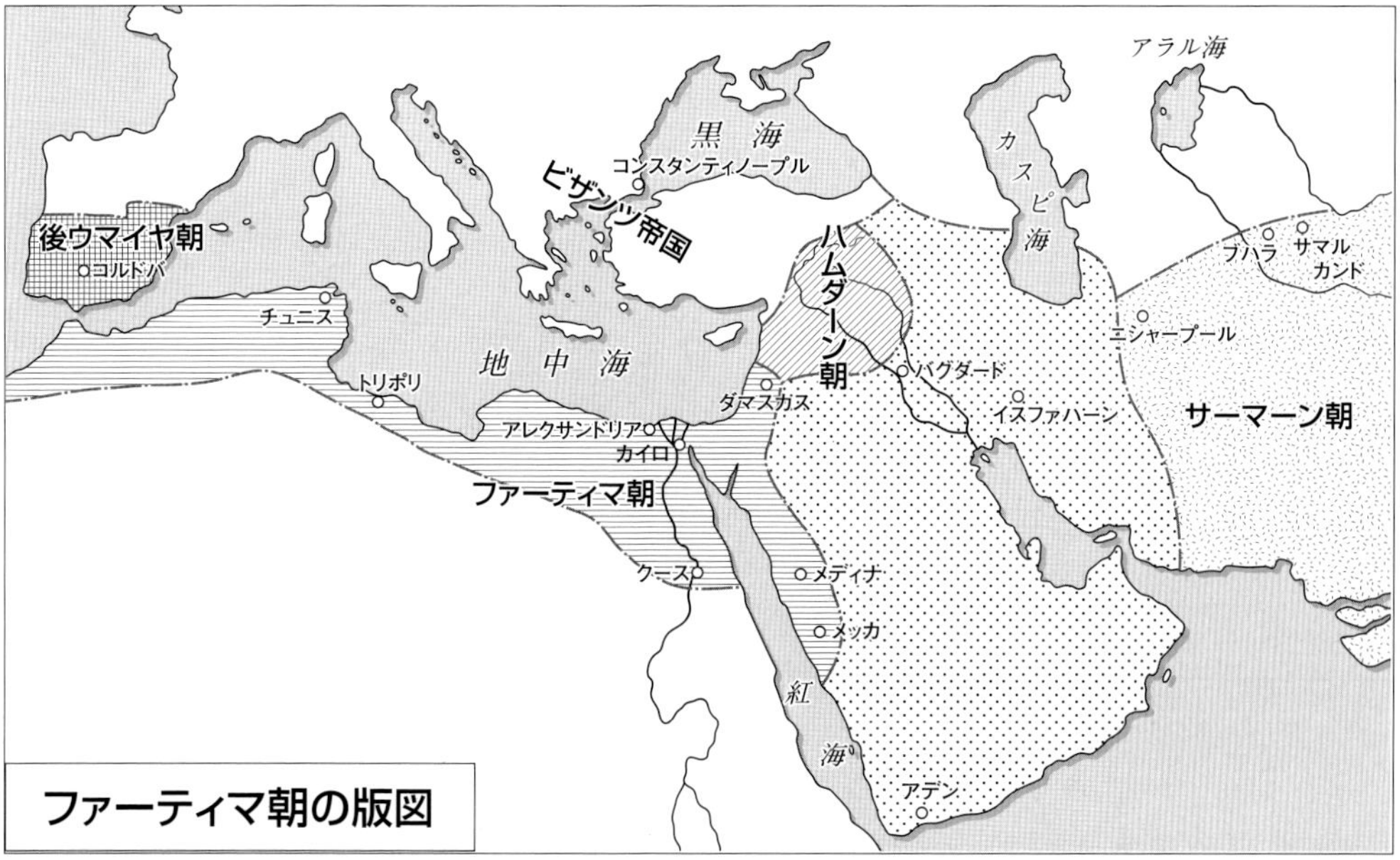

◀九〇九年に現在のチュニジアで建国したファーティマ朝は、東西へと領土を広げ、エジプトを中心として西はモロッコから東はシリア、ヒジャーズ地方（アラビア半島西岸）に至る広大な領域を支配した。

の島々への進出が顕著になり始めた。その代表的な例が、イフリーキーヤ（現チュニジア）を拠点としたアグラブ朝（八〇〇～九〇九）によるシチリア島の征服である。この征服活動は八二七年に開始され、八七八年に完了した。この他にも九世紀中にクレタ島、キプロス島、コルシカ島、サルディニア島、バレアレス諸島、南イタリア地方がイスラーム勢力の支配下に組み込まれることになった。この結果、ビザンツ海軍はアドリア海北部、エーゲ海北部、そして黒海に封じ込められることになった。

【一〇世紀の地中海におけるイスラーム】

地中海におけるこのイスラーム勢力優位の状況は、一〇世紀にも継承されていったが、一〇世紀において地中海に大きな影響力を及ぼしていたイスラーム勢力は、アンダルスの後ウマイヤ朝、九〇九年にイフリーキーヤで建国したファーティマ朝、そしてエジプトを支配していたイフシード朝（九三五～六九）であった。中でも、とりわけ積極的に海軍力による地中海進出を推進したのがファーティマ朝であった。ファーティマ朝による、地中海に対する積極的態度を最も顕著に象徴するのが、内陸部ではなく地中海沿岸に建設された同王朝の首都マフディーヤである。

【ファーティマ朝の海洋政策】

ファーティマ朝の海軍は、再び海上交易の覇権をうかがっていたビザンツ海軍を圧倒し、地中海を東西のイスラーム圏を結ぶ交通と通信の大動脈に変えたのである。そしてファーティマ朝は、その広大な領域内では海運を利用した東西交易を積極的に保護、育成した。このため、東イスラーム圏などから商機を求める多くの商人がマグリブに押し寄せるようになった。こうした商人の多くはムスリム商人であったが、その中にはイラクやイラン出身のユダヤ教徒も多数含まれていた。これは、ファーティマ朝が特にズィンミーに対して寛容な政策をとったことによる。

【ファーティマ朝のズィンミー優遇案】

ファーティマ朝のカリフは、イスラーム世界にあって異端のシーア派（イスマーイール派）であったが、ファーティマ朝の支配下に入ったムスリムの大半は正統派のスンナ派に属しており、異端のシーア派の教義には冷淡であった。このため、ファーティマ朝は被征服民であるスンナ派のムスリムを信頼しきることはなく、一方でズィンミーに対しては、他のスンナ派の王朝に比べて寛容に接した。その現れとして、ファーティマ朝は、スンナ派のイスラーム法が認めるズィンミーへの差別的な関税を適用せず、また、それほどの抵抗感を覚えずに多数のズィンミーを公職に就けるなどした。

【ファーティマ朝の中心のエジプトへの移動】

こうした商業優遇政策や宗教的寛容のもとで、イフリーキーヤに基盤を据えたユダヤ教徒は、地中海を東西、南北に自由に往来してイベリア半島とエジプト間の海上交易において主導的な役割を果たすようになった。やがて、以前からエジプト進出を目指していたファーティマ朝が九六九年にイフシード朝を破って肥沃なエジプトを征服し、その勢いをかってシリアの一部やヒジャーズ地方（アラビア半島西岸）にも進出すると、地中海交易は、新たに脚光を浴び始めた紅海貿易と有機的に連動するようになった。そして、九七三年にはファーティマ朝の宮廷が新しく建設されたカイロに移動したこともあって、マグリブを拠点として活動していた多くの商人が、今度は東のエジプトへと移動していった。

もちろん一方では、相変わらずイラクやイランからの西方への人口の移動が継続していたが、ファーティマ朝によるエジプト征服以降は、マグリブを経由せずに直接エジプトへ移住するのが一般的となり、そうした状況が一〇世紀末まで続いていた。

【ファーティマ朝下のユダヤ商人の繁栄】

ファーティマ朝がイフリーキーヤを拠点としていた約六〇年の間に地中海交易において最も重要な役割を果たしたのは、東方イスラーム世界からマグリブに移住してきた商人たちであり、その中のある者は、ファーティマ朝宮廷がエジプトに移動したことに伴ってエジプトへと商業上の拠点を移し、またある者はイフリーキーヤに留まって引き続き地中海交易に従事したのであった。地中海においてシチリア島やイフリーキーヤを経由しながらイベリア半島とエジプトを結んでいたこの交易路は、ファーティマ朝がエジプト、パレスチナやヒジャーズをも占領するに及んで、紅海、イエメン、アラビア海、インドを結ぶ交易路と有機的に連動するようになった。一二世紀以降イタリア諸都市の商人が地中海交易に本格的に進出するまでの間、イベリア半島とインドを結ぶこの東西交易ルートを多数のユダヤ商人たちが往復していたのである。

【エジプトのファーティマ朝とイブン・キッリス】

ファーティマ朝の新都カイロは、やがてアッバース朝の帝都バグダードと並ぶ、あるいはそれをも凌ぐイスラーム世界の中心となっていく。エジプトには、ファーティマ朝による征服以前から主に東方各地より移住してきた商人や知識人が多数いた。彼らは、当時アッバース朝領内で激しくなりつつあった混乱を避け、より安定した条件を求めてエジプトなどの西方地域へ移住してきていたのである。

【ヤアクーブ・イブン・キッリス】

そうした商人の中には、ファーティマ朝がエジプトに支配権を確立した当初から同王朝の宮廷と深い関わりを持ち、その後の同王朝の発展を支えたエジプトの基盤整備にも大いに活躍することになる者があった。それは、エジプトに移住してきた東方出身の商人で、ファーティマ朝宮廷の指導的な行政官の一人となった元ユダヤ教徒のヤアクーブ・イブン・キッリスである。本項から彼に焦点を当て、イスラーム世界の転換期に直面したユダヤ社会の指導的人物の対応、という観点からイブン・キッリスの業績を捉えることにしたい。

イブン・キッリスは九三〇年にバグダードでユダヤ教徒の両親のもとに生まれ、そこで幼少期を過ごした。その後パレスチナ地方のラムルに移って商業に携わり、当地で「商人代表（ワキール・アットゥッジャール）」として信頼と実績を築いたが、仲間の資金を横領したのか、逃げるようにしてエジプトへ移住した。イブン・キッリスがエジプトへ移住した正確な年代は定かではないが、九六六年にはすでにイフシード朝の支配者カーフールに御用商人として仕えていた。

【イブン・キッリスとファーティマ朝カリフ・ムイッズ】

イブン・キッリスはやがてここで有能な財務官僚として頭角を現したが、権力闘争に敗北したことに伴いイフリーキーヤに避難した。当時イフリーキーヤに本拠を置いていたファーティマ朝では、ズィンミーが比較的優遇されており、宮廷に仕えるユダヤ教徒が少なくなかったが、有能で経験豊富なイブン・キッリスも彼らの紹介でカリフ・ムイッズに仕えることができた。ところでイブン・キッリス自身は、すでにイフシード朝時代にイスラームに改宗していたという。その理由は、スンナ派のイフシード朝ではズィンミーが要職に就くことがはばかられていたため、ユダヤ教徒のイブン・キッリスが宮廷において有力者になるためには改宗という手続きが不可欠であったからである。しかしイスラームに改宗したことは、イブン・キッリスと他のユダヤ教徒との関係を悪化させる要因にはならなかった。

ところで、マグリブ時代のファーティマ

朝の歴代カリフたちは、当初からエジプトに対して大きな野心を抱いていたが、その中でもムイッズは特にエジプトへの関心が強く、イブン・キッリスがエジプトからイフリーキーヤへ向かう頃、ムイッズは将軍ジャウハルと軍隊をエジプトに派遣していた。したがってそうしたムイッズにとって、エジプト情勢に明るいイブン・キッリスは打って付けの行政官であったといえる。ジャウハルは九六九年にイフシード朝を滅ぼしてエジプトを征服し、ファーティマ朝の版図を紅海にまで押し広げた。エジプトが征服されると、イブン・キッリスは直ちに荒廃した新領地の再建を命じられた。財務総監督としてエジプトに赴いたイブン・キッリスは、エジプトに関する豊富な知識や経験を活かして税収の増大や画期的な通貨改革に努め、将軍ジャウハルとともに従来の商業都市フスタートの北東に新しくカイロを建設し、フスタート及びカイロをファーティマ朝、ひいてはイスラーム世界の新しい金融及び通商上のセンターとするために不可欠な財政的基盤を確立した。

▶ジェルバ島のシナゴーグはエル・グリバと呼ばれる。意味はアラビア語で「見知らぬ人」である。伝説によれば紀元前から存在していたというが、建物はこれまで何回も再建修復されており、現在の建物は一九二〇年に建立されたものである。

【イブン・キッリスの活躍の背景】

この過程で、当時アンダルス、マグリブ、エジプト、パレスチナなどの地中海沿岸の諸都市に牢固とした経済的基盤を持っていた各地のユダヤ共同体の商人たちの支援が有効に機能したと考えられる。当時地中海における大規模な交易ではユダヤ教徒がムスリム商人に劣らず主導的な役割を担っていたが、さらに紅海—アラビア海経由でインド方面との交易を安全かつ大規模に進めるためには、地中海と紅海を結ぶエジプトの安定及びエジプトのユダヤ共同体の協力が不可欠であった。なぜなら、アッバース朝の衰退に伴う東イスラーム圏の混乱により、地中海—シリア—メソポタミア—ペルシア湾—アラビア海を通る従来の主要ルート上の情勢は混乱を極め、また当地のユダヤ共同体との連絡や協力体制もあまり期待できないため、このルートを経由したインド方面との交易は実質的に困難になっていたからである。

【諸勢力を活かすシステムとしてのファーティマ朝】

ファーティマ朝は独自にイスマーイール派宣伝員をアラビア海とインド洋西海域の各地に派遣して、ファーティマ朝の東西交易の要であるエジプト・紅海軸ネットワークの整備・強化などに努めていた。そのため、イブン・キッリスを中心とするユダヤ社会の協力体制のみがファーティマ朝の経済政策を推進する原動力となっていたわけでは決してない。むしろ、ユダヤ商人たちはイブン・キッリスの意図をいち早く理解して、好条件でその新しい状況を利用していた、というべきかもしれない。いずれにしても、エジプトを中心とした地中海におけるユダヤ教徒の商業活動が最も盛んに行われたのは一〇世紀半ばから一一世紀後半にかけてであり、その前半期がイブン・キッリスの時代と一致している事実は非常に興味深い。

【ユダヤ教徒の有力者と同胞意識】

ファーティマ朝はエジプト征服後もズィンミーに対して寛容な政策をとり続けた。そうした状況のもと、東方のみならずマグリブからも多くのユダヤ教徒が主体的にエジプトへ移住し、そこを活動の拠点に定めて地中海やインド洋における交易に乗り出していった。それ以外にも、ユダヤ教徒は様々な経済活動や政府の官僚として大いに活躍の場を得て繁栄した。

しかし、ユダヤ教徒を含むズィンミーへのあまりの寛容ぶりはしばしばムスリム大衆の反発を招いたため、歴代のカリフたちはその都度何らかの対応を迫られることとなった。例えばカリフ・アズィーズの後を継いだカリフ・ハーキムは、一〇一一年に起こったムスリム大衆によるユダヤ教徒への迫害に際してユダヤ教徒を保護した。もっとも、一般的にハーキムはズィンミーに対して理不尽な迫害を行ったことで知られる。彼はズィンミーに改宗や追放を強要し、多くのキリスト教の教会やユダヤ教のシナゴーグを破壊もしくはイスラームのモスクに転用した。

ハーキムの極端な政策はその晩年近く（一〇二〇）まで続けられ、ハーキムの後を継いだカリフ・ザーヒルはズィンミーに対する寛容政策を回復させたものの、ムスリム大衆の潜在的な反ズィンミー感情は完全には払拭されなかった。その結果、この時期及びそれ以降のユダヤ教徒の有力者は、同胞を支援する点で従来以上に腐心しなければならなくなった。次項では、その代表であるアブー・サアド・アットゥスタリー（以下アブー・サアド）について考察する。

【アブー・サアド・アットゥスタリー】

アブー・サアドはハーキムの時代から有名であり、ザーヒルの御用商人として宮廷との結びつきを有していた。商業上の彼の成功は、事業に対する姿勢、すなわち良心的な態度とそれに伴う評判の良さによるという。こうして商人仲間の信頼を勝ち取り、一方では御用商人として宮廷における信頼をも手に入れ、次第にその巨大な富を築いていった。ザーヒルの治世におけるアブー・サアドと宮廷との関係は、このように専ら経済的側面に限られていた。

ところが、ザーヒルに黒人の女奴隷を売ったことで事態は大きく変わっていった。ザーヒルは彼女をたいそう気に入り、彼女に息子のムスタンスィルを産ませた。そして女奴隷は、息子のムスタンスィルがカリフ位に就任したとき、アブー・サアドを呼び寄せて自分に仕えさせた。こうして、ザーヒルの死後わずか七歳のムスタンスィルが即位すると、元女奴隷である母后が俄かに国政に大きな発言力を及ぼし得るようになり、彼女の後ろ盾もあってアブー・サアドは宮廷の政治的な分野にまで関わるようになっていった。以来、母后は自己の権力強化に努めたが、ユダヤ教徒の大富豪であるとともにかつての主人でもあるアブー・サアドの政治上の昇進は、母后が宮廷における自己の基盤固めの一環として行ったものとも考えられる。こうしてアブー・サアドがファーティマ朝で最も大きな影響力を及ぼし得る存在になった。

【エジプトの三つのユダヤ社会とカライ派の有力者】

ところで、一一世紀のエジプトには、大きく分けて三種類のユダヤ社会が存在していた。そのうち二つはそれぞれパレスチナ（エルサレム）系シナゴーグ、バビロニア（イラク）系シナゴーグを中心にまとまっており、もう一つはカライ派としてまとまっていた。パレスチナ系の共同体はイスラーム以前から存在する伝統を引き継いでパレスチナの儀式や習慣を実践しており、バビロニア系の共同体は当時東イスラーム圏から移住してきた大量のユダヤ教徒によって成り立っていた。

一方、カライ派はラビ・ユダヤ教から分裂していった宗派であるため様々な点で前二者とは一線を画していた。実はアブー・

▶第一次十字軍に際し、ユダヤ教徒は多くが略奪、殺害された。十字軍が聖地にエルサレム王国を建国すると、ユダヤ教徒は各地へ逃亡したが、聖地がサラディンによって一一八七年に奪還されると、再び彼らは帰還することを許可された。

サアドもカライ派のユダヤ教徒であったという見解が支配的である。しかし、ファーティマ朝の最有力者となったアブー・サアドが人生の最も重要な使命と考えていたのは、帰属する王朝や宗派の別を超えてエジプト周辺のユダヤ社会を支援することであったと推察される。

例えば、パレスチナ周辺のユダヤ共同体の会衆が、長い間モスクに転用されていたシナゴーグを再建するに際して、イスラームの支配者からの許可を取り付けて欲しいとアブー・サアドに嘆願している。また、アブー・ナスル（アブー・サアドの兄弟）は、病のために貧窮して徴税官から逃亡した者に便宜をはかった。さらに、もう一人の兄弟であるアブー・マンスールは、貧窮者が支払うべき人頭税を肩代わりするために献金した。

このようにユダヤ教徒の有力者は、その宗派的対立を超えて、共同体やユダヤ社会全体の中で自分自身が指導者として果たすべき役割をつねに意識する強い使命感に支えられて、自らの利益はもちろん同胞の福祉にも配慮していた。

【危機の時代】

一一世紀のイスラーム世界は、ユダヤ教徒にとって過ごしやすかったといえるが、それも長くは続かなかった。同世紀末以降、ヨーロッパから十字軍が来襲し、その遠征途上であるライン川流域に居住していたユダヤ教徒が襲撃された。また、パレスチナでもムスリム同様多くのユダヤ教徒が十字軍によって虐殺された。一方北アフリカでは、他宗教・宗派に非妥協的なムワッヒド朝（一一三〇～一二六九）が勢力を拡大し、アンダルスをも征服して帝国内のユダヤ教徒に改宗か追放を迫った。さらにイエメンではシーア派の勢力が権力を掌握し、同地のユダヤ教徒に改宗か死を迫った。このように一二世紀はユダヤ教徒にとって「危機の時代」であり、こうした不安な状況を反

▶モシェ・ベン・マイモン（マイモニデス）。コルドバ出身の偉大なラビにして、大哲学者、医学者である。コルドバのユダヤ教徒は、一一四八年にイベリア半島を占領したムワッヒド朝によって追放を余儀なくされ、マイモニデスも各地を彷徨した後、エジプトに落ち着いた。

◀マイモニデスの『ミシュネー・トーラー』より。イタリア、一四五〇年頃。

映してユダヤ教徒の間で終末意識が高まり、特にイエメンでは救いを求めてメシア運動が盛んになった。

【モシェ・ベン・マイモン】

この時代のユダヤ教徒の存続にとって重要な役割を果たしたのがモシェ・ベン・マイモン（ラテン語名マイモニデス）である。マイモニデスはアンダルスのコルドバで生まれたが、ムワッヒド朝による迫害を避けて北アフリカに逃れた。ここで、「ムスリムに強制改宗させられたユダヤ教徒も依然としてユダヤ教徒である」という見解を表明したため支配者の怒りに触れてパレスチナへと逃亡し、最終的にはエジプトに落ち着いた。ここで医師として開業し、やがてその名声が高まりアイユーブ朝（一一六九～一二五〇）のサラーフ・アッディーン（サラディン）の家族及び宰相の侍医となった。彼は「イエメンへの書簡」を送ってイエメンにおけるメシア運動の収拾に腐心した他、エジプトのユダヤ社会の首長（ライース・アルヤフード）に就任して同胞のために尽力した。

▲サラディン。アイユーブ朝の政治体制を確立することなく病没し、長子がスルタン（君主）を称してダマスクスに自立したものの、カイロやアレッポのアイユーブ一族はこれを認めなかった。そのためカイロとシリアの各都市に一族が自立する王朝の分割支配であった。

4 オスマン帝国と近代のマグリブ

【ユダヤ商人の衰退の始まり】

一二世紀に入ると、ベネツィア、ジェノヴァ、ピサやアマルフィなどのイタリア諸都市国家の商人たちが地中海交易に猛烈な勢いで進出し、世紀中頃までにはムスリム商人やユダヤ商人は紅海やインド洋に主な活動の舞台を移すようになっていた。アイユーブ朝及びその後のマムルーク朝（一二五〇～一五一七）は、インドや東南アジアの香辛料を紅海経由で地中海にもたらす仲介貿易で莫大な富を獲得したが、世紀末以降政府の庇護のもとに置かれたカーリミー商人によって紅海貿易が独占されるように

▼コルドバのメスキータ。後ウマイヤ朝の栄華を物語る巨大なモスク。その礼拝場には八五〇本の円柱が林立し、奥深い構造を持つ。メッカの方向を示すくぼみ（ミフラーブ）が特徴的である。

◀コルドバ・シナゴーグ。ムデーハル様式で、外見はほぼ方形であり、いたるところが植物の文様やヘブライ文字で装飾されている。一八八四年に国有記念物に指定された。

なると、次第にユダヤ商人の活動にも陰りが見え始めるようになった。

　加えて、一二世紀後半にサラーフ・アッディーンによってエジプトに封建制（イクター制）が導入されて以降、外国出身の軍事的エリート（マムルーク）のもとで社会の階層化が進み、ユダヤ教徒を含むズィンミーは社会の最下層に追いやられ、行政からも締め出されるようになった。また、一三世紀のペルシアでは、モンゴル系のイルハン朝のもとでユダヤ教徒の政治的・経済的活動が盛んになったが、君主がイスラー

▶マムルークとはアラビア語で白人奴隷を意味する。スルタン（君主）によって購入された少年マムルークは、アラビア語やムスリムとしての教養を学び、数年間の軍事訓練を受けた後、分与地（イクター）を与えられてマムルーク軍団に編入された。
▼オスマン帝国は16世紀に最盛期を迎え、領土は小アジアを中心に北アフリカ、西アジア、バルカン、黒海北部、カフカス南部にまで及んだ。

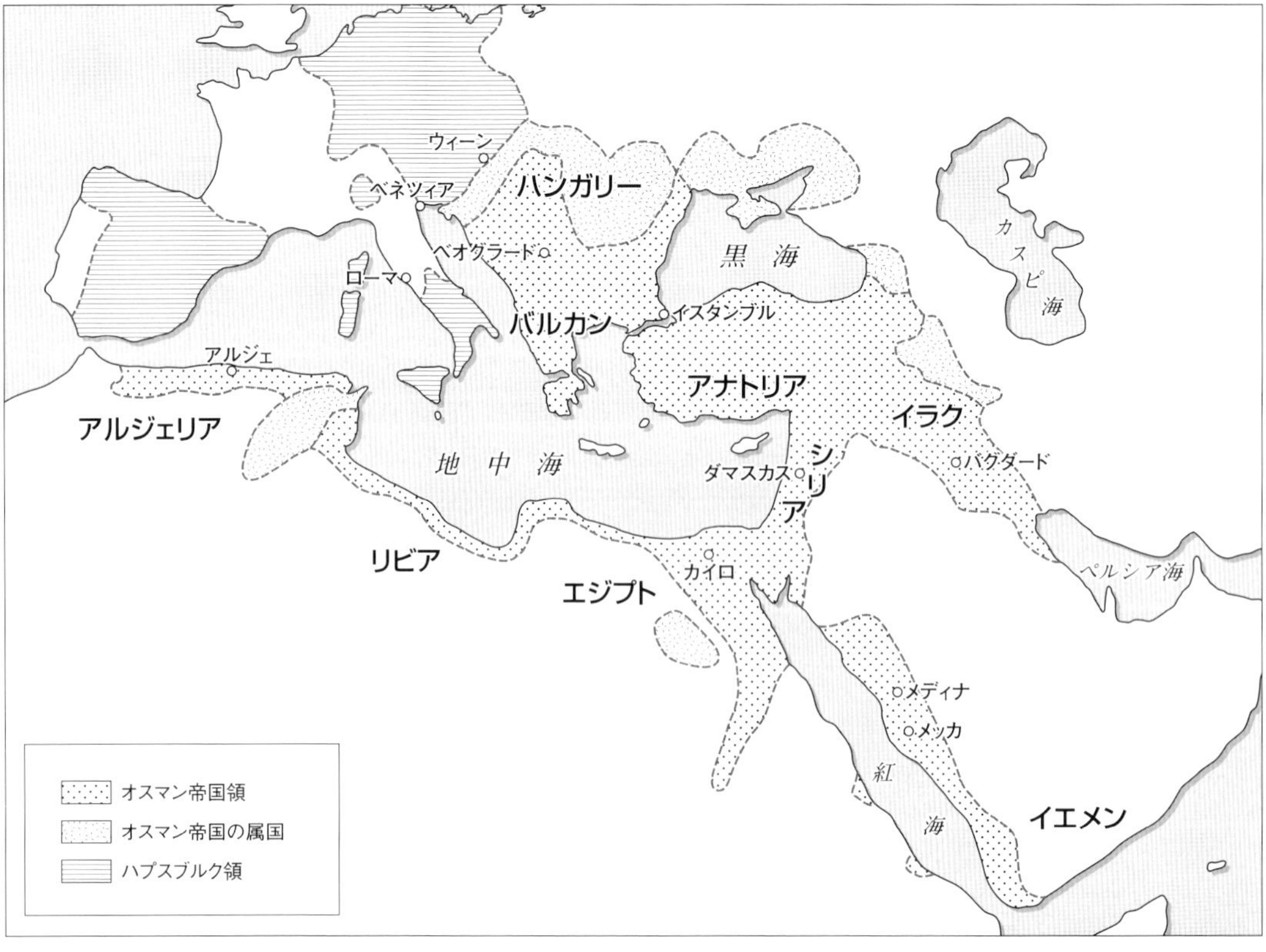

▼アムステルダムのユダヤ人墓地。ここには、メナシェ・ベン・イスラエルやスピノザの父ミハエルをはじめとするアムステルダムのユダヤ人共同体の著名な人物が数多く埋葬されている。

◀レコンキスタの完了後、カトリックの王はユダヤ人の追放の勅令に署名した。こうして、スペインにおけるユダヤ人の長い歴史は、一挙に幕を下ろされることとなった。

▲セーフェル・トーラー（律法の巻物）が読まれる前に、それを司祭者が会衆に向かって掲げている図。オランダのスファラディ系共同体においては、巻物を掲げる栄誉は「上げる者たち」として知られた組合の構成員に対して賦与された。

▼アムステルダムのポルトガル系シナゴーグにおけるプリム祭。プリム祭は間違いなくユダヤの典礼暦における最も陽気な祝賀会であり、祝いの行事の中で子供たちが特別の役割を演じる。

▲スペインを追放されたユダヤ人は、直接あるいはポルトガルを経由して北アフリカ各地や、オランダ、イタリア、新大陸などへ移住した。中でも、多くのユダヤ人が移住したのは、ビザンツ帝国を滅ぼして間もないオスマン帝国であった。なお、オスマン帝国が1516年にマムルーク朝からパレスチナを奪うと、イベリア半島を追われた多くのユダヤ教徒が移住し、それまでイベリア半島で盛んであったカバラの中心がツファットに移動した。

◀オスマン帝国のスルタンは、医学及びその他の分野におけるユダヤ人の活躍に対して敬意を払っており、ユダヤ人の貢献を帝国の発展のために大いに活用した。
▼左：ユダヤ人は、伝統的に医術を志す者が多く、古くから多数の宮廷医を輩出してきた。オスマン帝国においても、代々のスルタンのもとで宮廷医として仕えるユダヤ人は珍しくなかった。
▼右：オスマン帝国のユダヤ商人は、地中海周辺や、スペイン追放後世界中に広まった同胞のネットワークを利用して活発な商業活動を行った。

ムに改宗した後は、ズィンミーを特に差別しないというそれまでの方針が変更され、ユダヤ教徒の繁栄にも終止符が打たれた。

一方、遠く中国（元）においては、宮廷におけるユダヤ商人の経済的・政治的影響力の大きさについて、マルコ・ポーロが言及している。

【オスマン帝国の繁栄】

こうしてイスラーム世界の各地で次第に

▶手前がハハム（ラビ）と未亡人。後ろの墓石の側面は、花の文様や、ヘブライ語及びラディーノ語（ユダヤ・スペイン語）による葬儀用の碑文によって彫刻されている。

◀スファラディ系ユダヤ人によってオスマン帝国で発達した諸産業のうち、最も重要なものの一つに織物産業があり、多くのユダヤ人に職を提供した。

▶ポルトガルでキリスト教に強制改宗させられたユダヤ人の中には、欧州中を放浪した末、イスタンブルに定住し、再び公にユダヤ教を信仰するようになる者が多かった。

▼一六世紀半ばにトルコを訪れたフランス人は、イスタンブルにおけるユダヤ人の多さに驚嘆している。イスタンブルで最も重要な貿易会社や商店は専ら彼らに属していたという。

その繁栄に陰りが見え始めたユダヤ教徒であったが、一六世紀のオスマン帝国による中東及び北アフリカの征服は、それぞれの地におけるユダヤ教徒に再び活躍の舞台を提供した。それ以前の一四九二年に、キリスト教による国土統一とレコンキスタ（イベリア半島におけるキリスト教勢力による国土回復運動）の完成後、スペインのユダヤ教徒は追放か改宗を迫られた。

キリスト教に改宗してスペインに留まった者も多かった中、追放されたユダヤ教徒は、直接あるいはポルトガル経由でオランダや北アフリカなどの地中海各地に移住したが、その多くがオスマン帝国へと逃れた。一四五三年のビザンツ帝国征服などによっ

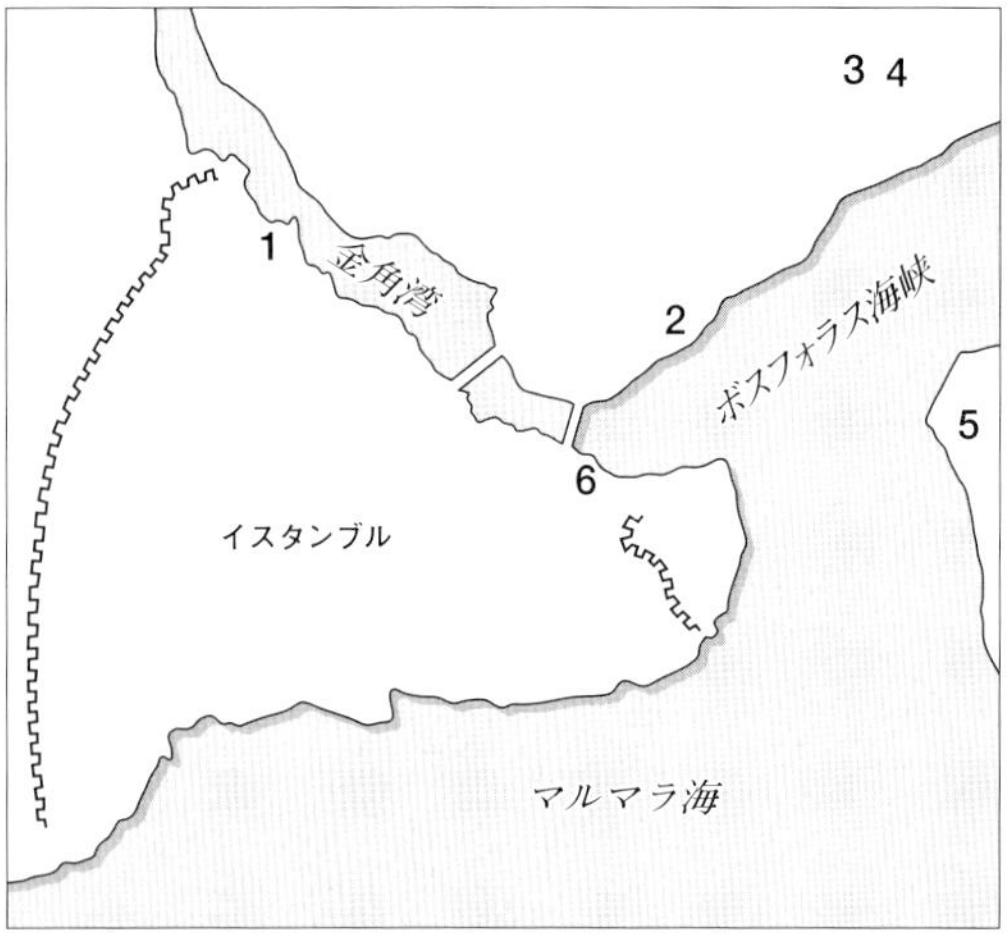

▲17世紀のイスタンブルにおけるユダヤ地区。①1453年にスルタン・メフメト2世によってユダヤ人居留地として指定された地区。②ユダヤ人専用の浴場はこの付近にあると考えられた。③ユダヤ人居住者の大部分がいた地域。ドン・ヨセフ・ナスィの有名な邸宅であるベルヴェデーレがこの地区の付近にあった。④16世紀後半に、広く知られた印刷機があった場所。⑤アルメニア人地理学者のインシシヤンによれば、ボスポラス海峡のアジア側に位置しているにもかかわらず、その特別な神聖性が海によって聖地と離れていないことに由来した、ユダヤ人墓地がこの付近にあった。⑥ユダヤ人の門、オスマン帝国支配下初期のイスタンブルにおける、主要なユダヤ人地区の1つ。メフメト2世によってサロニカから移送されたユダヤ人のうちのある者がここに居住したと言われる。

▼オスマン帝国のユダヤ会衆組織は、お互いに離れ、独立しており、出身地の違いに基づく集団を形成していた。個々の会衆は独自のシナゴーグを擁しており、宗教上及び社会生活上の中心として利用した。

▲イスタンブルのスファラディ系ユダヤ人のシナゴーグの内部。このシナゴーグは、1955年に修復・塗装された。

▼イスタンブルのスファラディ系ユダヤ人のシナゴーグ内部。エルサレムに向いた壁面にしつらえられたヘイハルと呼ばれる聖櫃が存在感を主張している。ヘイハルにはトーラーの巻物が納められる。

▶フランスの画家であるクーデが描いたムハンマド・アリーの肖像。アルバニア人で、服装は権力者にもかかわらず非常に質素である。

▼アレクサンドリア宮殿において、スエズ地峡問題について列強代表と交渉する模様。列強代表を前に、貫禄たっぷりな態度が印象的である。

▶二〇世紀初頭における、ユダヤ人街に沿って広がる、カイロのムスキ地区のユダヤ人商店及び商店街の様子。

▲二〇世紀初めにトルコの主席ラビを務めたラビ・ハイーム・モシェ・ベジェラノ。主席ラビは、オスマン帝国のユダヤ人に対して大きな影響力を保持していた。

◀ヤアクーブ・カッターウイ・ベイ（一八〇一～一八八三）。エジプトのユダヤ人銀行家、ユダヤ系廷臣、ユダヤ共同体指導者の長老。

▶一九〇七年における、アルジェリアのオランのユダヤ人地区の中にあるメインストリートの雑踏。多くの男性が洋服を着ているのが印象的である。

▼二〇世紀初頭における、チュニスのユダヤ人街の中にある、リヴォルノ系ユダヤ人の市場（バザール）の様子。

て新たに領土を拡大したオスマン帝国は、新首都であるイスタンブルの再興のために多くの行政官や商人を必要としていたためである。こうして、イスタンブルの他、イズミル、サロニカ、アドリアノープルなどに移住した追放ユダヤ教徒は、行政官、商

人、職人、医師などとして存分に活躍する機会を見出したのである。

【ドン・ヨセフ・ナスィ】

オスマン帝国史上最も影響力を振るったユダヤ教徒はドン・ヨセフ・ナスィ（一五二四〜七九）である。スペイン出身のポルトガル系新キリスト教徒のヨセフは、三〇代でイスタンブルに定住してユダヤ教に立ち戻り、スルタン・セリム二世のもとで外交政策を担当し、ナクソス公爵に叙任された。この他にも、多くのユダヤ教徒が政治・経済の分野の重要な役職を占め、帝国行政府の大臣・高級官吏として、外交官・通辞として、スルタンの相談役・侍医として、そして軍需品供給業者として活躍した。オスマン帝国のユダヤ共同体は、出身地に基づいて組織され、一九世紀に至るまで中央集権的な指導者を持たず、一六世紀の末にはイスタンブルだけで出身地の異なる四〇以上の会衆組織

が存在した。しかし一七・一八世紀と時代が下るにつれて、出身地の異なる者の間の婚姻が進行していった。

オスマン帝国の近代化

一六・一七世紀に繁栄の頂点を極めたオスマン帝国にも、一九世紀に入る頃には衰退の兆しが見え始めた。地方勢力の伸長、被支配諸民族の独立運動などに加えて、西欧列強による進出が始まったのである。これを受けてオスマン帝国は近代化を余儀なくされ、「タンジマート」（恩恵的改革）と呼ばれる改革運動（一八三九～七六）を進めて西欧化を目指した。

この改革のもとで、ユダヤ教徒を含む帝国内のすべての臣民は、ムスリム・非ムスリムを問わず、法のもとの平等、生命・名誉・財産の保証、裁判の公開、徴税請負制の廃止、徴兵制の改善などを約束された。特筆すべきは、帝国内の少数宗教民族集団の自治体制が承認されたことであり、ユダヤ教徒はイスタンブルの主席ラビ（ハハム・バシュ）のもとで自治権を獲得した。この一連の改革のもう一つの顕著な成果は、人頭税（ジズヤ）の廃止である。人頭税は、イスラーム世界にあって長い間ズィンミーに対する侮蔑を意味していたからである。こうした中、この時代の各地のユダヤ教徒は、いかなる境遇にあったのであろうか。

▲世界イスラエル同盟が、パレスチナ最初の農学校を1870年に創設した。この学校は農業技術の向上、パレスチナ各地の農村のネットワークづくり、ヘブライ語の教育や普及などを理念とし、現在も活動中である。

北アフリカ地域の近代化

オスマン帝国領とはいえ、実質的には自治州であったエジプトでは、支配者ムハンマド・アリー（一七六九～一八四九）及びその後継者がいくつもの行政的、経済的改革を導入した。ここでは非ムスリムに対する課税が厳しかったにもかかわらず、西欧諸国との交易に従事したユダヤ教徒の経済的影響力が強化された。しかし、法的・社会的地位の向上は、エジプトに対する英国の軍事占領がなされた一八八二年まで遅々として進まなかった。一八三〇年以降フランスの支配下に置かれたアルジェリアでは、

▶ボスニアの、スペイン出身のスファラディ系ユダヤ社会は、著しくトルコ風のファッションに影響されていた。

◀サッソン・エスケル卿（一八六〇～一九三二）の肖像。イラクの最初の財務大臣。イラクの内閣に仕えた唯一のユダヤ人であった。

▲1860年にフランスで設立された世界イスラエル同盟は、諸外国、とりわけイスラーム圏のユダヤ人の近代化に努め、その一環としてモロッコのテトゥアンに最初の学校が設立された。

▼ユダヤ共同体では、会衆の指導者として、ラビやハハムと呼ばれる人々が存在した。バグダードのハハムは、タルムード期にまでさかのぼる賢者の末裔で、長い伝統を誇っていた。

▼19世紀末、もしくは20世紀初頭における、イラクのユダヤ商人たちの様子。非常に独特な服装をしているが、アラブ人と容易には区別ができない。

近代化の進展に伴ってユダヤ教徒による権利の獲得が進み、やがて一八七〇年には、フランス本国の場合と同様に、アルジェリアのユダヤ教徒にもフランス市民としての権利が賦与された。

　チュニジアでは、ヨーロッパ諸国の領事の圧力のもと、一八五七年に、ユダヤ教徒とムスリムの法のもとの平等が宣言され、八一年にフランスの保護国となった。

【モロッコのユダヤ教徒の境遇】

北アフリカ各国における、ユダヤ教徒に対する一連の権利の賦与の動きは、オスマン帝国の支配を受けなかったモロッコの都市在住のユダヤエリートにも影響を及ぼし、ここでも解放を求める動きが高まった。一八六三年には、ユダヤ社会の指導者であるモンテフィオーリ伯らがイギリス政府の後ろ盾を得てモロッコのユダヤ教徒の法的・社会的地位を向上させる法令の賦与をスルタンに求めた。しかし、モロッコのユダヤ教徒が法的不平等から解放されるのは、それから五〇年近くも経ってからのことであった。

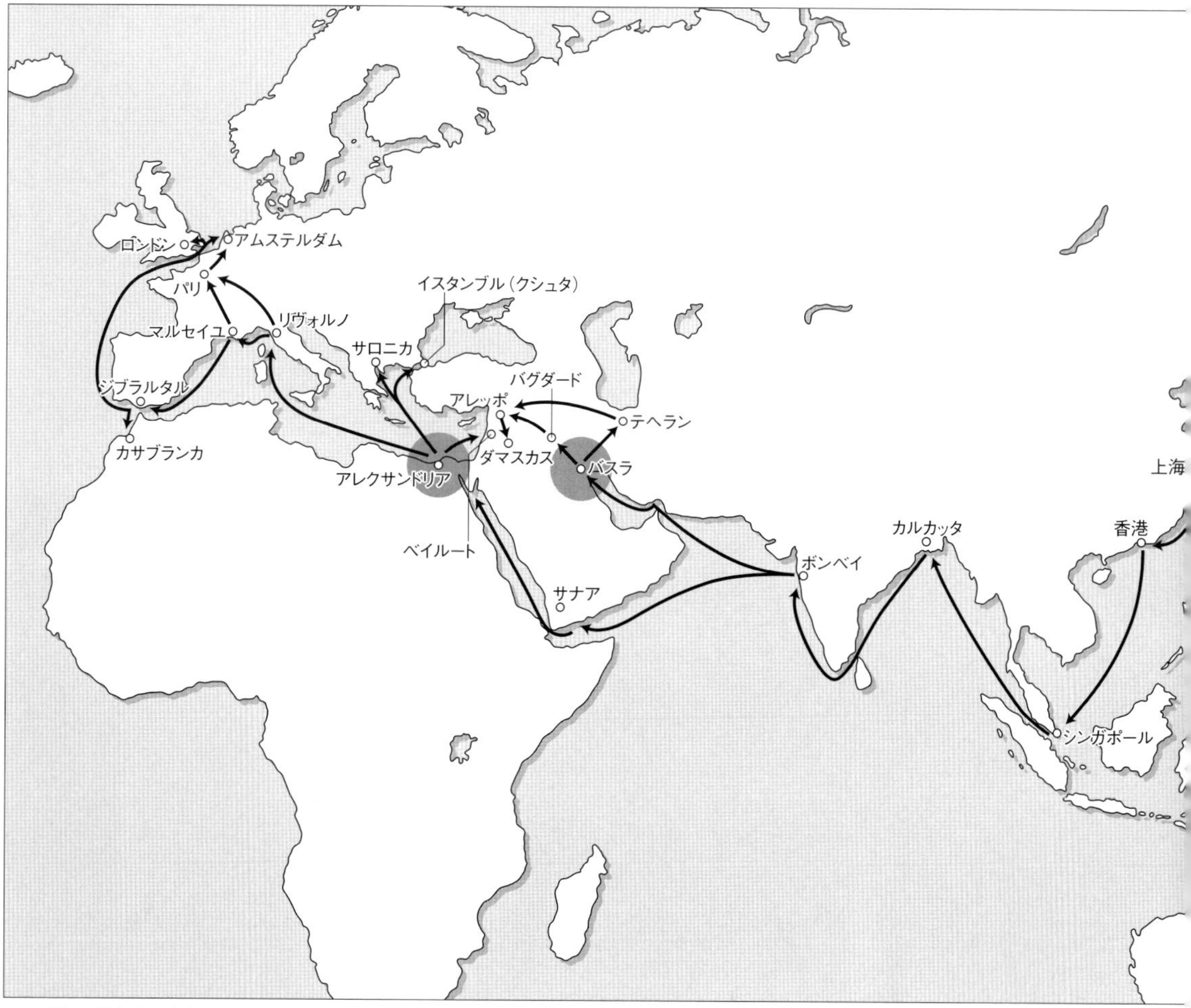

▲19世紀の国際的な商業ルート。

【世界イスラエル同盟】

この間、モロッコのみならず他のイスラーム諸国におけるユダヤ教徒の状況の改善を目指した組織が設立された。一八六〇年にフランスで設立された世界イスラエル同盟（ＡＩＵ）である。世界イスラエル同盟の目的は、ユダヤ教徒の解放とモラルの向上、ユダヤ教徒であるが故に生じる苦難への効果的な支援、これらの目的を達成するためのあらゆる出版活動の奨励である。そして世界イスラエル同盟は、とりわけフランス語による近代教育の普及を通してその目的の達成を目指した。

一八六二年にモロッコのテトゥアンに最初の学校が設立され、その後第一次世界大戦によって中断されるまで、北アフリカ、バルカン、中東地域に一八八もの学校が設立された。もとより世界イスラエル同盟の対象は、イスラーム世界に限らなかったが、結果的に北アフリカ、バルカン、中東地域のユダヤ教徒がその主な対象とされた。こうして、近代的教育を受けた中近東のユダヤ教徒は、西欧諸国との結びつきや経済的成功によって繁栄を回復させたが、そのことが多数派のムスリムによって敵視される原因となり、二〇世紀のアラブ・ナショナリズム高揚の一因となった。

COLUMN

中世のユダヤ賢者の横顔……嶋田英晴

サアディア・ガオン（八八二〜九四二）

エジプト生まれのサアディアは、エジプトにはもはや学ぶべき智者はいないと判断し、当時の学問の中心であったバビロニアへと旅立ち、そこでスーラの学塾（イェシヴァ）の塾長（ガオン）に任命された。しかし、サアディアはガオンに就任してからも謙虚さを失わなかった。ある日、仕立て屋がサアディアのもとへ仕立てた服を持ってきた。サアディアはその男に、その服を仕立てるのに何針縫ったか、と尋ねた。仕立て屋は答える前に、サアディアに「今度、新しく服を仕立てるときにはきっと何針かを教えます。そのかわり、ガオンよ、どうか、聖書には何文字あるか教えて下さい」とサアディアに頼んだ。サアディアは、聖書の文字数を知らなかった。皆が自分をいかに買い被っているかを知ったサアディアは、仕立て屋が新しい服を持参するまでに聖書の文字を数えよう、と心に決めた。しかし仕事に忙殺されているうちに、サアディアはそのことを忘れてしまった。

日を経て、仕立て屋が新しい服を持参し、何針縫ったかをサアディアに語った。そのとき彼は心に決めたことを思い出した。聖書の文字を数えきるまではこの服は着まい、そう決心して、彼は日夜、聖典の文字を数え続けた。ついに数え終えると、彼は大きな宴を催して、すべての智者を招待した。その中には、一人の仕立て屋もいた。サアディアは、聖書の中の一冊一冊には何文字あるか、そして字句の一つひとつに様々な解釈をしめしたので、なみいる人々はサアディアに賞賛を惜しまなかった。するとサアディアは、私でなくこの人こそ賞賛されるべきである、と言って、その仕立て屋を紹介し、招かれた人々にこれまでのいきさつを語って聞かせたという。

ラビ・シュロモー・イツハキ（ラシ）（一〇四〇〜一一〇五）

今日、ユダヤ人が聖書を読むときはほとんどつねに注釈を合わせて読む。その中でも代表的なものは、ラシの註解である。以下、ラシの聖書註解を参照して、創世記の父祖アブラハムの招命と故郷出奔をどのように捉えているかを、明らかにしてみたい。

「さあ行きなさい」（一二章一節）

「それは、おまえの歓びのため、おまえが陽の目をみるためだ。そこにいたらおまえは子宝に恵まれることはない。そこへ行ったら、私はおまえを大いなる国にしてあげよう」。聖書は、さあ行きなさい、と言った後、アブラハムに三回、祝福を送っている。すなわち、私はあなたを大いなる国にし、あなたに祝福を与え、あなたの名を大きくしよう。なぜ、三回なのか。ラシの註解にいわく、「長旅というものは、三つのものを失わせるものだ。出産と成長を阻むこと・財産を減らすこと・名を減らすことである。それゆえ、これら三つの祝福が必要とされる。子宝・財産・名（声）に対する約束である」。

ラビ・アブラハム・イブン・エズラ（一〇八九～一一六四）

聖書の註解ではラシの註解に比肩する作品を残したユダヤ人がラビ・アブラハム・イブン・エズラである。イブン・エズラの知恵の一端を示す逸話がある。

あるとき、三人のアラビア人の兄弟がイブン・エズラのもとへ遺産相続の難題を持ってきた。父親は一七頭のらくだを彼ら三人に残して死んだのだが、そのときこう遺言したという。長男は遺産の半分を、次男は遺産の三分の一を、三男は遺産の九分の一をそれぞれ受けとるようにと。彼らは途方にくれた。どうすればよいかイブン・エズラの知恵を借りたいというのである。そこで彼は言った。兄弟三人が遺産で争うのはよくないが、かといってこの遺言は実行することもできない。それゆえ、わたしがらくだを一頭進呈しよう。各自、遺言通りに取りなさい。そこで長男は九頭を、次男は六頭を、三男は二頭をそれぞれ取った。すると後に一頭が残った。これを聞いて、人々は彼の知恵を賞賛したという。

ラビ・モシェ・ベン・マイモン（マイモニデス）（一一三八～一二〇四）

中世最大のユダヤ人哲学者であるマイモニデスは、『イエメンへの書簡』の中で、メシアについて以下のような内容を述べている。「終末」にメシアが到来することは確かであるが、それがいつであるか算出することは誰にもできない。ましてや占星術によってこれを成し遂げることできるはずはない。しかしながら、マイモニデスは次のような励ましの言葉を述べている。「我が同胞よ、しっかりしなさい。『雄々しくあれ、心を強くせよ。主を待ち望む人はすべて』（詩篇三一章二五節）。互いに力つけ合い、あなた方の心において待ち望まれた者（彼が早く現れんことを）への信仰を確立するように」と。そして、自称メシアに関しては、「すべてを考慮した上で、もしこの男が悪意や傲慢から自ら救世主宣言をしたのなら、私は彼が死に値すると判断せざるを得ない。しかし、むしろ私には彼が不安定で正気を失っているように見える。私の考えでは、彼とあなた方自身のために、最上なのは、彼が正気を失っているとすべての異教徒が知るまでの一定期間、彼を拘束することである。あなた方は自らこのことについて広め、人々の間に流布するようにすべきです。その後、彼を釈放すればよい。これにより、何よりもまず彼を救うことができる。なぜなら、この後異教徒が彼の主張を聞いても、彼を嘲笑して彼が狂っていると思うだろうから。また、あなた方自身も、異教徒による迫害から自らを救うことができる。しかし、異教徒がこの事態について知るに至るまで放置しておけば、彼を死に至らしめ、かつ恐らく彼らの憤怒によってあなた方自身も被害を被るであろう」。

そして、偽メシアに関してはさらに、「これらは、預言者たちが我々に警告した事例の一種である。救世主の到来が近付くと、偽救世主らが大勢現れると預言者たちは警告している。偽救世主たちの主張は偽りであることが明らかとなる。彼らは消え去り、多くの者が彼らとともに滅ぼされる」と繰り返し警告しているのである。

第四章 カバラー

……山本伸一

1 カバラーとは何か?

占いやスピリチュアル・ブームの中でしばしば耳にするカバラーという言葉だが、その種の情報で本来の姿を正しく捉えたものは皆無である。ここでは具体的な原典資料とともに、カバラーの歴史をたどってみることにしたい。だがその前に、そもそもカバラーとはどのような思想なのだろうか。

ヘブライ語のカバラーは、文字通りには「受容」を意味し、代々受け継がれるユダヤ教の秘密の伝承を指している。この思想に携わるラビは、カバリスト（ヘブライ語でメクーバル）と呼ばれる。彼らは聖書やタルムードなどの聖典、そしてヘブライ語という言語そのものに、秘密の意味があると信じている。それは表面的な意味よりもずっと深い奥義である。祈りや戒律の遵守といった敬虔な生活の意味を探求し、場合によっては魔術や悪魔学、脱我体験の実践に踏み込むこともある。新プラトン主義、キリスト教、スーフィズムなど外来の影響が見られることもある。

こうした性質は時代や土地、個々のカバリストによって異なるため、ひとことで語り尽くせるものではない。それでも、注目したいのは、カバラーがラビ・ユダヤ教の伝統に根差しているという事実である。それは決して異端の思想でもなければ、ユダヤ教から区別される宗教でもない。例えば、ヘブライ語聖書だけしか認めないカライ派とは違って、カバリストはタルムードの権威を否定することはないし、ルネサンス期の人文主義者が考えたような普遍的な「古代神学《プリスカ・テオロギア》」を持ち出すこともない。カバラーの中心にあるのはあくまでもラビ・ユダヤ教であり、そこで語られない世界の「真髄」を究めようとするのである。

【象徴表現と寓話】

カバラーが他のユダヤ思想の領域と異なるのは、豊かな象徴表現と寓話によって神の秘密を語る点である。多くの場合、論理的とはいえない議論が目立っているが、権威や解釈の絶対性を主張することもない。それゆえ、いくつもの独自の神学概念が見られる。例えば、最も有名な事例は、セフィロート体系である。象徴を用いることで、唯一の神が一〇個の要素に分割される。それぞれの要素は神の性質を表し、独特の配列によって人間の身体構造や生命の樹として描き出される。もちろんユダヤ教は一神教なので、こうした発想はその基盤を揺るがしかねない。セフィロート（単数形はセフィラー）は、聖性の高い順に、「王冠《ケテル》」、「知恵《ホフマー》」、「理知《ビーナー》」、「慈愛《ヘセッド》」、「厳正《ゲヴーラー》」、「壮麗《ティフエレット》」、「永遠《ネツアハ》」、「栄光《ホード》」、「根幹《イエソード》」、「王権《マルフート》」と展開する。この順序はカバリストによって異なることが多い。例えば、「王冠」の上位には「無限《エイン・ソーフ》」が置かれることもあるし、「王権」より「臨在《シエヒナー》」が好まれる時代もある。これらの神の属性は、上方から下方に向かって発散し、有機的に連鎖している。そのため、最下位の「王権」あるいは「臨在」は、人間が暮らす穢れた地上に近いと考えられた。ここに独自の寓話が生まれる。アブラハムの時代から、神の「臨在」はつねにイスラエルの民を守ってきた。だが、モーセがシナイ山に登っている間に、彼らが戒律を破って金の仔牛像を鋳造したので、「臨在」は離れていってしまった。そういうわけで、カバラーでは、再びこの「臨在」の恵みを受けること、あるいは神の世界が本来備えていた調和を回復することの重要性が説かれるのである。さらに、これは両性具有の神という発想につながる。上位九個のセフィロートは神の男性的な性質を表し、「臨在」は神の女性的な属性だと考える。花嫁に喩えられる「臨在」を花婿である神に戻して、原初の調和を回復することが、贖いの完成だと見なされる。この結合を促すのは、他でもない地上のユダヤ人の敬虔な行いなのである。

【戒律と祈禱の重視】

カバリストは中世のユダヤ人哲学者よりも日常の戒律や祈禱を重視する。哲学者はそのような実践を宗教的な倫理の問題として扱うことが多かったが、カバリストは自分たちの聖なる行いこそが、神の世界に届いて、ユダヤ人の贖いに結びつくと考えた。だから、ときに現実から乖離しているように見えるカバラーの象徴表現も、ユダヤ教の伝統的な実践に深く根差す思想として理解する必要がある。こうしたカバラーの一般的な性質を踏まえて、ここで見ていくのは歴史的な展開である。すみずみまで丁寧に見渡すことはできない。だが、カバラーの起源から現代における受容まで、重要な出来事を追っていきたい。カバラーが一枚岩の思想体系ではない以上、様々な点で興味深い違いが発見できるはずである。

2 カバラーの起源と『清明《バヒール》の書』

カバラーがユダヤ教の歴史に現れた正確な時期を決めることはできない。ある特定期の人物が作り出した思想ではないし、最初期のカバラーについて残された証言はとても少ないからである。カバラー文献にタルムード期のラビたちが登場するからといって、古代の文学的遺産だと考えることはできない。その多くが、時代と登場人物をいつわった偽書である。確かに、エゼキエルの幻視を解き明かし、天上の七つの宮殿について物語るヘーハロート文学のような、タルムードの秘教的な内容にさかのぼる古い資料も存在する。だが、これらの古代秘教文学は、中世のカバラーと直接の歴史的関係がはっきりしない。よって、ここでは秘密の教えをカバラーと呼び、それを伝えるラビをカバリストと呼び始める時代と土地に注目して、そこをカバラーの起源と見なしたい。それは、一二世紀末、南フランスのラングドックである。キリスト教徒の間でカタリ派の異端が大問題になっていた土地であり、中世ユダヤ哲学を代表するマイモニデスが生きた時代に重なる。

最初期のカバラー文学の中で、のちのカバリストたちに最も大きな影響を与えたのは、『清明《バヒール》の書』と呼ばれる短い文書である。アラム語混じりのヘブライ語で書かれた『清明の書』は、著者も知られていないし、体系的な思想も持ち合わせていない。そして、やはり偽書である。冒頭にミシュナのラビ・ネフニヤ・ベン・ハカナー（一〜二世紀）が現れて、「空に明るい光《バヒール》が見えない」（ヨブ記三七章二一節）という聖句の秘密を語り始める。だから、中世の人々はこの書物を『ラビ・ネフニヤ・ベン・ハカナーのミドラシュ』とも呼んだ。そして、ラビ・アモライとラビ・ラフーマイなる架空の賢

▲ヨセフ・ジカティラ著『光の門』のラテン語訳（16世紀）より、セフィロート体系を手にする老人。

者を中心に、次々と古代のラビが登場しては、対話の中で聖書の文言に潜む奥義を語り合う。このような対話のスタイルは、伝統的な聖書解釈、つまりミドラシュに他ならない。匿名の著者がのちのユダヤ思想の中で特異な流れとなるカバラーを、ユダヤ教の文学的伝統の中で始めたのは興味深い。

【セフィロート】

『清明の書』の内容を見てみよう。天地創造からヘブライ文字の形態や音韻まで、多様なテーマが語られる。編集の痕跡が目立ち、一貫性にとぼしいところもある。それでもカバラーの基本的な特徴ともいえる、一〇個のセフィロート、神人同形論、両性具有的な表現が現れる。のちに定式化されるカバラーとは違うところもあるし、あいまいなところも多い。原文に照らしながら、その一部を解説しよう。

一〇個のセフィロートという表現が出てくるのは、一箇所のみである。そこではラビ・アモライが、大祭司アロンの指の数と結びつけている。祝福の際に両手を掲げる秘密の意味が、一〇個のセフィロートと関連しているというのである。個別のセフィラーの説明には踏み込まないが、一〇本の指が十戒を意味し、聖書の原文でヘブライ語の文字を数え上げて、その中に六一三の戒律が含まれると結論づけている。『清明の書』では、たいていの場合、セフィロー

『清明の書』

ラビ・アモライは言った。「アーロンは民に向かって手を掲げ、彼らを祝福した。そして、(贖罪の供犠、全焼の供犠、和解の供犠を終えて) 降りた。」(レビ記9:22) とは、いかなる意味か。彼はすでに降りてしまったのか。いや、「贖罪の供犠、全焼の供犠、和解の供犠を終えて降り」、それから「アーロンは民に手を掲げて彼らを祝福した」のである。(第123節)

手のひらを掲げて祝福を与えることには、いかなる意味があるか。両手には10本の指がある。これは天と地が刻印された10個のスフィロートを暗示する。この10という数は十戒に対応する。これら10個には613の戒律が含まれる。十戒の文字を数えれば、それらが613個の文字からなることに気づくであろう。(第124節)

10個の言葉《マアマロート》とは何か。第1は至高の王冠だ。その御名とその民は祝福され、讃えられよ。その民とは誰のことか。イスラエルのことだ。『主は神であると知れ。我々を作り給うたのは、その民である我々ではなく、そのお方である。』(詩篇100:3) […] (第141節)

第2は知恵だ。『主は自らの道の始めに私をお手元に置いてくださった。古き御業のその前に』(箴言8:22) と書かれているように。知恵をおいて他に始まりはない。『知恵の始めは主の畏れ』(詩篇111:10) と書かれているように。(第142節)

第3は律法の石切場、知恵の宝庫、神の霊の石切場だ。これが教えるのは、主はすべての律法の文字を切り出し、自らの霊で刻印し、自らの姿を作りたまうということだ。すなわち、『我らが主のごとき岩はない』(サムエル記上2:2) と書かれているように、我らが主のごとき作り手はいないのだ。(第143節)

それは第3のことだった。では、第4は何か。第4は『主の正義』(申命記33:21) だ。主の無垢と慈悲は全世界とともにある。つまり、それは主の右手のことだ。(第144節)

第5は何か。それは主の大いなる火だ。『これ以上私にこの大いなる火を見せないでください。死んでしまいます。』(申命記18:16) と書かれている。それは主の左手のことだ。[…] (第145節)

第6は栄光の玉座だ。それは王冠を戴き、包摂され、賞賛され、歓喜する。未来世界の家であり、『神が光りあれとおっしゃると、光りが生じた』(創世記1:3) と書かれているように、その場所は知恵のなかにある。[…] (第146節)

第7は何か。それは天上のアラボート界だ。なぜ天《シャマイム》と呼ばれるのか。それは頭部のように円形だからだ。水は主の右手、火は左手であり、これはその中心にある。火と水から水を支え《サー・マイム》、そして双方の間に平安をもたらす。[…] 第7は世界の東だ。そこからイスラエルの種が出る。脊髄は人間の脳から伸びて、生殖器に至るからだ。『東から私はお前の種をもたらそう』(イザヤ書43:5) と書かれているように、種はそこにある。[…] (第153節および第155節)

第8は何か。主にはご自分の世界にひとりの義人がいる。彼はすべての世界を成り立たせているため、主に愛される人であり、世界の基幹なのだ。[…] (第157節)

第9は何か。彼は言った。第9と第10はともに結びついている。[…] それらは一対の車輪のようだ。1つは北を向き、もう1つは西を向く。そして最下方の地に行くのだ。最下方とは何か。それは地上の7つの地のなかで最後のものだ。『天は私の玉座、地は私の足置き』(イザヤ書66:1) と書かれているように、主の臨在はその足元にある。『永遠のなかの永遠まで』(同34:10) と書かれているように、世界の永遠は地上にある。[…] (第169節)

トは「言葉《マアマロート》」と呼ばれる。この一〇個の「言葉」について詳しい解説が展開される部分では、第一は「至高の王冠《ケテル》」、第二は「知恵《ホフマー》」といった具合に、のちに完成するセフィロート体系の原型を見ることができる。一つひとつは「言葉」と呼ばれながらも、神の性質や働きだと考えられているのがわかる。

また、最も聖性の高い神の頭に「王冠」が位置する以外に、神の右手と左手が描かれる。偶像崇拝を禁じるユダヤ教で、神が人間と同じ身体構造を持つと考えることには根本的な問題があるが、カバラーでは一般的な表現である。それぞれは「正義」と「大いなる火」といわれ、神の優しさと厳しさを表現している。これらがのちに右側の「慈愛《ヘセッド》」と左側の「厳正《ゲヴーラー》」として定着することになる。

さらに、第七のセフィラー以下では、性的な表現が見られるようになる。第七のセフィラーは、明らかに神の男性的な性質を表象している。中でも第九と第一〇のセフィラーの結合が語られる点は重要で、エゼキエル書に現れるメルカバーの車輪を念頭に置いている。のちに「根幹《イエソード》」と「臨在《シェヒナー》」が神の性的な結合の場となることを考えれば、そこに見られる「臨在」という言葉は、神の女性性を表していると類推することができる。実際に「西を向く」とされる第一〇のセフィラーは、別の箇

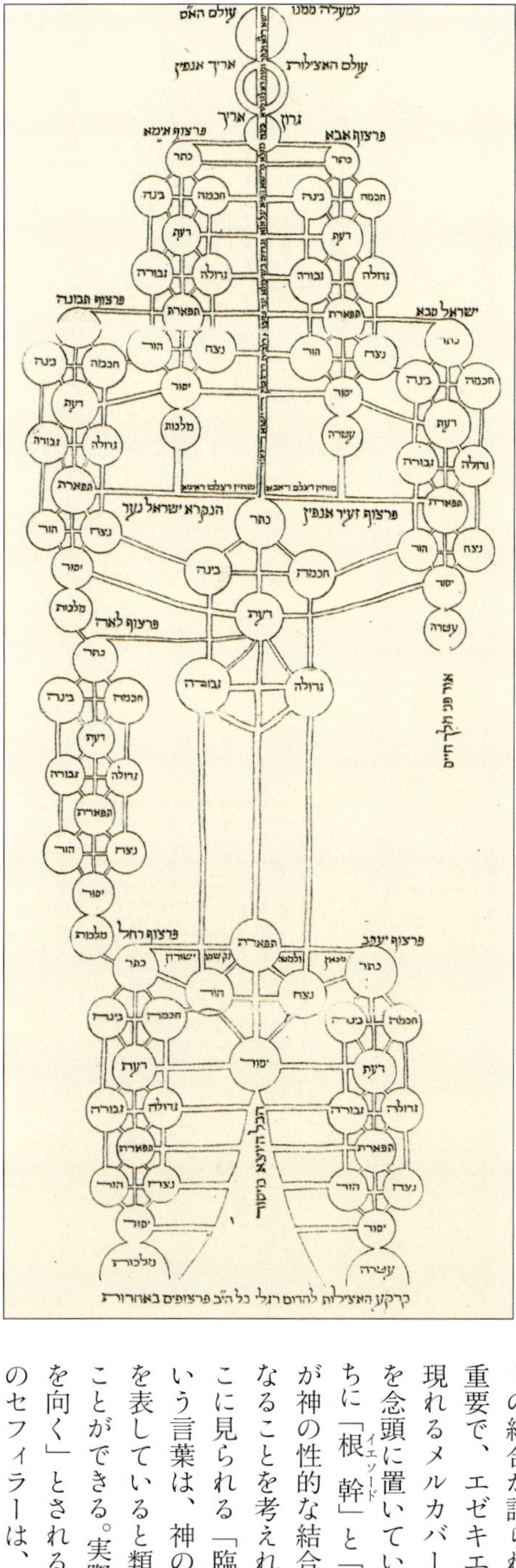

▲セフィロートの図（山本作成）。

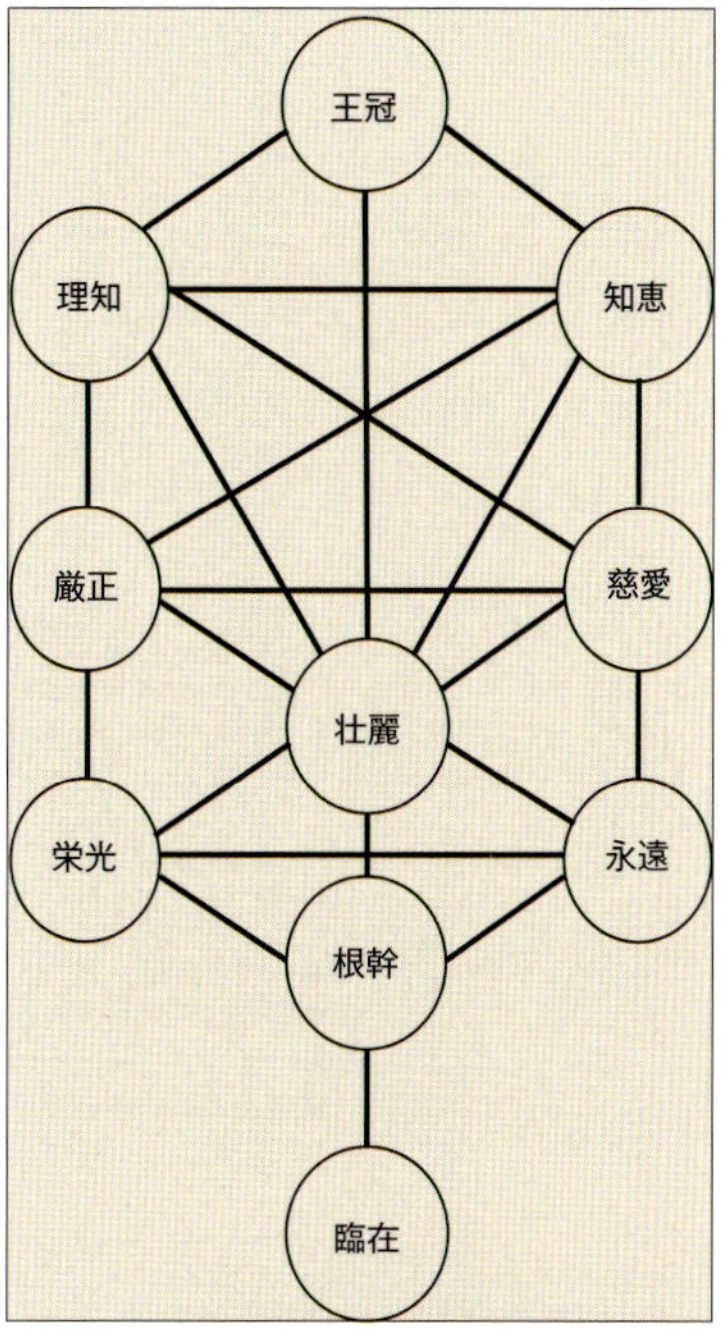

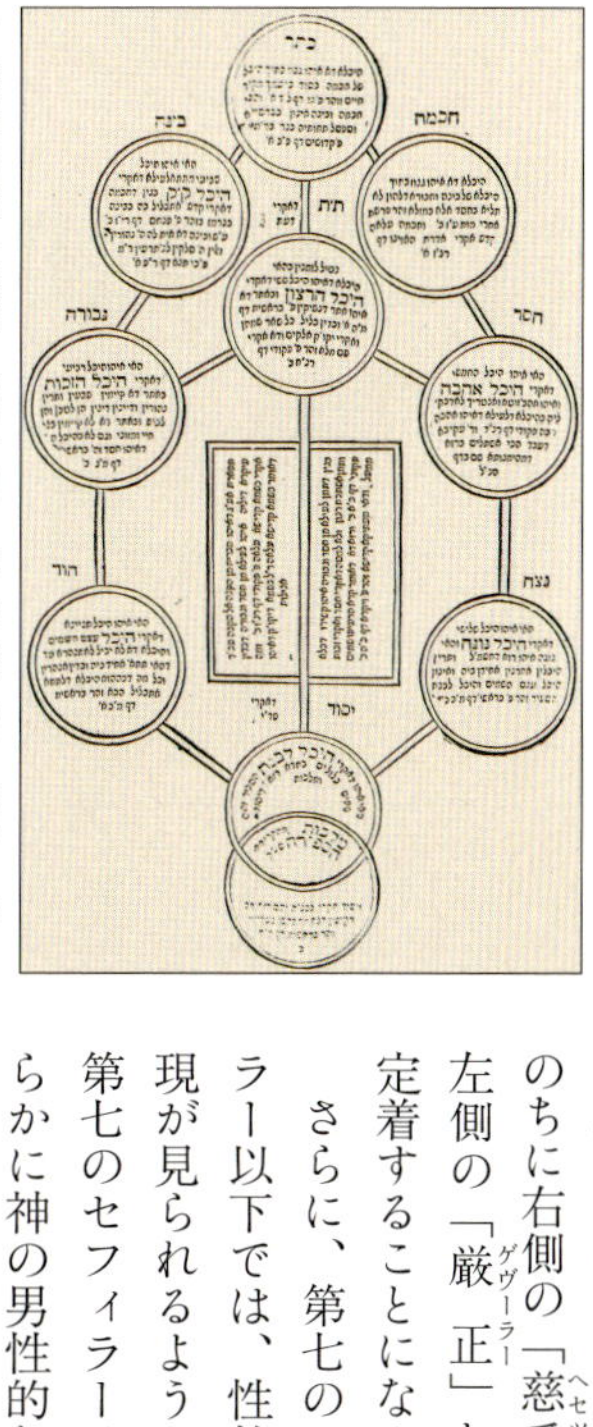

▶『光輝の書』に基づくセフィロート。モルデハイ・ベン・ユダ・レイブ・アシュケナジ著『アブラハムの柳』（フュルト、一七〇一年）。

◀ツファットのカバラーではセフィロート体系が複雑になる。ハイム・ヴィタル著『生命の宝庫』。

▲『清明の書』（アムステルダム、1651年）。

▲アルイェ・カプランによる『清明の書』の英訳（1979年初版）。解説がついているが、カプラン自身がカバリストであるため、歴史的な事実は考慮されていない。

所で花嫁に喩えられ、神の息子である花婿を表す第七のセフィラーから多くのものを贈られるといわれる。「臨在」を神の花嫁に喩える表現は、のちのカバラーの最も基本的な考え方になっていく。

3 聖典としての『光輝《ゾーハル》の書』

一四九二年にキリスト教勢力がレコンキスタを完了し、ムスリムとともにユダヤ人をスペインから追放するまで、ヨーロッパのユダヤ文化の中心はイベリア半島にあった。シュロモー・イブン・ガビロール（一〇二一頃〜五九頃）やバフヤ・イブン・パクーダ（一〇五〇頃〜一一二〇頃）に始まるユダヤ哲学の伝統が、イスラーム文化圏のスペインで栄えたことはよく知られている。カバラーもこの地で芳醇な文学として成長するが、すでにそれは南進するキリスト教の諸王国が統治する時代のことだった。

▼モシェ・コルドヴェロ著『柘榴の楽園』より（16世紀）。神の本質への道程は、カバリストを拒みながら誘う迷路に似ている。

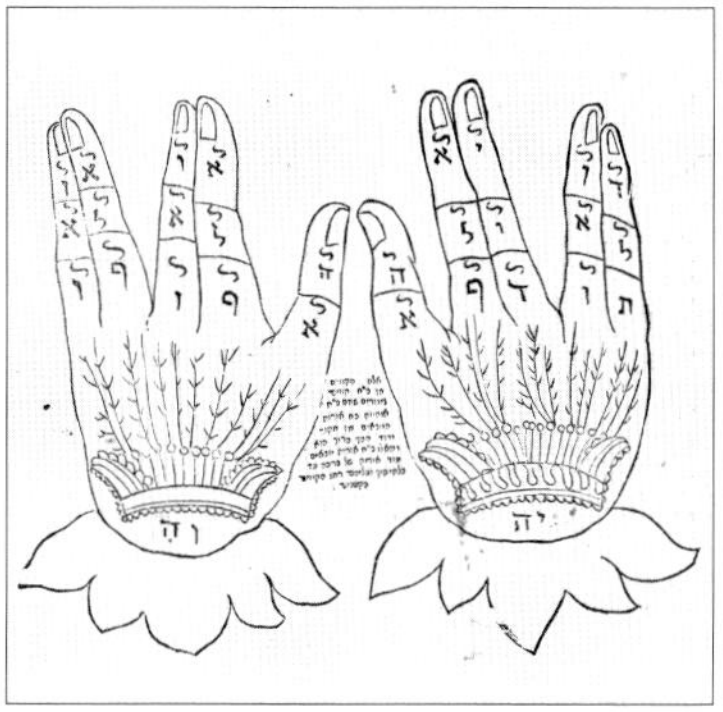

▼祭司はイスラエルの民を祝福する（民数記6：23—27）。カバラーでは、祭司の手や指が神の世界を象徴していると考えられる。シャブタイ・ホロヴィッツ『溢れ出す滴』（ハーナウ、1612年）。

『清明の書』が著された一〇〇年後、一三世紀末のカスティリア地方で、現代に至るまでカバリストを魅了し続ける文書が著された。『光輝《ゾーハル》の書』である。聖書の註解、つまりミドラシュの形式で書かれた『光輝の書』は、様々な場面で主役を務めるシムオン・バル・ヨハイ（一〜二世紀）の言葉だと信じられてきた。だが、現在では多くの部分をカバリスト、モシェ・デ・レオンが書いたことがわかっている。『光輝の書』はアラム語で書かれた偽書だが、『清明の書』よりはさらに統一感が増し、質量ともに豊かな物語が繰り広げられていく。シムオン・バル・ヨハイと息子のラビのエレアザルに加えて、タルムード期のラビの錚々たる顔ぶれは秘密の教えにある種の威厳を与えている。それに加えて、一見何の変哲もないロバに乗った老人や年端もいかぬ子どもが現れるのもおもしろい。彼らがラビを相手に律法の秘密を開陳し始める場面は、読者を独特の世界に引き込んでいく。

【臨在について】

それでは、少しだけ『光輝の書』の本文を紹介しよう。様々なテーマが現れるが、まずはセフィロートの中の「臨在」について取り上げる。ただし、『光輝の書』ではセフィロートという用語はほとんど使われず、それぞれのセフィラーの名称が確定しているわけでもない。それでも、『清明の書』で芽生えた「臨在」を神の女性的属性とする考え方、あるいはそれが花嫁として神と結婚するという発想は、完全に定着し、いくつかの寓話となって現れる。最初の抜粋は、シムオン・バル・ヨハイがイザヤ書の一節を解釈する場面である。聖書の物語の中でユダヤ人が罪を犯すと、「臨在」は地上の人々からも天上の神からも離れてしまう。七〇年にエルサレムで起こったローマ人による神殿破壊もその一つだ。このとき、「臨在」は本来の場所から、異教徒の手に落ちてしまう。こうなると、「臨在」の夫、つまり神はそれまでのように彼女に恵みをもたらすことができない。両性具有神における男女それぞれの属性が分離し、無垢の調和が崩れて神の原初の姿が損なわれるのである。

▶『光輝の書』マントヴァ版の最初の頁。創世記一章一節のカバラー的解釈。神の無限が創り出した色のない闇から様々な色彩がほとばしり始める様子が描かれている。

◀一五五八年にイタリアのマントヴァで出版された最初の印刷本。このときいくつかの文書が統合され、書物としての『光輝の書』が成立した。

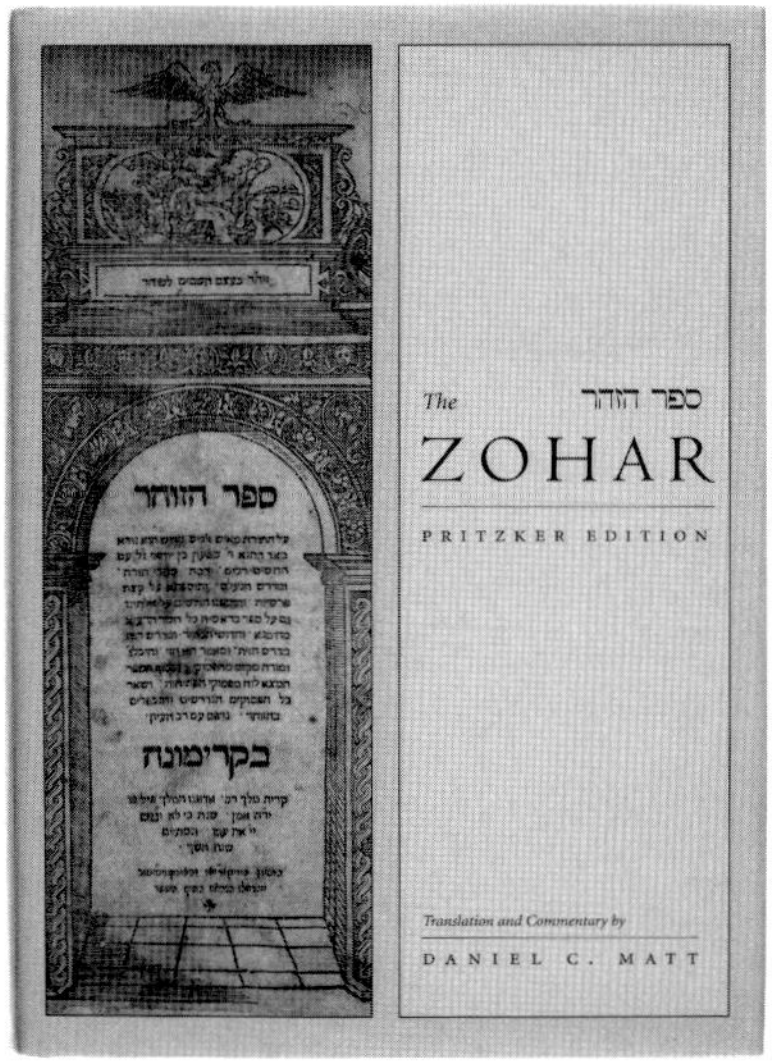

▶現在刊行中の『光輝の書』の英訳、プリツカー版。主にイスラエルとアメリカで活躍するカバラー研究者たちによる共同作業。充実した訳注はこれまでにないクオリティである。

◀『光輝の書』のアラム語本文。外側にはヘブライ語の注釈が付けられている。

【神との合一】

それでも、「臨在」はつねに離散の憂き目を見ているわけではない。地上のユダヤ人の敬虔さしだいでは、一時的に人々の間に戻ってきて、「神との合一」を果たすこと

▶シムオン・バル・ヨハイの墓で祈る男性。ツファット近郊のメロン山にある墓には、毎日多くの人々が祈りにやって来る（山本撮影）。

ができる。聖なる婚姻は、例えばシナイ山での律法授与を記念する七週祭《シャブオート》の前に、夜を徹して聖書を学ぶことで達成できる。次の抜粋を見てみよう。もちろん、花嫁は神の「臨在」のことである。ユダヤの婚礼では新郎新婦のうえに天蓋を張るため、そこに入ることが神との結びつきを意味する。律法をはじめとする聖典の学習によって、花嫁は神と結ばれる前に美しく飾り立てられるという。たとえ一時的であっても、この歓喜は何ものにも代えがたい。最も地上に近い最下位のセフィラーは、神の世界の調和を回復しようとする人間の精神的な努力を媒介する。この考え方は、その後のカバラーの重要なモチーフとなり、特にツファット盛期のカバラーでは様々な慣習や儀礼の中に取り入れられることになる。

【メシアについて】

さらにもう一つのテーマに触れておこう。それはメシアについてのものである。『清明の書』が書かれた時代に比べて、一三世紀後半のカバラーはメシアに関する説明が目立ち始める。『光輝の書』もしばしばこの救世主を話題にする。ユダヤ教の黙示文学では、メシアが現れる終末は破滅的な世界の終わりだが、『光輝の書』の場合、そのような記述はほとんど見当たらない。歴

『光輝の書』

「臨在《シエヒナー》」の追放と神との別離

『数多くの人々がお前に恐れおののいたように、彼の姿は損なわれ、形は人の子を超えてしまう。』（イザヤ書52：14）　さて、ご覧なさい。このように言われている。神殿が破壊され、臨在が異教徒の土地のなかで、彼らの間に追放されたとき、何と書かれているか。『見よ、勇士たちは外で嘆き、平和の天使たちはつらい涙を流す。』（同33：7）誰もがこのことで涙を流した。涙を流しては、嘆いたのだ。すべては、自らの場所から追放されてしまった臨在のことで。彼女がもとの姿から様変わりしたように、彼女の夫も輝きを注いでくださらず、もとの姿から様変わりしてしまわれたのだ。『太陽が昇るときに暗くなる』（同13：10）と書かれているように。［…］その秘密は、祝福が男と女が見出されるところにしか存在しないということだ。これは『男と女を創造され、祝福してくださった』（創世記5：2）と書かれているところから証明される。それゆえに、『彼の姿は損なわれる』のだ。（第1巻182a）

「臨在」の結婚と聖なる学習

ラビ・シムオンは座って律法を学んでいた。それは花嫁が夫と結びつく夜のことだった。我々が学んだのはこのようなことである。誰もが花嫁の宮殿の人々となる学友である。翌日に夫の天蓋に入ることになっているので、花嫁の夜には一晩中ともに過ごして、彼女を飾り立ててともに喜ぶ。律法から預言者へ、預言者から諸書へ、そして読誦のためのミドラシュと知恵の秘密を学ぶ。これらは彼女の装飾、飾りである。彼女は乙女たちとともに入ってきて、彼らの頭に立つ。それから飾り立ててもらい、一晩中いっしょになって楽しむ。翌日になると、必ずいっしょに天蓋に入るのである。彼らは天蓋の人々と呼ばれる。天蓋に入ると、主は彼らのことをお尋ねになり、祝福して花嫁の冠を与えてくださる。彼らはその分け前にふさわしい。ラビ・シムオンもすべての学友たちも、律法の歌を歌った。律法の言葉の1つひとつに新たな意味をあたえた。ラビ・シムオンも他の学友たちも歓喜した。［…］（第1巻8a）

メシアの登場

　そのとき、メシア王が立ち上がり、エデンの園、鳥の巣と呼ばれる場所から出て行く。そして、ガリラヤの地で立ち上がる。彼がそこに出て行く日、全世界が震撼する。地上の人々は、誰もが洞窟や岩のなかに身を隠し、生き残れないのではないかと恐れる。このときのことに関しては、次のように書かれている。『主が立って大地を脅かすとき、主を恐れて、その威光の輝きのゆえに、彼らは岩の洞窟と塵の穴に入る。』（イザヤ書2：19）『主を恐れて』とは全世界の震撼であり、『その威光の輝き』とはメシアのことだ。『主が立って大地を脅かすとき』とは、その人が立ち上がってガリラヤの地に姿を現すときのことだ。そこは聖地のなかでも最初に破壊された場所なので、どの場所よりもまずそこに姿を現し、そこから全世界に戦いを引き起こす。（第2巻7b）

史は神の世界の完成に向かうが、基本的にメシアはそこに介入することがない。それでも、典型的な終末のメシア像が語られる箇所がある。次の抜粋は、メシアがガリラヤ地方に現れ、世界中を巻き込む終末戦争の先陣を切る様子が描かれた部分の冒頭だ。イザヤ書の一節は、メシア来臨の描写として解釈されている。この後、メシアは神に王冠を授けられ、再び「鳥の巣」と呼ばれるエデンの園に戻って、不思議な自然現象を引き起こす。その意味を理解することができるのは、秘密を知る賢者だと明かされる。『光輝の書』はミドラシュであるため、特定の個人がメシアと見なされることはないが、カバラーに現れる終末論の最初期の表現であることは間違いない。

　さて、のちにカバラーの聖典ともいえるほどの存在感を示す『光輝の書』だが、最後に興味深い事実を一つ紹介しよう。それは『光輝の書』が書物として書かれたわけではないということである。実は、三巻本として定着している書物の中には、主要部分と明らかに異なる人物によって書かれた文書や後世の補筆が混入している。それだけでなく、一六世紀になるまで、まとまった形の写本は存在しなかったと考えられている。初めて書物として印刷されたのは一五五八年のイタリアで、『光輝の書』の枠組みが成立し、聖典としての権威が確立するのは、実はこの時期になってからなのである。

4 アブラハム・アブーラフィアの預言カバラー

『光輝の書』が書かれたのと、ほぼ同じ時期、そして同じイベリア半島のキリスト教圏に、それまでのカバラーと大きく異なる教えを説いた人物がいた。彼の名はアブラハム・アブーラフィア（一二四〇頃～九一頃）という。アラゴン王国のサラゴサで生まれた彼は、青年期に活動の場所をイタリアに移す。アブーラフィアはそれまでのカバリストとは違い、神との合一に照準を絞り、それによって得られる体験を重視した。しかも、彼は弟子たちに実践的な技法を指導するだけに留まらず、自らがメシアの使命を負っていると確信していた。これは『光輝の書』につづられるラビたちの寓話、セフィロート体系の調和、戒律の意味をめぐる洞察などとは異質のものだ。

　彼の言動に危機感を覚える者も多く、イタリアのラビたちの訴えで、ハララハーの大家、シュロモ・イブン・アドレート（一二三五頃～一三一〇頃）が動いた。イブン・アドレートはその教義に潜む危険を察知して、アブーラフィアが死を迎えるまで弾劾し続けた。彼もカバリストだったことを考えると、これが単なるカバラーへの非難ではなく、アブーラフィアの体験重視に対する攻撃だったことがわかる。その後、アブーラフィアの教義が大きく取り上げられることはなく、写本のかたちで広まり、一八世紀になるまで出版されることはなかった。

◀祈るアブラハム・アブーラフィアの上に、「イスラエルよ、汝の神に出会うべく備えよ」（アモス書四章一二節）と書かれている。アブラハム・アブーラフィア著『知性の光』（一二八五年）より。

【啓示体験】

ここではアブーラフィアの思想を二つの切り口から見ていくことにしよう。一つは、啓示体験の誘発を目指す実践的な技法だ。ユダヤ教ではこの脱我状態を預言と呼び、彼自身も自分の教えを預言カバラーと名付けている。そして、もう一つはメシア思想である。二〇歳のときに故郷を離れた彼は、終末にメシアの軍勢が渡ると伝えられる幻のサンバティオン川を求め、イスラエルの地に向かった。そして、やがては自らがメシアだと考えるようになる。ローマでときの教皇ニコラウス三世との会見を企てた背景には、ユダヤ人のメシアとしての強烈な自覚があったといわれている。いくつかの著作では、そうした救世主としての意識が際立っている。聖書の預言者たちがそうだったように、神の啓示に与る義人は、世界を救う使命を担う。だから、この二つの側面は別々のものではない。そして、いずれの特徴も、多くの場合アブーラフィアの一人称で語られ、『光輝の書』には見られない体験としてのアクチュアリティを備えている。

最初の引用は、啓示を受けて脱我状態に至るための実践について書かれたものである。アブーラフィアは様々な技法を紹介しているが、カバラー文献としてこの種の手引きを書いたのは、彼が初めてである。もちろん、自分自身の体験に基づいている。注目すべきはこの手引きに従うことで、他のカバリストも同じ体験にたどり着けることが前提になっている点である。つまり、体験は一回限りの偶然ではなく、しかるべきステップを踏んで再現できる。例えば、周囲に人がいない環境を作り、白い服にタリートとテフィリーンをまとい、蝋燭をともす。筆記用具を用意するのは、この技法において神を表す文字が重要だからである。最も重要な神の呼称は、子音だけで「ＹＨＷＨ」と表記される。結合させる、入れ替える、転がす、などといわれているのは、こうした神聖な呼称を構成するアルファベットを分解しては再構成し、様々な母音を付けて発音することを意味する。この手順を経て、神の知性がカバリストの身体に注ぎ込まれるという。アブーラフィア

脱我体験の手引き

あなたの神に向かって整えなさい。イスラエルよ、心を向けるために自らを整えなさい。身体を清めて、あなたの声が誰の耳にも届かない特別な場所を選びなさい。部屋か屋根裏に座って、誰にも秘密を明かしてはいけない。昼間に家でできるのであれば、少し暗くなって行うこと。もちろん、夜間に行うほうが良いし正しい。創造主と語り合おうと備えるとき、あらゆる世の中の些事から思考をそむけるように心掛けなさい。そのお方がご自分の力を知らせてくださるように懇願しなさい。それから、タリートとテフィリーンを身にまといなさい。[…] できれば、衣類はすべて白いものにしなさい。そうしていさえすれば、主への畏れと愛に心を向けるのにとても役立つからだ。夜に行うならば、あなたの目を美しく照らすほど、たくさんの蠟燭をともしなさい。それから、インクと筆と板を取りなさい。あなたの神である主へ、永遠に歓喜と良心で身を捧げようとしているのだ。文字が多くても少なくても、それらの結合に取り掛かること。文字を転がしてあなたの心が温まるまで、すばやく入れ替えたり、転がしたりしなさい。[…] すばらしい知性の流入があなたのなかで強くなるほど、身体の内も外も弱っていき、身体中が強く震え始めるだろう。このとき、どうしたところで、自分が死ぬのではないかと思うだろう。大いなる喜びのゆえに、あなたの身体から魂が離れてしまうからだ。[…] 身体のことがらに立ち戻り、そこから立って、少し食べ物と飲み物を取りなさい。すると、芳香が立ち上り、次のときまでには魂がもとの入れ物に戻っていることだろう。『未来世界の生の書』

メシアとしての使命感

そのお方の言葉の意味はこうだ。「私のメシアよ、立ち上がって頭を上げよ」とおっしゃったのは、霊魂の生のことだ。新年や神殿には、霊魂の力がある。そして、「王として彼に油を注ぎなさい」とおっしゃったのは、すべての御名の力から王として油を注ぐということだ。「私は彼に油を注いでイスラエルの王にした」とおっしゃったのは、イスラエルの共同体、つまり戒律の王ということだ。「その者の名前を、私は自らの名前《ケシュミー》のように、神《シャッダイ》と呼んだ」というお言葉は、この秘密は、具象的な《ガシュミー》神《シャッダイ》ということだ。意図されたことをことごとく理解せよ。「その者は私であり、私はその者だ」というお言葉については、これ以上はっきりと明らかにすることはできない。『証言の書』

にとって、ウニオ・ミスティカ、つまり神との合一が最終目的になっている。俗事に戻ったときに身体が芳香を発するというのは、こうした脱我体験を終えたカバリストの証拠としてしばしば現れる典型的な表現である。

【天の声】

その次の引用は、アブーラフィアがローマで耳にした天の声を、彼自身が解釈したもの。サムエル記でダビデが油を注がれた場面を想起させる天啓は、アブーラフィアがメシアであることを告げ知らせる。さらにここでは、メシアが神と同じ名前、シャッダイであることが明かされている。彼はメシアを神の能動的知性と同一視していた。つまり、自らに注ぎ込まれた神の知性と一体となることで、メシアはある種の神格化を果たすことになる。「具象的」という言葉が父祖アブラハムを意味しており、転じて同じ名前のアブーラフィア自身を暗示している。「その者は私であり、私はその者だ」という天啓を通して、彼はいまや単なるメシアではなく、神に融合した存在と自覚するに至る。

ユダヤ教の歴史を見渡すと、世界の終末を感じ取ってメシアを名乗る者は珍しくない。だが、アブーラフィアの場合は、その自覚と使命感がカバラーの論理的枠組みの中で説明された。ここでは触れていないが、アブーラフィアの言葉にはいたるところに数秘術《ゲマトリア》がちりばめられていて、言葉の表層の奥に潜むつながりを暗示している。同じ論理を共有するカバリストたちは、少なからぬ脅威を覚えたはずである。彼の最期について詳しいことは知られていない。地中海のマルタ島近くに浮かぶコミノという孤島で、晩年いくつかの書物を執筆したことが知られているだけである。

5 ツファット盛期のカバラーとイツハク・ルーリア

イベリア半島におけるユダヤ教文化の繁栄は、キリスト教勢力によるレコンキスタの進展とともに、衰退の一途をたどった。その後、ユダヤ人人口の流出とともに、カバラーの中心地も変わっていく。一六世紀、カバリストによって秘教伝統が再興したのは、ガリラヤ地方の小都市、ツファットである。プロヴァンスとスペインに次ぐこの爛熟の時代を、ツファット盛期と呼ぶ。当時、版図を拡大するオスマン帝国は、人口政策の一環として、イベリア半島から追放されたユダヤ人を積極的に入植させた。ツファットはそのような都市の一つだった。また、ガリラヤ地方が、『光輝の書』の舞

▶ツファットにあるイツハク・ルーリアの名を冠したシナゴーグの内部。律法の巻物は正面の聖櫃に収められている（山本撮影）。

◀エルサレム旧市街の「慈愛の門」。世界の終末が訪れると、メシアがこの門を通ってエルサレムに入ると伝えられる。一五四一年にムスリムが封鎖した（山本撮影）。

台になった場所で、シモン・バル・ヨハイをはじめとするタルムード期のラビの墓が点在することも、カバリストが集まった重要な要因だった。そこでは交霊術が盛んに実践され、霊魂転生論が体系化した。西欧のキリスト教が宗教改革で揺れる中、カバリストたちは修道的な生活を送りながら、この地で独特の宗教文化を育んでいたのである。

ヨセフ・カロ（一四八八～一五七五）、シュロモ・アルカベツ（一五〇五頃～一五七六頃）、モシェ・コルドヴェロ（一五二二～七〇）など、ツファットで活躍し、後の世代にその名を伝えるカバリストは多い。その中でも、ここでは最も重要な人物、イツハク・ルーリア（一五三四～七二）に光を当てよう。エルサレムで生まれエジプトで学んだルーリアは、イスラエルの地に戻ってツファットに住み始めたとき、カバラーの知恵に通じたラビとして迎えられた。ルーリアは神の秘密があまりに広大で言葉で語りつくせるものではないとして、体系的な書物を著すことを拒んだとされる。彼は若くして世を去った。死後、高弟のハイム・ヴィタル（一五四三～一六二〇）は、膨大な師の教えを書き残したが、決して他人に見せようとしなかった。一七世紀に徐々に一般化し始めるカバラーも、この時期までは秘密の知恵だった。

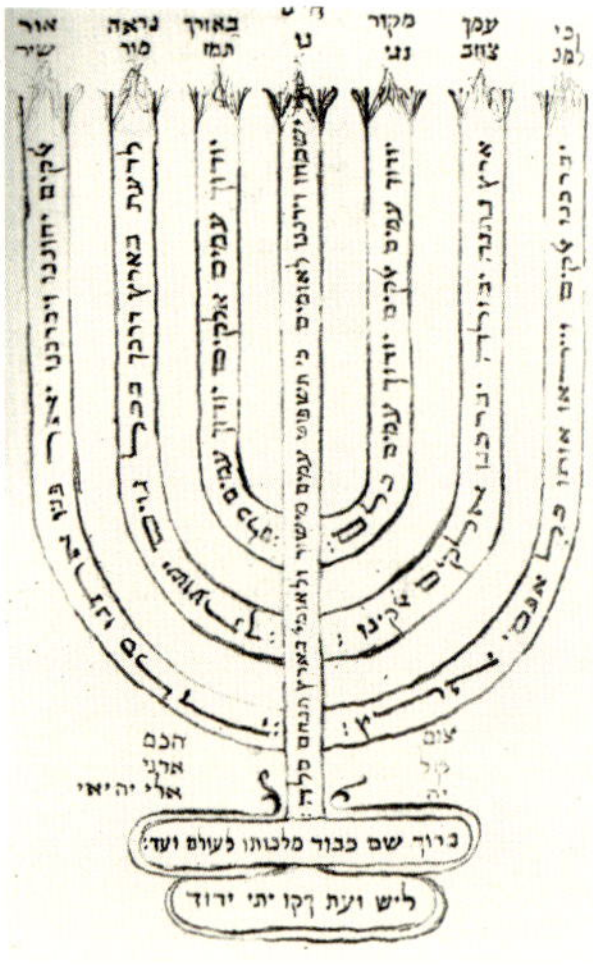

▶ハイム・ヴィタル著『生命の樹』（コレツ、一七八二年）。
◀メノラーと呼ばれる燭台のイメージに詩篇六七章二－八節が刻まれている。ルーリア派の瞑想に用いられたもの。

【創造論】

ルーリアの革新の一つは創造論にある。原初の世界には、「無限《エイン・ソーフ》」、つまり均質な神の存在が充満していた。彼はこの前提から出発する。しかし、このような神聖な空間だけでは、世界の創造は説明できない。そこで、世界を創造するために神的な無限

5331年エルール月の朔日［西暦1571年9月1日］、師［ルーリア］は私をアバイエとラヴァの（墓所がある）洞穴に遣わした。そこで私はアバイエの墓に身を投げ出した。まず、聖なる老いたるお方の口と鼻の結合を行うと、私は眠りに襲われた。そして、目を覚ましたが、何も見えなかった。そのあと、再びアバイエの墓に身を投げ出し、師が自ら書き記された結合を行った。YHWHと'DNYの文字を結びつけて組み合わせていると、思考が混乱してそれらを結びつけていられなくなったので考えるのをやめた。［…］頭のなかで「我が息子よ、神が捧げものの羊をそなえてくださる」（創世記22：8）という声がした。私にその意味を明らかにしてくれているようであった。最初の結合がうまくいかなかったのではないかと懸念していたが、実際は成し遂げていたのである。［…］
そのあと私の四肢は畏れと身震いに襲われた。手も震え、唇も激しく震えて突然に素早く動いた。あたかも舌と唇の間に声があるようで、100回以上も凄まじい速さで「何を言うのか、何を言うのか」と発したのである。自分の身体と唇が動かないように抑えようとしたが、まったく黙らせることはできなかった。そのとき、智恵について尋ねようという考えが浮かんだ。すると、声が口と舌から溢れ出して「智恵が、智恵が」と20回以上も言った。そして何度も「智恵と見識が」と繰り返し、［…］ラビ・イェイヴァ・サヴァに並ぶ者でありながら、それ以上の智恵と見識が天から汝に与えられる。［…］」という言葉を発したのである。［…］
その後、私が師のもとを訪れると、師はすでに述べた2回の結合によって私が非常に高い所に達しているとおっしゃった。［…］夕禱のときに師がおっしゃるには、もし私が次の安息日にラビ・イェイヴァ・サヴァに値するならば、私のそれまでの霊魂転生と同様に、彼（の霊魂）は常に離れることなく備わることになる。［…］彼は私と（霊魂の）根源を同じくしており、私が彼の啓示に値するのであれば、神の助けによって大いなる不可思議を示してくださるであろう。（『幻視の書』より）

が中心点から外側に向かって収縮し、被造物のための空間を作り出したことが明らかになる。そして、神の内部に同心円状に空間が生じて、一〇個のセフィロートが展開する。それぞれのセフィラーは、神の無限から注がれる光を受ける容器に喩えられる。ところが、あるときその容器は強烈な光に耐え切れず、砕け散って地上に落ちてしまった。創造のプロセスの終端にあって、神から離れた地上でユダヤ人に課せられたのは、このとき落ちてきた神の光を天上に返すことである。これは「修復《ティクーン》」と呼ばれ、原初の清浄な神の世界を回復するための行為と見なされた。ユダヤ人は祈りや戒律の遵守を通して、修復に取り組まなければならない。ただし、最も果たしがたい最終的な修復はメシアの手にゆだねられている。つまり、メシアこそが世界の調和を取り戻し、世界を救済することができると考えられたのである。

　このような神学的な創造論に加えて、ここではオリジナルのテクストに照らし、もう一つの側面を説明しよう。それは当時のツファットの雰囲気を伝える交霊術についてのものである。ここに示したヴィタルのテクストは、「結合《イフード》」と呼ばれる交霊術の様子を伝えている。ルーリア派のカバリストは、しばしばタルムード期のラビの墓を訪れ、そこで天啓を得るために脱我状態に入った。この際に用いられる技法は、神の様々な呼称を唱えるもので、アブラハム・アブーラフィアが行った技法とよく似ている。ヴィタルが結合を試みるアバイエは、四世紀のラビである。彼はアバイエの墓で天の言葉を聞いて自分の身体を制御できなくなる。そこで耳にしたのは、イェイヴァ・サヴァを超える知恵が与えられるという言葉だった。イェイヴァ・サヴァは三世紀のラビで、『光輝の書《ゾーハル》』ではメシアを暗示する人物だ。実はここでヴィタルが語りたいのは、ただの交霊術の記録ではない。彼は自らの霊魂がイェイヴァ・サヴァと同じメシアの霊魂の系譜に属していることを、この啓示を通して天から伝えられたと主張している。この後ルーリアのもとを訪れたヴィタルは、イェイヴァ・サヴァの霊魂が自分の中に備わっていることを確認される。ルーリア亡き後、メシアの霊魂を我が身に宿しているという自覚が、ヴィタルのアイデンティティを支えていたのである。

【メシア論】

　理論的な創造論と呪術的な交霊術とのあいだには、大きな隔たりがあるように見える。確かに二つのジャンルは違いが意識されていて、一つの文書の中で混同されることはない。だが、いずれにも共通するメシアの働きは見逃せない。ルーリア派のカバラーでメシア論は重要な位置を占める。ルーリアは死後、志半ばで倒れたメシアだったのではないかとささやかれた。そのルーリアが夭逝した後、ヴィタルは師の教えを門外不出の秘教とし、修復の最終段階を自らの手で引き受けようとした。ただし、彼が主張したのはあくまでもカバラーに基づく敬虔主義だった。メシアとしての自覚を文書の中でほのめかすだけで、民衆を贖いへ導こうとはしなかった。メシアの霊魂を継承すると宣言した人物が、大胆にも歴史を変えようと名乗りを上げるまで、あと半世紀ほど待たなければならない。

6 シャブタイ派思想——メシア論を支えるカバラー

　一六世紀にツファットで展開したカバラーは、次第に各地に広まっていった。一七世紀になると、イスラエルの地にとどまらず、すでに西欧のユダヤ共同体やキリスト教文化圏の人文主義者にも影響を及ぼしていた。『光輝の書《ゾーハル》』の出版に代表されるように、秘教であるはずのカバラーは徐々に文書のかたちで普及していた。ここで紹介するメシア運動は、カバラーを理論的なバックグラウンドにして、まさにそのような時期に起こった。メシアを自称した男の名は、シャブタイ・ツヴィ（一六二六〜七六）といった。オスマン帝国のスミルナ（現在のイズミル）に生まれた彼は、若い頃からユダヤ教の伝統にしたがって教育を受け、しだいにカバラーに親しむようになる。彼の中にいつからメシアの意識が芽生えたのか、はっきりした証拠はない。だが、すでに述べたように、ある種のカバラーではメシアと神の秘密は不可分だ。おそらくは、カバラーの学習と実践にふける中で、ユダヤ人の王になることを夢見たに違いない。

【メシアと預言者】

それでも、シャブタイ・ツヴィがメシアとしての自覚にたどり着くのは、預言者ナタン（一六四三〜八〇）に出会ってからである。当時、ナタンはガザで敬虔な生活と霊魂の修復を説くカバリストとして知られていた。ルーリア派の伝統に通じた彼は、しかるべき戒律を守ることで前世の霊魂の傷を癒すことの大切さを人々に伝えた。シャブタイ・ツヴィがそのようなナタンのところを訪れたのは、偶然ではない。かねてから精神の不安定に悩まされていたシャブタイ・ツヴィは、霊魂の癒しを求めてやってきたのである。ところが、ナタンのほうは、この男にメシアの霊魂が宿っていることに気づく。

▲預言者ナタン。シャブタイ派思想の基盤を作ったカバリスト。天啓を授かる預言者であり、多くのカバラーの論考を執筆する理論家でもあった。

▲シャブタイ・ツヴィ。イスラームに改宗した後もメシアであることを否定せず、のちに一部の信者から神格化されるほど崇敬を集めた。

▲メシア王として玉座につくシャブタイ・ツヴィ。

確かにシャブタイ・ツヴィには人々をひきつける魅力があったらしい。故郷のスミルナではメシアとして迎えられた。だが、徐々に広がる熱狂だけではこのうねりがメシア運動と呼びうる現象に発展することはなかっただろう。重要な役割を果たしたのは、やはりナタンである。彼はルーリア派のカバラーの形式で修復《ティクーン》のための祈りを作り、あるいはメシアが現れたことを告げ知らせる書簡を書き送った。その目的は、人々にメシアを信じることの大切さを伝えることだった。例えば、最初のテクストはこの頃のナタンが書いた修復のための祈りの一部である。罪を犯せばセフィロートが分断され、神の世界が崩壊するといわれている。原初の調和を回復するには、悔い改めと真摯な祈りが必要となる。カバラーに基づくこうした実践は、秘教の枠を超えて多くの人々に知られるようになった。

シャブタイ派のメシア運動が、ナタンの敬虔主義を基礎にしていたことは間違いない。ところが、メシア宣言の翌年、衝撃的な出来事が起こった。シャブタイ・ツヴィがときのスルタン、メフメト四世（一六四二〜九三）から王位を奪おうと、コンスタンティノープルへ向かったのである。しかし、彼は目的地にたどり着く前に拘束されてしまった。その後、アドリアノープルで審判にかけられ、死罪か棄教かの選択を迫られる。この裁判は、驚くべきことに、ユダヤ人のメシアがイスラームへ改宗するという前代未聞の事態で幕を引いた。

　これまで歴史の中で何度も繰り返されたように、メシアによる救済は先延ばしにされた。それどころか、今度は為政者の宗教に寝返ったのである。熱狂した人々は落胆した。しかし、破綻したメシア運動が、シャブタイ派思想という逆説的なメシア論として展開するのはここからだった。その教義はナタンによって作られた。一部の信者がシャブタイ・ツヴィの後を追ってイスラームに改宗する中、断固として姿勢を変えることのなかったナタンは逆説的なメシア論を展開した。メシアはあらゆる境界を自在に越えることができるので、シナイ山の律法授与以来ユダヤ人に課せられてきた規範を無視して、新しい規範に従っているという。ゆえに一見すると悪に見える振る舞いも、メシアならではの特権的行為として理解される。二つめのテクストは、シャブタイ・ツヴィの弟子、イスラエル・ハザンの言葉で、メシア棄教の秘密を世界観の転換として端的に物語っている。クルアーンは「慈愛の律法」と呼ばれ、次の世界を規定する律法と見なされている。時代の過渡期にあって、シャブタイ・ツヴィは既存の「真実の律法」と「慈愛の律法」を越境するメシアなのである。

　興味深いのは、ナタンが棄教前からすでにこの善悪の側面を兼ね備えたメシアについて語っていたことである。三つめのテクストは一六六五年に書かれた。そこでは、イスラエルの民を虐げたファラオの正体が、実はメシアだったことが明らかになる。ファラオは悪の権化の大蛇だが、確かに数秘術《ゲマトリア》にしたがって計算するとヘブライ語の「蛇」と「メシア」は等しくなる。聖なるメシアは真の修復を行うために、外殻と呼ばれる悪の存在を打ち破るべく、自らがファラオとなる必要があった。ナタンによれば、シャブタイ・ツヴィがムスリムになったのは、悪を根絶してユダヤ人を救済するためだったのである。

　シャブタイ・ツヴィは一部の信者に支持されながらも、実際にユダヤ人を救済することはできなかった。ナタンも残った弟子にメシアの秘密を伝える生活を送っていたが、かつてのようなメシア運動を先導するようなことはなかった。その後、シャブタイ・ツヴィとともに棄教した人々は、サロニカ（現在のテッサロニキ）でムスリムとして暮らしながら、メシア信仰を守り続けた。

修復のための祈り

造物世界で過失があって、私が当為戒律において過ちを犯せば、壮麗《ティフェレット》と王国《マルフート》が分断される。私は悔い改めて、王国と壮麗を結びつける。形成世界で過失があって、私が禁止戒律において過ちを犯せば、壮麗と理知《ビーナー》が分断される。私は下位5要素を理知に戻して、それとともに壮麗が上昇するよう祈る。創造世界で過失があって、私が法廷での破門と死罪の宣告に値する過ちを犯せば、理知と壮麗が分断される。私は理知が王国に下りていき、理知と壮麗と王国が合一するように祈る。発散世界で過失があって、私が主の御名を穢す過ちを犯せば、知恵《ホフマー》と王冠《ケテル》が分断する。上位5要素を王冠に戻し、それとともに智恵を上昇させる。（ナタンによる修復のための祈り）

世界観の転換としての律法交代

イシュマエル人［ムスリム］の宗教は慈愛の律法と呼ばれ、我々の神聖な宗教［ユダヤ教］は真実（の律法）である。[…] これについては「私の目の前にあなたの慈愛がある」（詩篇26：3）と言われている。これは目の前にあるターバンの秘密である。[…]（シャブタイ・ツヴィは）祈りを捧げ、慈愛の律法［クルアーン］を読誦し、イシュマエルの民の言葉を読んだ。[…] その言葉に真実の律法がある。ふたつの律法は1つであり、これは「慈愛と真実が出会う」（詩篇85：11）という聖句の意味である。シャブタイ・ツヴィのなかで2つの律法が出会うのである。（イスラエル・ハザンの詩篇に対する註解）

蛇あるいはファラオとしてのメシア

ファラオはメシア王の真実の名である。[…] ファラオは大いなる大蛇と呼ばれ、エジプトのナイル川に潜んでいた。[…] それゆえ、彼は大いなる大蛇のファラオと呼ばれ、メシア王とは反対のエジプト王と呼ばれる。しかし、彼は蛇と呼ばれながらも、蛇の数秘術《ゲマトリア》はメシアの数価と同じである。[…] 見よ、この大いなる蛇の力を。それは聖なる蛇の外殻《クリッパー》なのである。（『大蛇論』）

7 ハシディズム——民衆の信仰に浸透するカバラー

一八世紀、ポーランド・リトアニア共和国が周辺国の介入によって分割占領される中、アシュケナジ系ユダヤ人の居住地、シュテットルでは独特の宗教文化が花開こうとしていた。そこではのちにレッベと呼ばれる賢者のもとに弟子が集い、一般の民衆も祈りと実践の生活に深く関わるようになる。カバラーの知恵は無学な人のためにわかりやすく説かれ、大衆化へと大きく舵を切り始めた。これが現在のポーランドやウクライナを中心に広がった敬虔主義運動、ハシディズムである。

【始祖バアル・シェム・トーヴ】

ハシディズムの祖は、イスラエル・ベン・エリエゼル（一六九八～一七六〇）という一人の賢者だとされる。そして、メジビジという町で活動を始め、その名が知れ渡るにつれて、バアル・シェム・トーヴ、つまり「優れたバアル・シェム」と呼ばれるようになった。そもそもバアル・シェムとは魔術的な力で病人を癒すことができる者を指す言葉で、当時はそのような宗教家がいたるところで活動していた。実際に彼も指導者になる前から、様々な職業を渡り歩きながら魔術や自然についての知識を学んだ。

バアル・シェム・トーヴは、律法やタルムードの学習に身を捧げるよりも、祈りを通じて神に近づき愛することが重要だと教えた。彼は体系的な思想を打ち出すわけでも、代表的な大著を残すわけでもなく、自らの行動や寓話を通して周囲の人々を敬虔な生活へと導いた。

【教義継承】

バアル・シェム・トーヴの後を継いだのは、メジリチのドヴ・ベール（一七〇〇頃～七二）とポロンネのヤコブ・ヨセフ（一七一〇～八四）だった。彼らは師から教わったことを記録に残し、いくつかの書物にまとめた。これらの著作は、初期ハシディズムを知るための重要な資料となっている。この頃から多くの一般のユダヤ人が集い、敬虔主義運動としての性格を見せるようになる。ラビ・ユダヤ教の伝統的な学習よりも、誰にでもできる敬虔な祈りが大切だという教えは、一九世紀になると次の世代の弟子たちに受け継がれ、シュテットルのユダヤ精神における中核となった。アシュケナジ系のユダヤ人は西欧や米国にも移住したため、ハシディズムは当時のユダヤ教を語るうえで見逃すことのできない勢力である。そして、今日

◀シャブタイ・ツヴィの生家と伝えられる建物。廃墟と化していたが、現在は保存のための準備が進められている（バリー・カパンジュ氏撮影）。

▲イェニ・ジャーミは改宗した信者の末裔が建てたモスク。ムスリムに改宗したシャブタイ派の信者は、トルコ語でドンメ（改宗者）と呼ばれた。

でもその精神はイスラエルや米国の超正統派ユダヤ教徒の生活の中に生きている。

【義人の意義と神働術】

バアル・シェム・トーヴやその弟子たちは、様々なタイプのカバラーに影響を受けた。例えば、彼らはツァディーク（義人）として人々の尊敬を集めたが、義人が神と人間をつなぐ役割を果たすという考え方は、神の聖なる流出を説くカバラーの神智学に基づいている。最初にドヴ・ベールの言葉を引用しよう。もちろんここに現れる「根幹《イエソード》」はセフィロートの一つで、分離してしまった地上の「臨在《シエヒナー》」に直結できる唯一の要素を意味する。神の聖なる流出を地上へと送り届けることができるのは、まさにこの「根幹」に象徴される義人なのである。一世紀のラビ・ハニーナ・ベン・ドーサが出てくるのもおもしろい。このラビはタルムードの中で戒律と関係して登場することはなく、いつも魔術師として描かれる。カバラーの用語で「すべて」とは「根幹」を意味するから、ラビ・ハニーナのように地上の義人の働きかけによって神の流出が下りてくることを暗示しているのだろう。

【聖人譚】

ハシディズムのカバラーには、こうした神働術が多く見られるが、他方で地上

神と人間の世界をつなぐ義人

『義人は世界の基幹《イエソード》である。』（箴10：25）基幹の要素には上昇して、天上から地上へ流出を引き下ろしてくる力がある。よく知られているように、すべてを包摂しているからだ。それは地上の義人のことで、どの世代の人々にも流出を注ぐ管に似ている。［タルムードの］賢者たちは、「世界はすべて他でもない我が息子ハニーナによって培われている」（バビロニア・タルムード、祝禱篇17b）と言った。つまり、これはラビ・ハニーナがもたらし、その手ですべてのものに流出を注ぐということだ。それを通じてすべてが通って行く道に似ている。その流出については、ラビ・ハニーナ自身が道となったのだ。（『律法の光』）

バアル・シェム・トーヴの悪魔祓い

バアル・シェム・トーヴがその町へ行くと、そこに気の狂った女がいて、誰に対しても悪いところと良いところを告げていた。［…］彼女はバアル・シェム・トーヴを見るや、「ようこそラビ・イスラエルさん」と言った。まだ彼が若かったからである。「私があんたのことを怖がるとでも思ったかな。怖がらないよ。天からあんたに気をつけるように言われてわかっていたからね。」［…］「黙らないのなら、お前を法廷に連れて行って座らせよう。そうすれば、この女から祓い出すことも許してもらえるだろう。」すると、女は「黙りますから」と言って彼に許しを請い始めた。［…］そして、この霊は素直に女から出て行った。（『ベシュト礼讃』）

▶ハシディズムの始祖、イスラエル・ベン・エリエゼルは、バアル・シェム・トーヴ、つまり「優れたバアル・シェム」と呼ばれた。

▶ハシディズムのレッベたちは長いキセルで煙草を吸うことを好んだという。煙とともに、この世界から悪霊を天に昇らせることができると信じられた。

▶典型的なレッベとその妻を描いた風刺画。レオン・ホレンデルスキー著『ポーランドのイスラエル人』（パリ、一八四六年）。

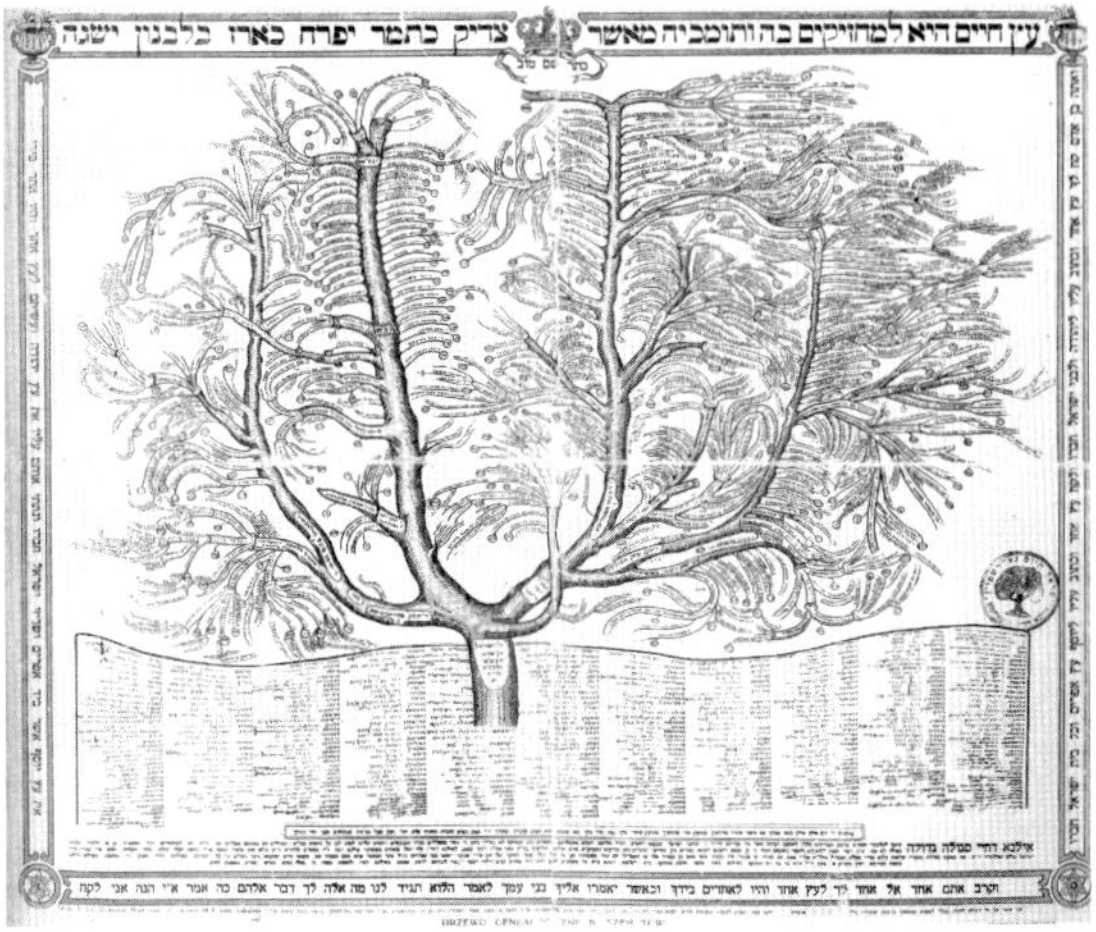

▶ハシディズムでは血縁関係が重要。レッベたちの家系は枝分かれした大木に喩えられる。木の幹はバアル・シェム・トーヴ。

◀エルサレムのオリーヴ山にあるシャローム・シャラービーの墓石（山本撮影）。

における義人の力が聖人譚として語られることもある。バアル・シェム・トーヴについては様々な逸話が残っているが、二つめのテクストは悪魔祓いでその力を発揮するくだりである。こうした悪霊の話はすでにツファットのカバリストの聖人譚にも現れるが、ハシディズムではずっと多彩になる。女に取り憑いた悪霊はバアル・シェム・トーヴを侮ってかかるが、彼はラビ法廷で裁きを下し、女の身体から追い出すと言い渡すと、観念した悪霊はそこから出て行く。彼の毅然とした態度はカトリックの祓魔師を思わせる。

【今日のハシディズム】

今日もハシディズムの精神は脈々と受け継がれている。その中でも特にハバッド・ルバヴィッチは、世界中のあらゆるユダヤ人に民族の霊性を伝えるグループとして知られている。一八世紀にリアディのシュネウル・ザルマン（一七四五〜一八一二）に始まる流れは、ロシアのルバヴィッチという小さな町を中心に発展した。一九四〇年にニューヨークのブルックリンに拠点を移し、今やユダヤ教の団体としては世界最大規模を誇るまでに成長した。第二次世界大戦後、ハバッド・ルバヴィッチの勢力拡大に重要な役割を果たしたのが、七代目のレッベ、メナヘム・メンデル・シュネルソン（一九〇二〜九四）である。一部の信者は生前から、彼こそがメシアであると信じ、今でもその再臨を信じて贖いの日を待つ人々が活動している。

8 ルーリア派の血脈を継ぐベイト・エル

シャブタイ派思想やハシディズムの中にカバラーの展開を追跡していると、ある基本的な事実を見失っていることに気づく。それはカバラーが秘教だということである。この二つの大衆運動に組み込まれたカバラーは、後で説明する現代カバラーに似て、普通の人々がその知恵の一端を共有することをいとわなかった。では、ツファット盛期のカバラーまで続いていた、あの隠然とした雰囲気は失われてしまったのだろうか。実はそうではない。

【秘教の伝統】

ドイツではモーゼス・メンデルスゾーン（一七二九〜八六）によって啓蒙主義《ハスカラー》が起こり、東欧ではハシディズムから新たなユダヤ精神が生み出された一八世紀中頃、ルーリア派の秘教を受け継ぐ学塾が確かに存在した。その一つが、ベイト・エルだ。「神の家」を意味するこの学塾は、ゲダリヤ・ハヨーン（？〜一七五一）によってオスマン帝国支配下の

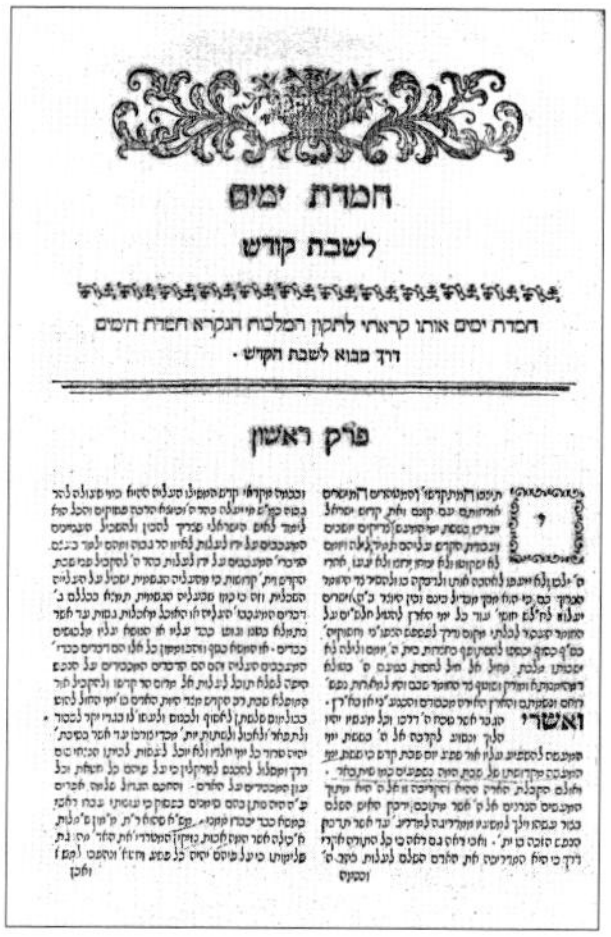

חמדת ימים
לשבת קודש
פרק ראשון

▶エルサレム旧市街にあるベイト・エルの学塾。隣接する小道はカバリスト通りと名付けられている（山本撮影）。
◀『日々の歓びの書』。現在でもカバラーの規範集成として一部の超正統派の人々に読み継がれている。

エルサレムに創設された。その後、イエメンのサーナから来たシャローム・シャラービー（一七二〇～七七）が、ハヨーンの後を継いで、ベイト・エルを当時のエルサレムで最も有名な学塾に成長させた。現在も旧市街のシナゴーグでは、ツファットの伝統にしたがってカバラーを学ぶ人々が、ハシディズムとは異なる流れの中で、ルーリアの教えと戒律を守り続けているのだ。

【世界の修復】

それでは、シャラービーが著した『平安の輝きの書』の原文を見ながら、ベイト・エルのカバリストがツファット盛期のカバラーの精神を受け継いでいたことを確認しよう。しばしば精神集中《カヴァナー》という言葉で表現される祈りは、彼らが世界を修復するための不可欠なメディアだ。最初の一節を読むと、修復が両性具有神の結合によって起こることがわかる。発散世界とは、世界の階層構造の最上位を占める神聖な部分である。そして、なによりも重要なのが、それを実現するために、地上のユダヤ人には祈りに基づく敬虔な生活が求められるということだ。それによって、地上に囚われた閃光を天上に戻すことができるといわれている。さらに、次の一節を見れば、ここでも臨在《シェヒナー》の離散が語られていることがわかる。そして、牢屋に閉じ込められた臨在は、やはり人々の祈りと悔い改めによって解放される。

ベイト・エルの教義には、ハシディズムのような万人を救済に招き入れる開放的な言葉は見当たらない。むしろ、細かい戒律、祈りの奥義、ルーリア派の神智学が強調され、宗教的なエリート以外には、非常に理解が難しい専門的な知識を身に付けることが必要になる。この秘教の門に立ち入ることが許されるのは、敬虔なユダヤ人に限られているのだ。

【シャブタイ派との関係】

興味深いエピソードを二つ紹介しよう。一つは、シャラービーの教義の中には、エマヌエル・ハイ・リーキー（一六八八～一七四三）の『敬虔な人々の教えの書』の影響が見られるというものだ。これはルーリア派のカバラーの解説書なので、この事実そのものには特に不可解な点はない。ところが、ハイ・リーキーはシャブタイ派との密接なつながりを持つ人物だった。どうやら、当時のラビたちにはこのことを知っている者もいたらしい。もちろん、これだけでシャラービーがシャブタイ派信者だったなどと断言することはできないが、シャブタイ派思想が生み出した敬虔主義の余韻がいまだに残っていたのかもしれない。それからもう一つは、『日々の歓びの書』にまつわるものである。のちにシャブタイ派の嫌疑をかけられることになる、この匿名の書物を出版したのが、ベイト・エルの第三代の塾長、ヨム・トーヴ・アルガズィ（一六八〇～一七五七）だった。『日々の歓びの書』がルーリア派の影響を受けたカバラーの規範集成であることを考えれば、同じくアルガズィをシャブタイ派信者だと決め付けることはできない。それでも、シャブタイ派と関係が深いこの二冊の書物が、ベイト・エルのカバリストの関心を集めたのは、ただの偶然ではないかもしれない。

9 開かれた知としてのカバラー

【ユダヤ学】

一九世紀以降のカバラーに対する考え方は、極端な嫌悪と否定によって始まる。この流れに先鞭をつけたのは、一九世紀のドイツで高度な教育を受けたユダヤ知識人たちだった。彼らは「ユダヤ学（ヴィッセンシャフト・デス・ユデントゥムス）」と呼ばれる学術的な啓蒙運動の中で、ユダヤ教の非合理的な側面を切り捨て、哲学的な思想や連綿と続く歴史に光を当てた。そしてユダヤ人は西欧人に劣らず、宗教的な伝統と合理的な思想を受け継いできたと主張した。ドイツ市民として世俗社会に生きた彼らにとって、これこそがしかるべきユダヤ教の姿だった。「ユダヤ学」の学者たちは、カバラーをただの迷信として冷遇した。例えば、ハインリヒ・グレーツ（一八一七～九一）は、カバラーなどというものは「ユダヤ教の核心の周囲に形成された様々な伝統の最も外側を覆う目に見えぬカビ」にすぎないと言い放った。こうして、ユダヤ教に関する学術的な知が発展するにしたがって、カバラーは敬遠されるようになった。

◀ハインリヒ・グレーツは「ユダヤ学」の代表的な歴史家。大部の著作『ユダヤ人の歴史』は広く読まれた。

その後ほどなくして、同じくドイツの世俗的なユダヤ人が、そうした偏見を打ち破ることになる。ゲルショム・ショーレム（一八九七～一九八二）だ。彼はイスラエルに移住した後、綿密な資料読解を通してカバラーの歴史を描き直し、ユダヤ思想史の重要な潮流として確立した。一二世紀にプロヴァンスで書かれた『清明《バヒール》の書』から始まり、一八世紀のハシディズムに至るカバラーの歴史は、ショーレムによって初めて有機的な思想の連鎖として描かれた。以来、現在に至るまで、カバラー研究はユダヤ学の中で確固たる位置を占め続けている。もちろん、こうしたアプローチは、カバリストが歩んできた道とは明らかに異なる。学術的な研究は、あくまでも対象を客観的に捉えようとするので、研究者自身がユダヤ教徒である必要はないし、実践によって神の秘密にたどり着く必要もない。それでも、カバラーを学問のフィールドに開放するという営みは、ほかの時代には見られない現象であり、この時代の特異性だと言うことはできるだろう。

カバラー研究の存在感が高まった一九七〇年代、もう一つの新しい現象がカバラーの歴史に登場する。いわゆる現代カバラーだ。元来カバラーは秘教なので、伝統に即して修練を積んだユダヤ人が学ぶ教えであるはずである。ところが、ニュー・エイジ

◀ゲルショム・ショーレムはイスラエルにおけるカバラー研究の基礎を築いた。緻密な写本研究からユダヤ神秘思想の全体像まで、彼の取り組んだ仕事は現在でも大きな影響を持つ。

の霊性復興運動の影響を受けて現れた現代カバラーは、秘密の教えをユダヤ人以外の人々にまで、惜しげもなく伝え始めた。イスラエルやアメリカを中心にカバラーのための学習センターが開設され、特に一九九〇年代以降はインターネットの普及に伴って、世界中の人々の精神生活を導く役割を買って出ている。

　ここではとりわけ有名な二つの団体を紹介しよう。一つはイスラエルのブネイ・バルーフで、もう一つは米国のカバラー・センターである。

【ブネイ・バルーフ】

　ブネイ・バルーフを率いるのは、マイケル・ライトマン（一九四六〜）というカバリストである。彼はソビエト連邦時代のヴィーツェプスク（現在のベラルーシ）で生まれ、医学を学んだのち、一九七〇年代にイスラエルに帰化した。そこで、バルーフ・アシュラグ（一九〇七〜九一）というカバリストのもとでカバラーを学んだ。ライトマンは、バルーフ・アシュラグとその父、ユダ・アシュラグの教義に、ニュー・エイジ的な脚色を施した。一九九一年のブネイ・バルーフ設立以来、彼は著作やブログといった様々なメディアを駆使して、多くの人々をカバラーの世界に導いている。ライトマンの教えは非常に内省的で、人間の心理を正しい方向に導くことを目的にしている。内面性に変革をもたらすことで、外的な世界も改善されていく。神は自然であり、カバラーはその際に用いられる新しい精神の科学だといわれる。

◀マイケル・ライトマンはブネイ・バルーフの創始者。二〇〇四年にはロシア科学アカデミーの哲学研究所から、カバラーと哲学の研究で博士号を取得している（ブネイ・バルーフ提供）。

【カバラー・センター】

　カバラー・センターは、一九六五年にフィリップ・バーグ（一九二七〜二〇一三）とユダ・ツヴィ・ブランドヴェイン（一九〇三〜六九）によって設立され、現在は米国を活動の拠点としている。彼らの主張によれば、ブネイ・バルーフと同様、組織の原点はエルサレムのユダ・アシュラグにある。いずれにしても、ツヴィ・ブランドヴェインの死後、一九八〇年代に本格的な活動を始めたカバラー・センターは、現在バーグとその家族によって運営されている。カバラー・センターの教義も、ニュー・エイジの発想を多用する点で、ブネイ・バルーフと多くの共通点を持つ。それでも、いくつかの違いがある。例えば、カバラー・センターでは、邪視を避けるためのお守りとして手首に赤い紐を巻き、宇宙からの影響を抑えて生活をコントロールするために占星術の知識を身に付けることを勧める。科学としてのカバラーを標榜するライトマンは、こうしたことが本質的ではないとして、はっきりと否定する。同じような背景から現れた二つの団体だが、カバラーに対する考え方に違いが見られる。

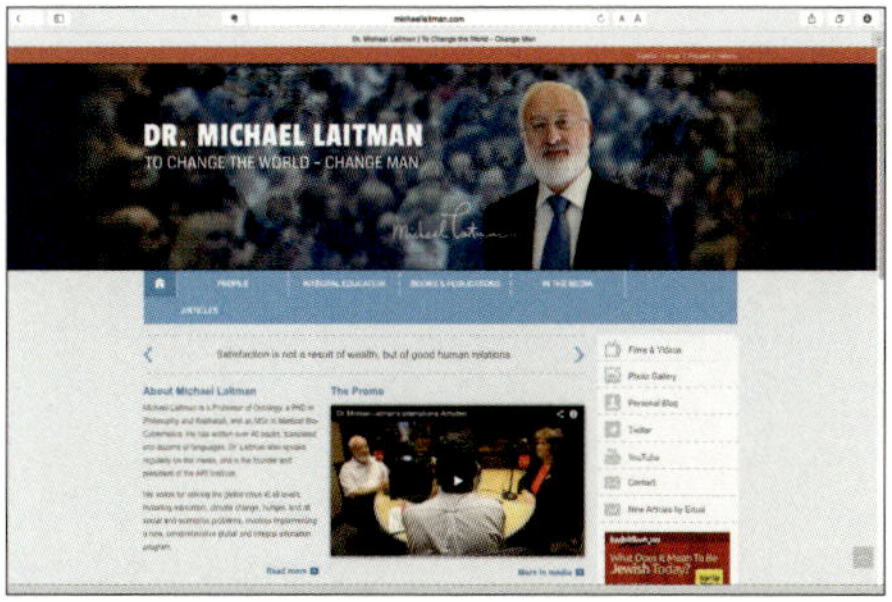

▲ライトマンの活動を紹介するインターネット・サイト。カバラーの教えだけでなく、精神世界や実生活に至るまで幅広く人々の質問に答えている。

第五章　中近世西欧のユダヤ人ゲットー

李美奈

中世都市はあらゆる交易が交わる拠点として発展し、様々な場所から人が集まっていた。多くの異邦人が行き交う大都市の中で、ユダヤ人は都市民として共同体を作っていた。中世初期は都市の発展に寄与する最低限のことを守っていれば、ユダヤ人は独自の法による自治を許可されたが、時代が下り、特に領土を争って領主同士が戦争を起こすようになると、ユダヤ人にも領民としての貢献を求められた。ときにはユダヤ法に反する行為までも求められるようになり、そこに「外国人」としてのユダヤ人が立ち現れ始める。

ユダヤ人の全面的な追放が起こったのは、イギリスではエドワード一世が大ブリテン島統一を目指したとき、フランスではフィリップ二世の領土拡大のとき、スペインではレコンキスタのときである。ユダヤ人はそれぞれの国家の民としてその発展への寄与を求められた。商業や金貸しを営む彼らは戦争資金を集めるための重税が課せられ、国の後ろ盾となるキリスト教への改宗を強制されたため、これらに従えなくなったユダヤ人は「外国人」として国を追われることとなった。対し、イタリアとドイツでは各々の領国、都市国家の力が強いため、国家がユダヤ人を追放することはなく、むしろ交易と商業で発展したフランクフルトやベネツィアなどでは、ユダヤ人は商業の発展へ寄与する重要な都市民であった。イギリス、フランス、スペインから追放されたユダヤ人は、地中海や東欧に共同体を移していく。

1　イタリア・ゲットーの成立

【近世イタリアのユダヤ人】

近世のイタリアではナポリ王国、教皇領、トスカーナ、ベネツィアなどの公国が覇権を争っていて、諸領主のとる政策によって地域ごとにユダヤ人の扱いが異なるものの、イタリアの多くの都市において、寛容なところでは全面的な受け入れをし、非寛容な都市でさえも経済的に強いユダヤ人には都市内の居住を認めていた。一四、一五世紀には諸国から追放されたユダヤ人がイタリアに流入し、共同体は急増する。共同体ができると、そこにはまずシナゴーグと墓地、ミクヴェ（沐浴施設）ができた。離れた都市からラビが迎えられ、タッカノートと呼ばれる共同体規則によって共同体内の問題を解決したり、都市やキリスト教教会とのいさかいを防いで共同体の統率を行った。共同体が大きくなると結婚式場や病院が建てられ、学者が集うようになるとベート・ミドラシュ（学塾）が設置された。

イタリアでは、特に地中海を中心に一五世紀頃までに急速な経済発展がみられ、同時に地中海に面するナポリやアンコナ、ベネツィアなどは大きなユダヤ人共同体を抱えるようになる。他のヨーロッパ諸国やアジアとの交易が盛んになると、両替や金融業を営んでいたユダヤ人は都市経済や政治に大きな影響力を持つようになり、それに伴い共同体も肥大化し、都市との間に様々な摩擦が起きるようになった。加えてこの

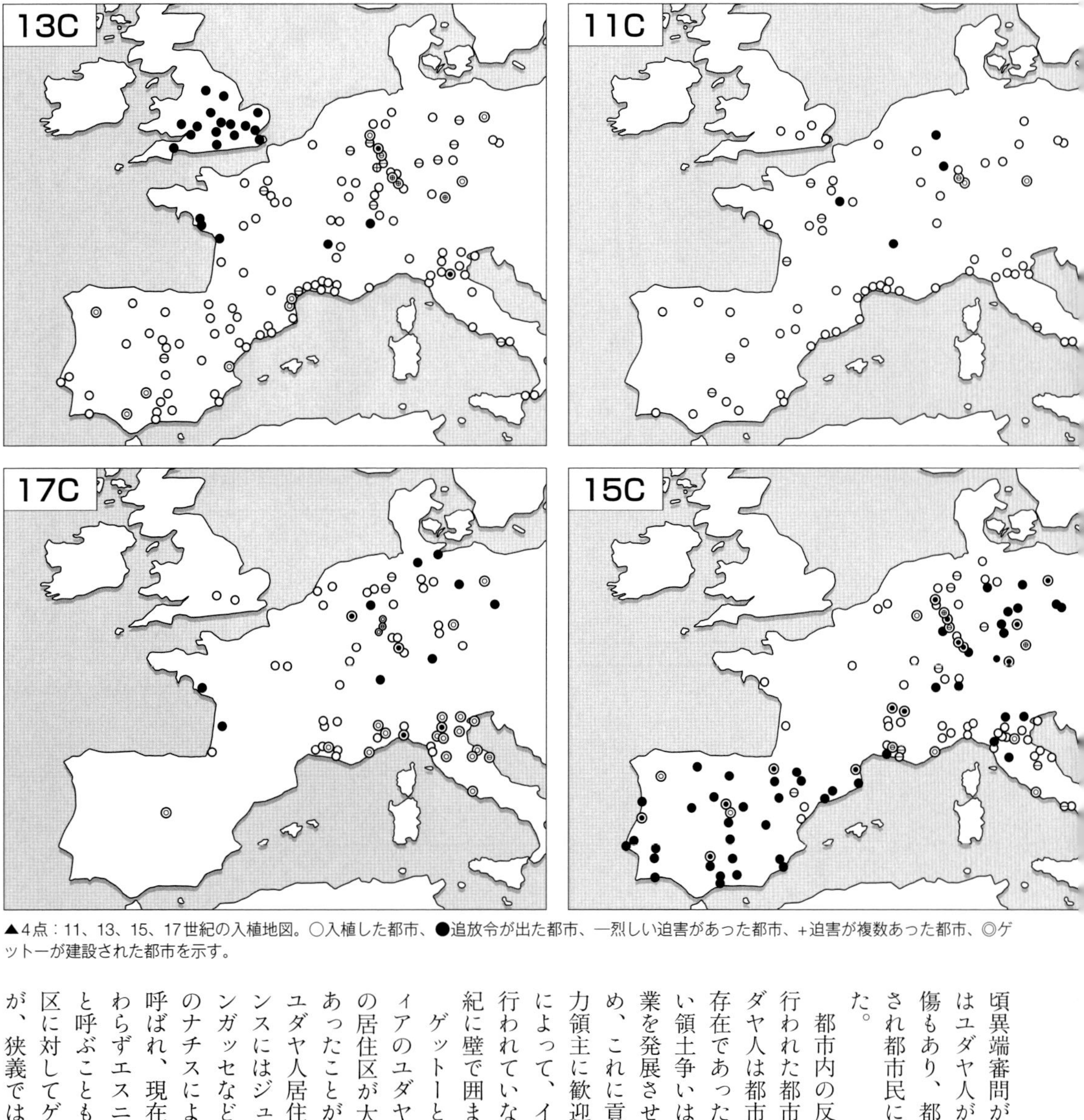

▲4点：11、13、15、17世紀の入植地図。○入植した都市、●追放令が出た都市、一烈しい迫害があった都市、+迫害が複数あった都市、◎ゲットーが建設された都市を示す。

頃異端審問が起こり、ペスト流行の際にはユダヤ人が井戸に毒を入れたとする中傷もあり、都市内で「異物」として認識され都市民による暴動や迫害が強くなった。

　都市内の反発が強すぎるために追放が行われた都市もあったが、多くの場合ユダヤ人は都市の発展にますます寄与する存在であった。イタリアの諸都市は激しい領土争いは起こさず、むしろ都市内産業を発展させることが優先事項だったため、これに貢献するユダヤ人は多くの有力領主に歓迎されていた。これらの事情によって、イタリアでは全土的な追放は行われていないが、その代わりに一六世紀に壁で囲まれたゲットーが発生した。

　ゲットーという言葉はもともとベネツィアのユダヤ人居住区を指すもので、この居住区が大砲鋳造所（gietto）付近にあったことがその由来といわれる。またユダヤ人居住区を指す言葉としてはフランスにはジュイヴリ、ドイツにはユーデンガッセなどがある。第二次世界大戦中のナチスによる強制収容所もゲットーと呼ばれ、現在ではユダヤゲットーにかかわらずエスニックシティ全般をゲットーと呼ぶことも多い。自然発生的な集住地区に対してゲットーを用いる場合もあるが、狭義では強制的な集住地区を指す。

▲13世紀、ヘントのサン・ピエール修道院のミサ典書より教会とシナゴーグの対比。図中左のエクレシア（教会）は冠を戴き聖餐杯と旗を掲げ、対し右のシナゴーガは目を閉じて（盲目）うなだれ、悪魔を表す山羊の頭を持っている。11世紀、キリスト教会は反ユダヤ主義的な宣伝を展開するが、その代表的なモチーフの1つが「シナゴーガとエクレシア（教会）」である。そこには共通してエクレシアの勝利とシナゴーガが真実に対して盲目だったがために敗北した様子が描かれる。ユダヤが盲目であるという考え方は、アウグスティヌス『神の国』にすでにみられる。

▲14世紀のローマ法大全よりユダヤ人銀行家。中世初期よりユダヤは様々な職業制限がかけられた。農業は神聖な職業であるため禁じられ、ギルドから締め出されると職工にも就けなかった。店舗を構えての商売も難しく、ユダヤ人の代表的な職業といえば行商か両替、金貸しくらいであった。教会法に拘束されない金融業は、教会からの糾弾の的であったが、支配者の重要財源ともなった。

【三つの非寛容性とゲットーの壁】

ユダヤ人に対しての非寛容には宗教的、民族的、経済的な非寛容がある。これらは時代を経るごとに強くなっていった。キリスト教社会では古代ローマ時代から異教徒の排除があり、十字軍や異端審問、レコンキスタと宗教的迫害がエスカレートした。民族的中傷はユダヤ人独自の文化や自治を怪しんで起きたものであり、権力の集中化や国家形成とともに「国民」と「外国人」のもととなる意識が生まれると異民族としての排除も起こるようになった。経済的な面では彼らの携わる金貸しへの嫌悪感や経済的成

▶ロベール・フレオー「ヴェニスのユダヤ人地区襲撃」（油絵、一八五一年）。領主から居住を許可されても、民衆の暴動が彼らの生活をたびたび脅かした。儀式に子供をさらってその血を用いた、ホスチア（聖体とみなされるパン）を冒瀆した、井戸へ毒を混入したなどの中傷や、修道士による反ユダヤ的な説教、借金の帳消しの要求など理由は様々であった。

功をねたんで商業組合から追放することもあり、貨幣経済とともに両替や金融が発展すると反感が強くなった。

一方のユダヤ人にとっても、宗教・民族・経済どの視点からもキリスト教社会に溶け込むことができなかった。改宗によって宗教を共有したり自治やユダヤ法を捨ててまでキリスト教国家の法を共有することは、命に代えてもすべきではなく、また反ユダヤ感情が高まる社会の中で「外国人」性が増せば増すほど、これらはアイデンティティとして守らなくてはならないものとなった。また土地を持ち農業を行ったり職人となってモノを作る仕事につくことが難しいために、彼らの生活を支えるのは商人や金貸しなどの仕事に限られ、それらの職業にもつけなくなることを避けるために特権を利用し、独自の協定で取引を行った。ねたみを買わないために経済的成功を隠すことも必要だった。

これらのキリスト教社会とユダヤの価値観の非共有を、追放という手段をとらずに成立させるぎりぎりの形がゲットーの壁だった。壁は、それまで都市内に散らばって住んでいた異分子を明確化する境界となった。

2 壁で囲まれた三つのゲットー

一三世紀末からイタリア半島の南半分を占めるナポリ王国では、地中海沿岸を中心に多くのユダヤ人が共同体を作っていた。歴代の王がユダヤ人に対し寛容策をとっていたので大きな共同体が多くあったが、スペイン領に入った六年後の一五一〇年に追放令が出された。

中央・北イタリアでは、ミラノ、フィレンツェ、ベネツィアの三大領域国家が覇を争い、その間に教皇領や中小国家がひしめいていた。ミラノ公国は、スペインの支配下に入ったのちユダヤ人の居住が困難となり、一五九七年に追放されたが、その他の国家では全土的追放はなかった。ここでは、教皇領、フィレンツェ共和国（一五六九年〜トスカーナ大公国）、ベネツィア共和国の各主要都市を例に、イタリアのゲットーを概観する。

【ローマ】

中央・北イタリアでは、古代ローマ時代からユダヤ人が共同体を作っていた。一四〜一五世紀に、内陸ではフランスからの追放やドイツの十字軍からの逃亡によって、沿岸はスペインの追放によって多くのユダヤ人が逃れてきたため、共同体が急増した。

中央イタリアの教皇領では、その時代の教皇がユダヤ人に対して寛容かどうかが生活に影響している。特にローマは教皇の直接的な力が及ぶ場所だったので、教皇が領土を広げ力をつけ始める一四世紀頃から異端審問などの宗教的迫害が激化していった。とりわけパウルス四世のユダヤ人に対する態度は厳しく、職業や職場の制限、強制洗礼などを行い、一五五五年には壁で囲まれたゲットーの建設を命じる教皇勅書を出した。続いてピウス五世はローマ、アンコナを除くすべての教皇領からユダヤ人を追放した。

ローマのユダヤ共同体は巨大で、かつ教皇が借金をするなどの事情があったため、またアンコナには海運業に携わるユダヤ人が多く、パウルス四世が強制改宗を行おうとした際に、ユダヤ人が町から逃亡しアンコナの経済が衰退しかけた経緯があったため、追放が困難だった。その代わり、ローマとアンコナでは壁に囲まれた「外国」に追放される形になった。

ローマのゲットーはティベリーナ島付近に建設された。ローマではゲットーができる前からこの地区を中心にユダヤ人が自発的に集住していた。テヴェレ川が蛇行した場所で、ティベリーナ島があることで水運の便がよく荷揚げも盛んに行われており、付近に複数の市場があるなど商業の盛んな地区だったが、土地が低く川が氾濫すると真っ先に水没するためローマ人からは敬遠されていた。教皇はすでに集住していたこれらの地区のうち、最も土地の低い街区を指定してゲットーと定め、キリスト教徒とユダヤ教徒が隣り合って住むことを禁じた。ゲットーの設計はG・S・ペルッツィによるものである。

教皇はゲットー建設後も宗教的な非寛容を貫いた。宗教行為を規制しシナゴーグを一つに制限したため、ローマのユダヤ人は出身地ごとに異なる形式を持つ五つのシナゴーグを、一つの建物に詰め込まなくてはならなかった。人口が増加して一時期は五〇〇〇人を超えるユダヤ人が住んでいたが、ゲットーの拡大が許されたのは川岸の方向だけであった。ゲットーの中はぎりぎりまで建物が増築され五、六層にも積み上げられ、建物が崩壊することもしばしばだった。その上道は狭く風通しも悪く氾濫が頻繁なため、ゲットー内は環境がかなり悪くなった。

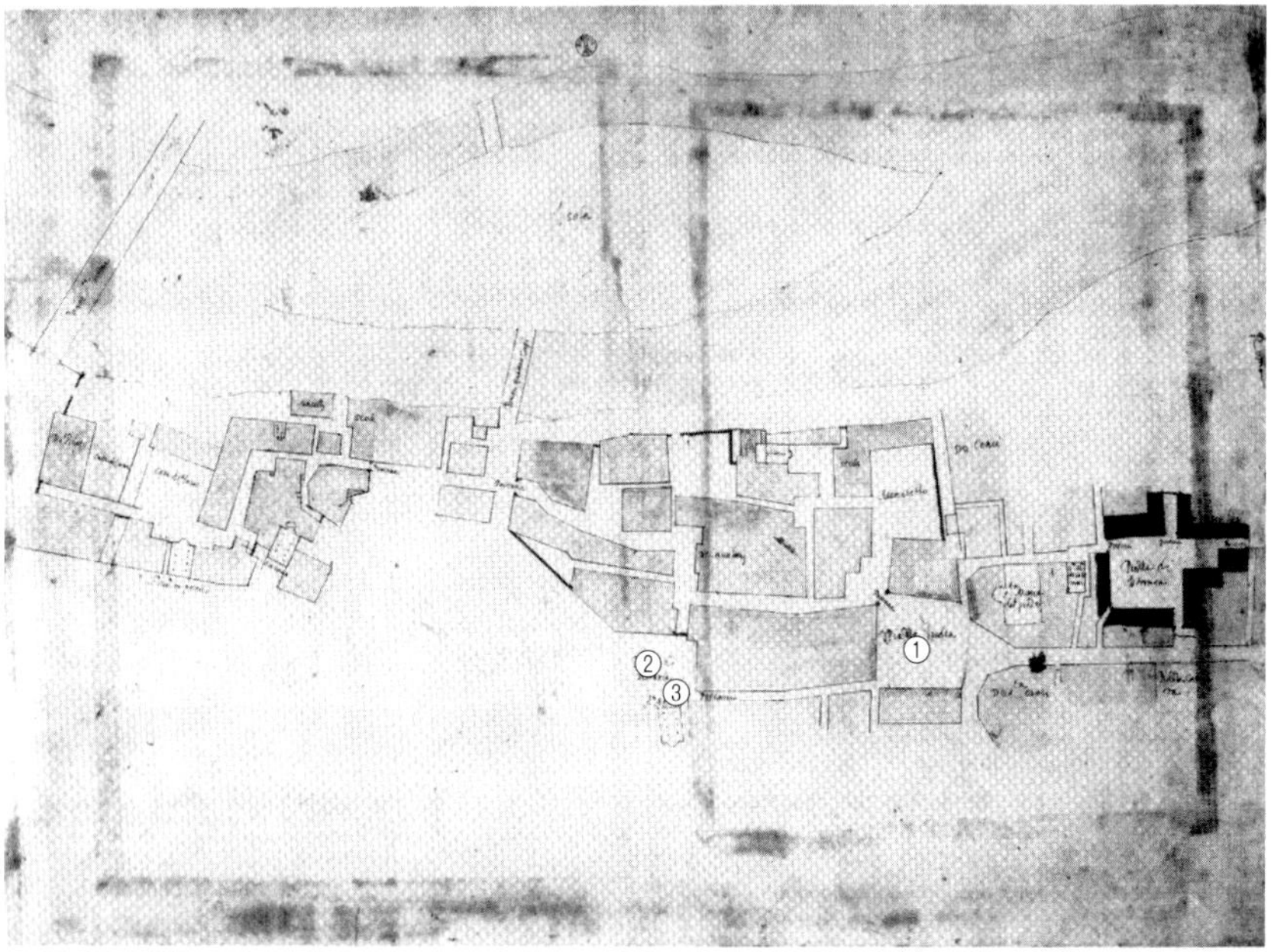

▶ローマ・ゲットー計画図。当初は川に沿って左右に二カ所予定されたが、右側のみ実際に建設された。太線のように見える部分が新たな壁である。既存の集住街区を後から囲う形で壁が作られたため、無理のある計画となった。例えばゲットーの中を通り抜けていた道が封鎖されたため、別の道を通すために建物の一部を取り壊す必要が出ている。教皇勅書では出入り口は一つに制限されたが、計画段階ですでに三つある。建設後は外部に住むユダヤ人はゲットー内への移動を命じられた。①ユダヤ広場　②魚市場広場　③オクタヴィアヌスの門。①と②を結ぶ道は魚市場通りと呼ばれる。

▲2点：1752年、ジュゼッペ・ヴァージの銅版画より、ユダヤ広場（左）と魚市場広場（右）の様子。ティベリーナ島付近は水揚げ場や魚市が多く、ゲットーに面したユダヤ広場には市が立っていた。右図正面にオクタヴィアヌスの門が見える。左図の正面左奥に魚市場通りがあり、右正面にはゲットーの入り口が見える。

◀一九世紀末のチンクエ・スクオーレ。正面と右側の建物は一続きになっており、五つのシナゴーグを持つこの建物は、チンクエ・スクオーレ（五つのシナゴーグ）と呼ばれた（一八一八年地籍図の枠部）。ここにはスクオーラ・シチリアーナ、スクオーラ・デル・テンピオ、スクオーラ・カスティリアーナ、スクオーラ・ヌオーヴァ、スクオーラ・カタラーナが入っていたが、土地台帳を確認するとこれ以外にも別の場所に女性のためのスクオーラ、子供のためのスクオーラがあったようである。

ローマ・ゲットーは一七九八年二月一五日にナポレオンのローマ侵攻によって一度解放され、ユダヤ人にも市民権が与えられた。しかしローマの反ユダヤ感情は収まらず、教皇によって再び閉じ込められた。商業上の制限なども復活し中世のような非寛容の時期を経た後、ユダヤ人に寛容なピウス九世治世下のテヴェレ川の洪水を契機に解放の機運が高まり、一八四七年に完全な解放が実現した。翌年にはゲットーの壁が壊され始めた。

【フィレンツェ】

北イタリアではルネサンスの時代に多くの都市共和国ができており、ユダヤ人の経済や学問、芸術の発展への貢献を期待する

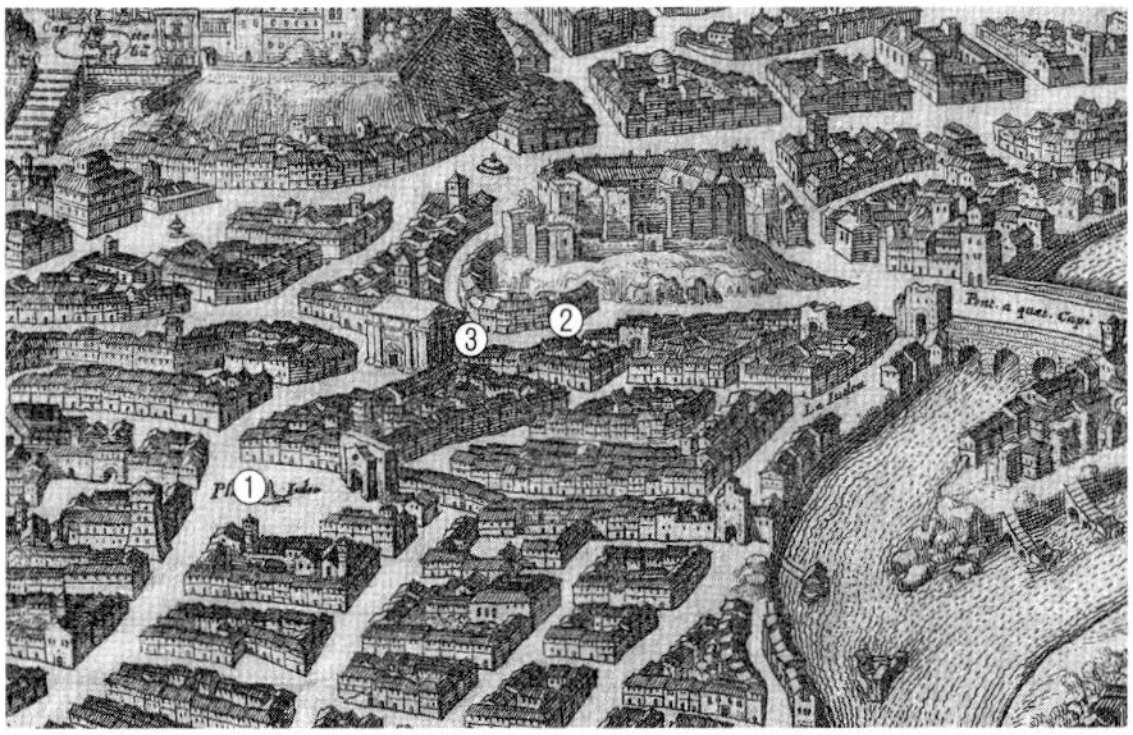

◀一六四二年メリアンのTopographia Germaniaeより、ゲットーの様子。中央の壁と門で囲まれた部分がゲットーである。川岸に沿って六つほどの建物が並んだ部分と両端の門が新たに拡大された区域。それに伴い門は五つとなる。再度にわたる教皇への陳情にもかかわらず、再びゲットーの拡大が認められることはなかった。①ユダヤ広場　②魚市場広場　③オクタヴィアヌスの門。

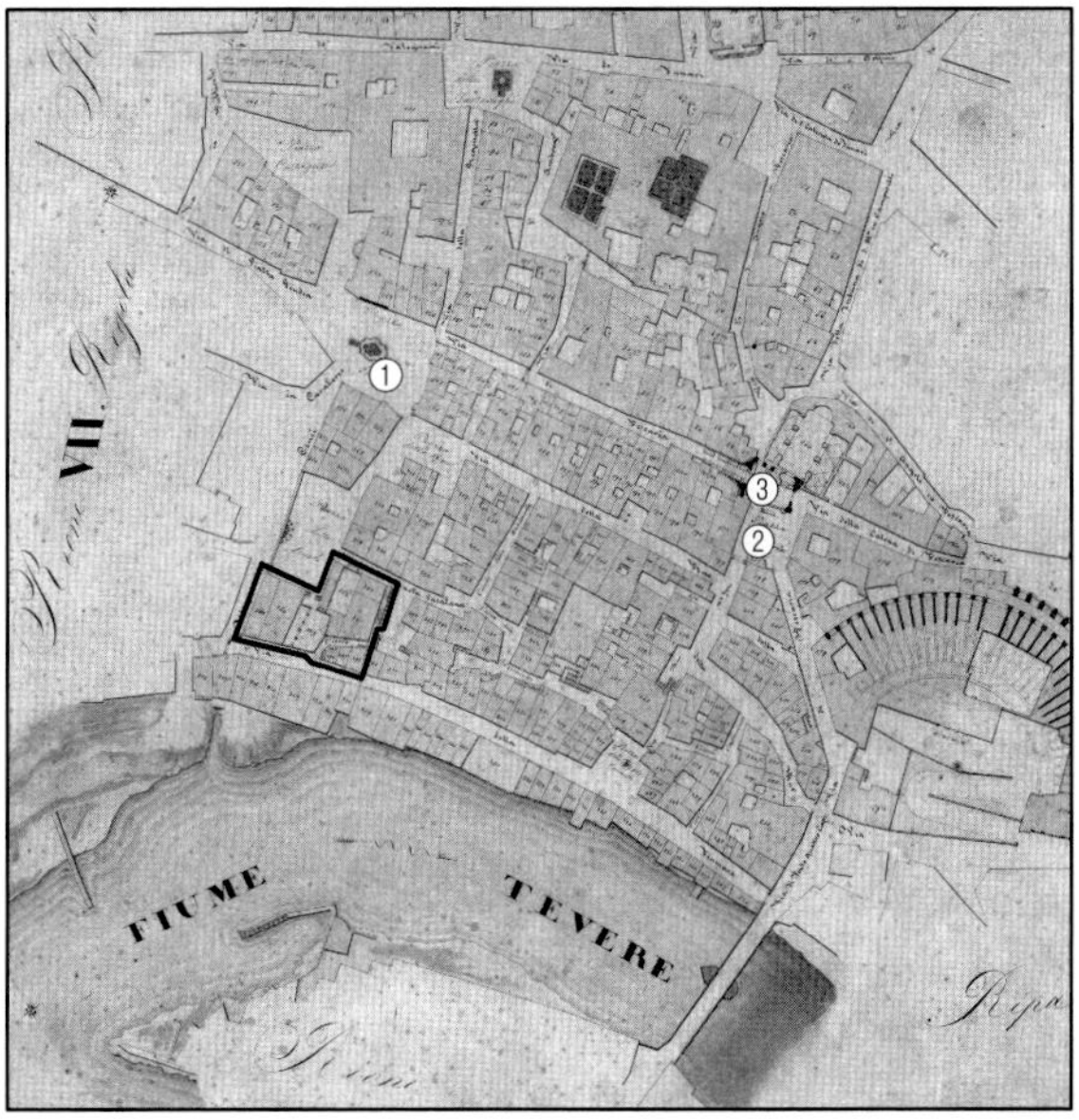

◀一八一八年ローマ・ゲットーの地籍図。道や広場は狭く、川岸ぎりぎりまで家が迫っているのがわかる。図面内に外階段が多く見られるのは、一つの建物にいくつもの世帯が住んでいたためである。建物は部屋ごとに所有が決まっていたが、ゲットー内の部屋のうち三割近くがスクオーラの所有となっている。①ユダヤ広場　②魚市場広場　③オクタヴィアヌスの門。

領主は、彼らに国内への移住を勧めた。経済力を持っていた都市に対しては教皇が強い態度に出られず、ゲットーの建設を命じられても無視する領主もいた。ピサでは一度もゲットーが建設されなかったが、フェッラーラなど領主が没落して教皇の支配力が及んだためにゲットーを建設せざるを得なくなった都市もある。

　フィレンツェではメディチ家によって多くのユダヤ人銀行家や学者が集められていた。一六世紀のフィレンツェには五〇〇人ほどのユダヤ人がいたが、コジモは異教徒や外国人に非常に寛容で居住も自由だったため、ユダヤ通りはあったもののそこに限らず市内に散らばって住んでいた。しかし一六世紀後半には銀行業で成功するユダヤ人に対する反感が高まり、またコジモが教皇の後ろ盾を必要とするようになると、ゲットーを建設せざるを得なくなった。まとまった集住地がなかったため、一五七〇年にゲットーを建設する際には土地を買い取ってこれを計画しなくてはならなかった。場所は大きな市の立つメルカート・ヴェッキオの隣である。集住していないフィレンツェのユダヤ人はそれまで自治がうまく成立していなかったため、部屋割りは市が主催するオークションで決められた。

▲フランツ・レスラーによるフィウマーラ通り水没の絵。

▶テヴェレ川から見たゲットー。写真左側がゲットー。川にのりだすようにして増築されている。右のティベリーナ島の地面ラインと、ゲットー側の地面ラインを比べると、ゲットーの土地が圧倒的に低いのがわかる。

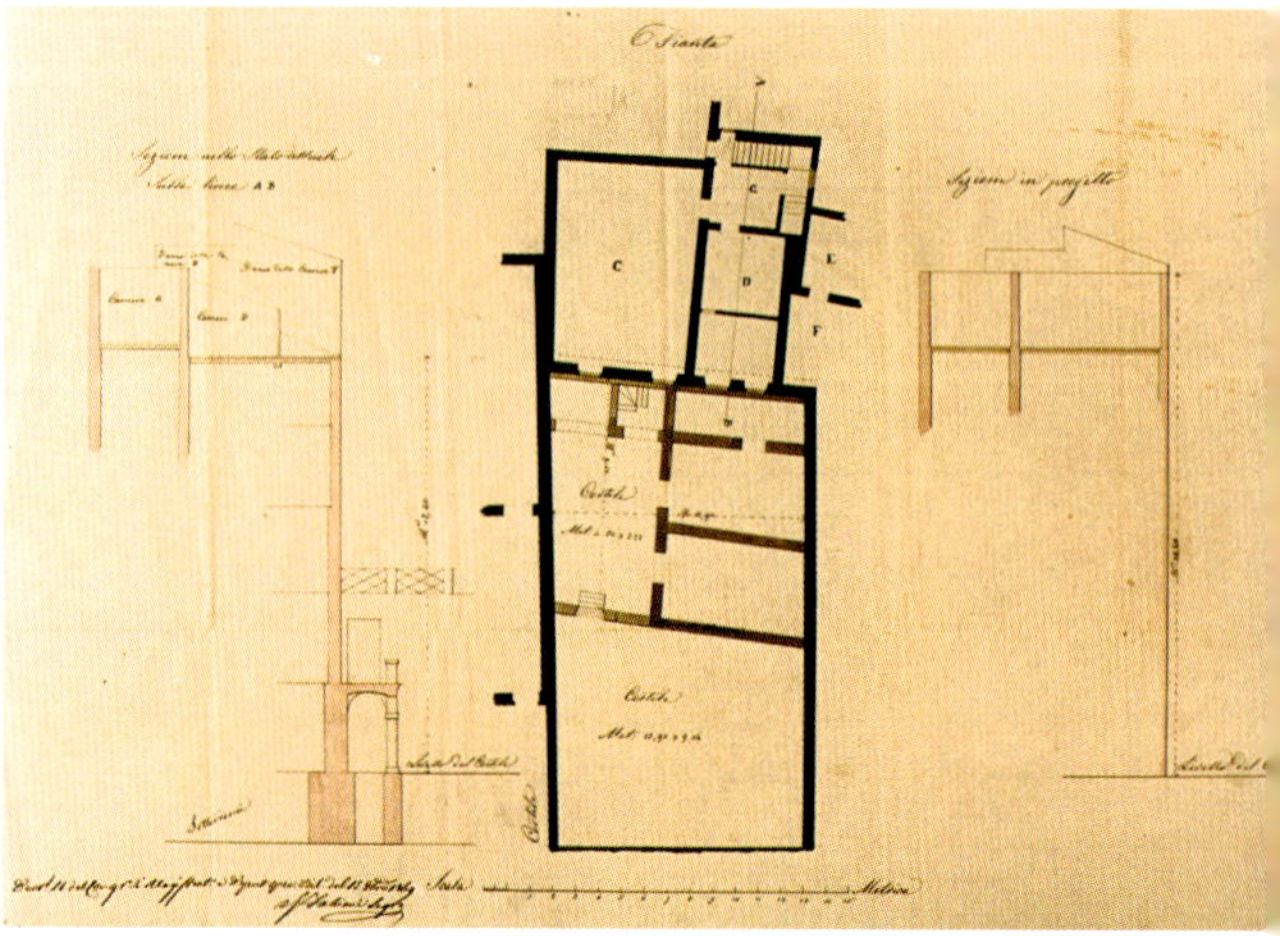

▶ルーア通りの建物の改築図面。左が改築前断面図、真ん中が平面図（既存図面に計画図面が重ねてある）、右が改築計画断面図。左の図面では度重なる増築がうかがえる。床のラインがそろっていないので、手前三分の二部分を占める建物と奥の建物はもとは別の建物と推測される。

▲テレマコ・シニョリーニによるフィレンツェ・ゲットーの絵。

▼1584年ステファノ・ボンシニョーリのフィレンツェ都市絵図より、ゲットーの様子。赤線部が当初のゲットー。フィレンツェのゲットーは、壁を建設せず、キリスト教徒とユダヤ人とが隣り合って住むようになっていて、厳密には教皇勅書に従っていなかった。門の1つはメルカート・ヴェッキオに向けられ、メディチの紋章がつけられた。①サンタ・マリア・デル・フィオーレ大聖堂とサン・ジョヴァンニ洗礼堂　②メルカート・ヴェッキオ。

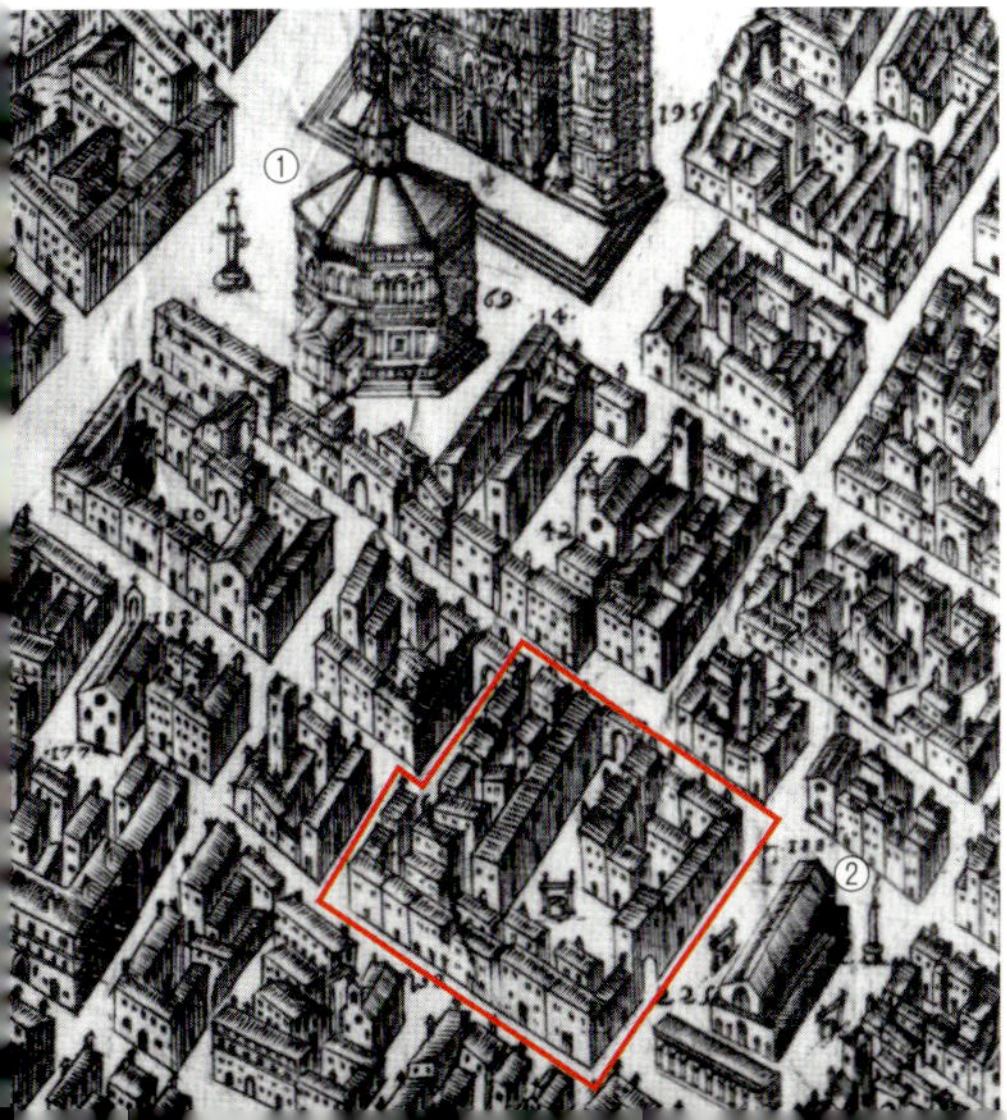

▲アズィメッレ通り。2階へ直接上がる階段が多く増築されている。ゲットーの人口が増えたために各階に別の世帯が住む必要が生じ、なるべくアプローチをわけようとしていたことがうかがえる。階段室を中庭に設ける例もゲットー内で多く見られる。

▼解放されたゲットー。1890年の写真。場所はフィウマーラ通りの噴水のある広場に面する建物。この狭い間口に3つも玄関が取り付けられている。隣にあったはずの建物は、クリアランスがすでに始まっていたのか、取り除かれている。

一見フィレンツェ・ゲットーは外と内で商業空間を断絶しているように見える。ゲットーは壁ではなく建物に囲まれる形で建設され、外からアクセスする店舗はキリスト教徒に、内からアクセスする店舗はユダヤ人に貸しだされた。しかしメルカートに隣接させ、さらに出入り口をメルカートに向けて計画したのは、おそらく商業空間を緩やかにつなげ、ゲットー内の経済活動を活発にして賃料収入を安定させる意図があったと考えられる。フィレンツェ・ゲットーは、経済的非寛容の感情を緩和させる役割を果たした。その後ゲットー内の人口が増え、さらに一七世紀に非寛容が強くなると、ゲットーは拡大されメルカート向きの入り口は狭められた。

【ベネツィア】

ベネツィアでは一四世紀までにユダヤ人の共同体があった。ゲットーができるまで、ジュデッカ島やリアルト橋周辺の商業の盛んな地域に住んでいたといわれている。ベネツィア・ゲットーは教皇勅書の前、一五一六年に強制居住が始まった。多くのゲットーが近代の再開発の対象になったのに対し、ベネツィアのゲットーは当時の姿を遺していることで貴重である。カナル・グランデから少し外れたこの地区は、ベネツィアの爆発的な人口増加への対策で下層階級の居住区として計画された地域だった。ベネツィアでは様々な国から商人が集まるた

▲テレマコ・シニョリーニによるメルカート・ヴェッキオの絵。メルカート・ヴェッキオは古くからフィレンツェの商業の中心だった。絵の中の建物の位置関係が正しいならば、2つ並んだメルカートの間を左に入るとゲットーの入り口がある。

▼1832年、フィレンツェ・ゲットーの地籍図。ゲットーの人口は、1571年に93人だったのが、1622年には495人に急増した。それに伴い隣の敷地にも拡大し（枠内）、建物が密に立ち並ぶようになった。①サンタ・マリア・デル・フィオーレ大聖堂　②メルカート・ヴェッキオ。

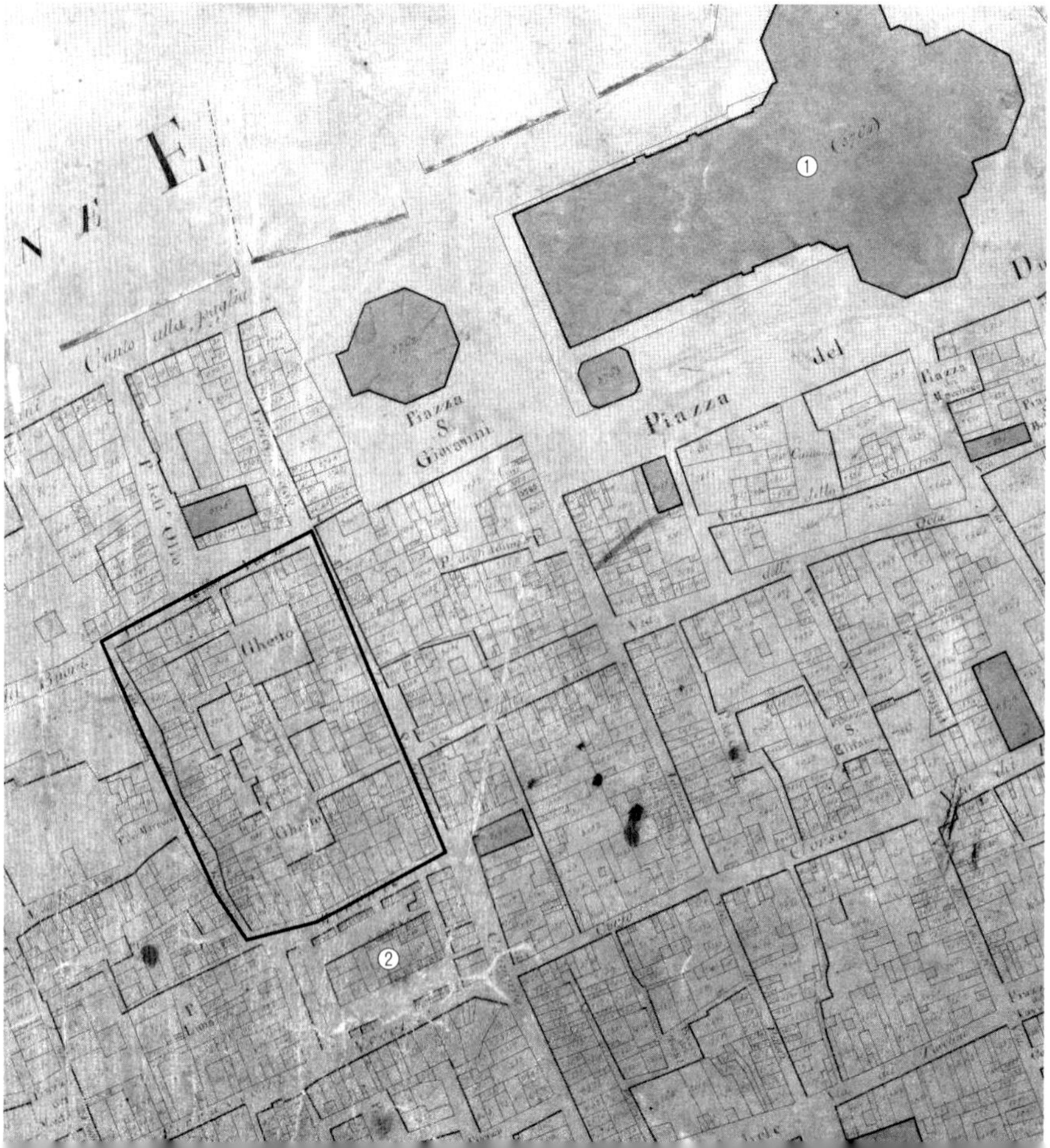

▶一八八五年、フィレンツェ・ゲットー内の広場。

め、多くの外国人共同体はそれぞれ決まった居住区に住んでいた。

ベネツィア・ゲットーは中庭を囲む複合住居として計画されており、周辺街区と運河で隔てられていて監視しやすいという地理的な利点からユダヤ人の集住地区に決定した。しかし貿易が盛んな自由都市でユダヤ商人を引き付けたことと、一六世紀に諸国から追放されたユダヤ人の流入があったことから、この街区（ゲットー・ヌオーヴォ）だけでは収まらず一五四一年に隣接するゲットー・ヴェッキオにも居住が許された。

早くからベネツィアに居住していたのはイタリア系とドイツ系のユダヤ人だったが、ゲットーが拡張した一六世紀にレバントやスペインのユダヤ人が多く流入したため、結果的にイタリア系とドイツ系はゲットー・ヌオーヴォに、レバント系とスペイン系はゲットー・ヴェッキオに、分かれて居住することとなった。ローマとは異なり外国人の多くいたベネツィアでは生活習慣の差異が重視され、各出身地ごとにシナゴーグを持っていた。

運河に囲まれつねに監視下にあったゲットー・ヌオーヴォと、外の街区と陸続きになっているゲットー・ヴェッキオでは、特に経済活動の環境に大きな差があったため、もともと異なる文化や生活習慣を持っていた各々の共同体は、ビジネス上の争いから

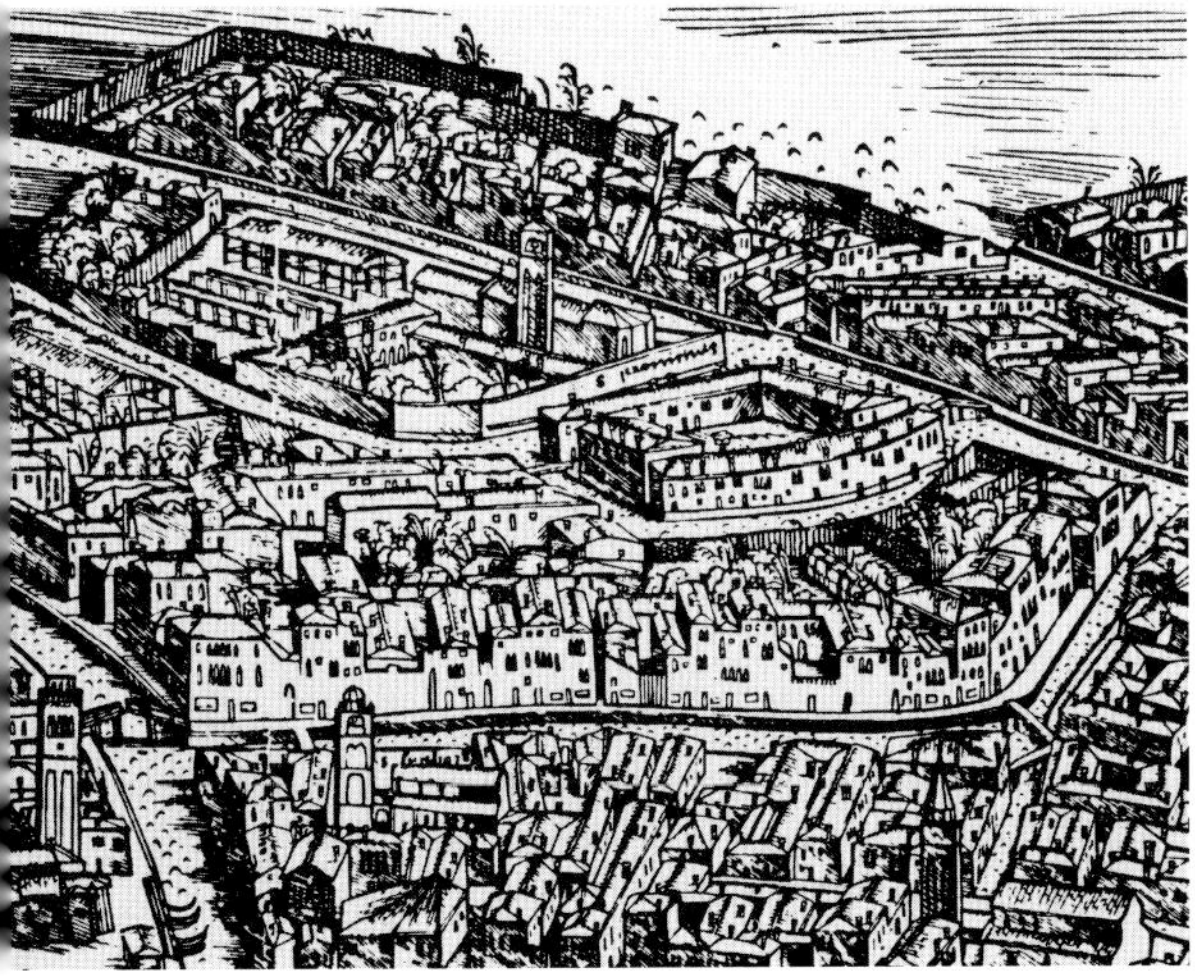

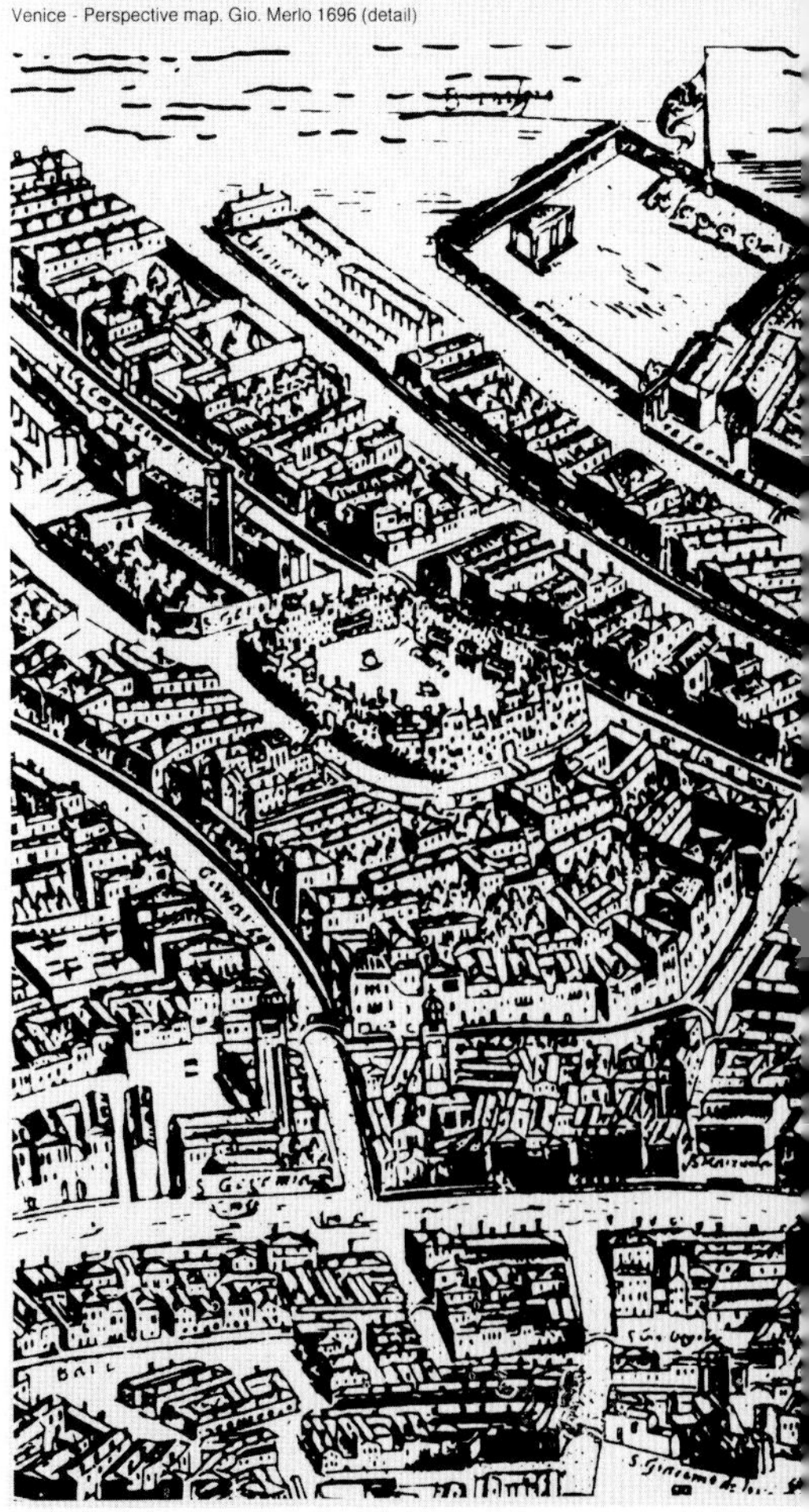

▶◀一五〇〇年（左）と一六九六年（右）のベネツィア・ゲットーの絵図。多くの外国人が行きかっていたベネツィアでも、ユダヤへの非寛容は強く、数回の追放を経て強制居住に落ち着いた。整然とした建物は、当初の集合住宅計画によるものである。当初は二階建ての建物で囲われ、入り口は二つのみだったが、増築が盛んに行われ、高層化した。

始まってさらに文化的差異を大きくし、一時期は両地区の行き来を禁じるなどしてそれぞれアイデンティティを強くしていった。

ゲットー・ヌオーヴォは当初からある中央

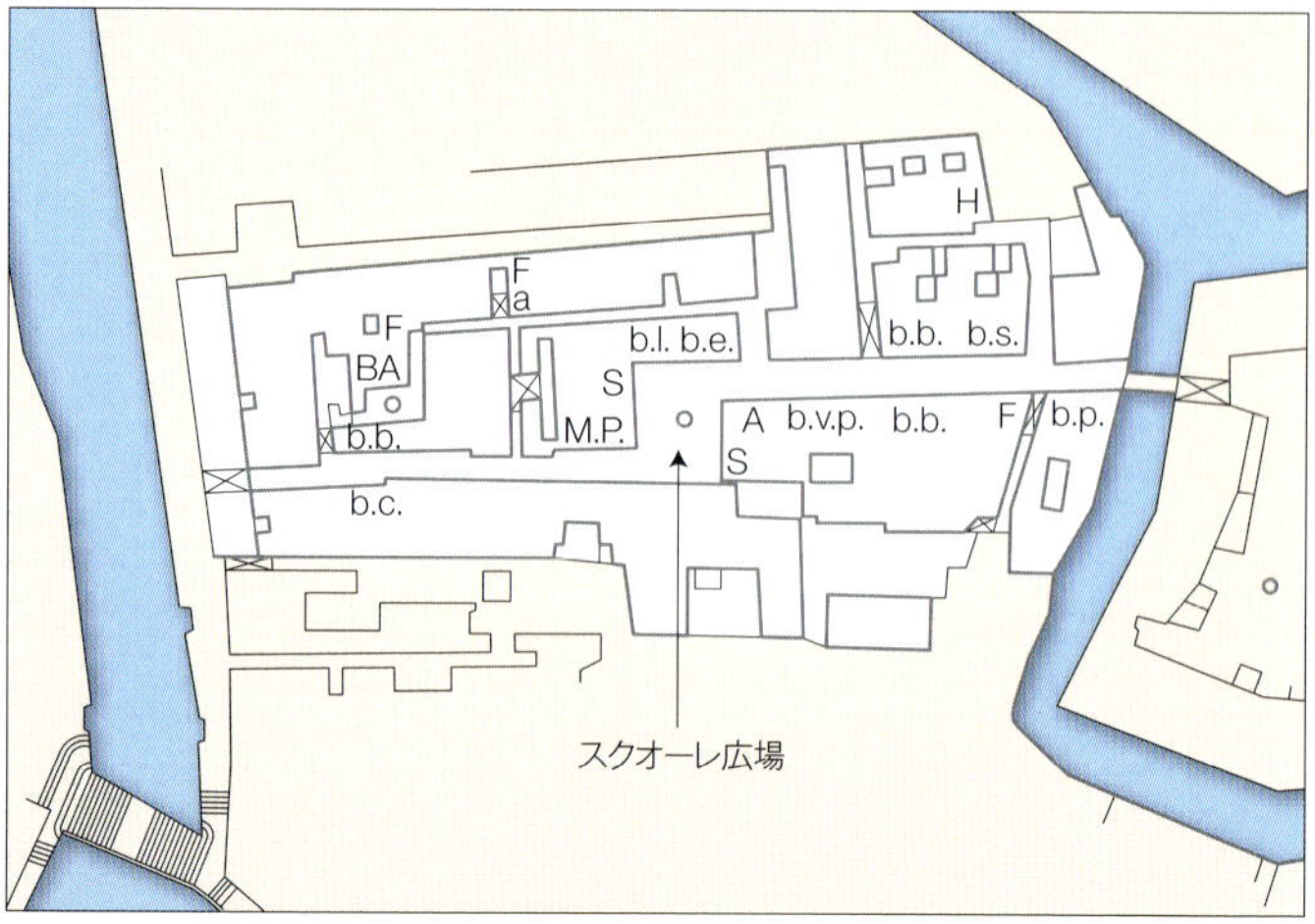

▶一七一一年のゲットー・ヴェッキオの様子。H病院 Sシナゴーグ Fパン屋 M・P・学校 BAミクヴェ（沐浴施設） Aホテル a宿屋 b・b・屠殺場 b・v・p・食料品屋 b・c・軽食堂 b・l・本屋 b・e・八百屋 b・s・菓子屋 b・p・鳥肉屋。

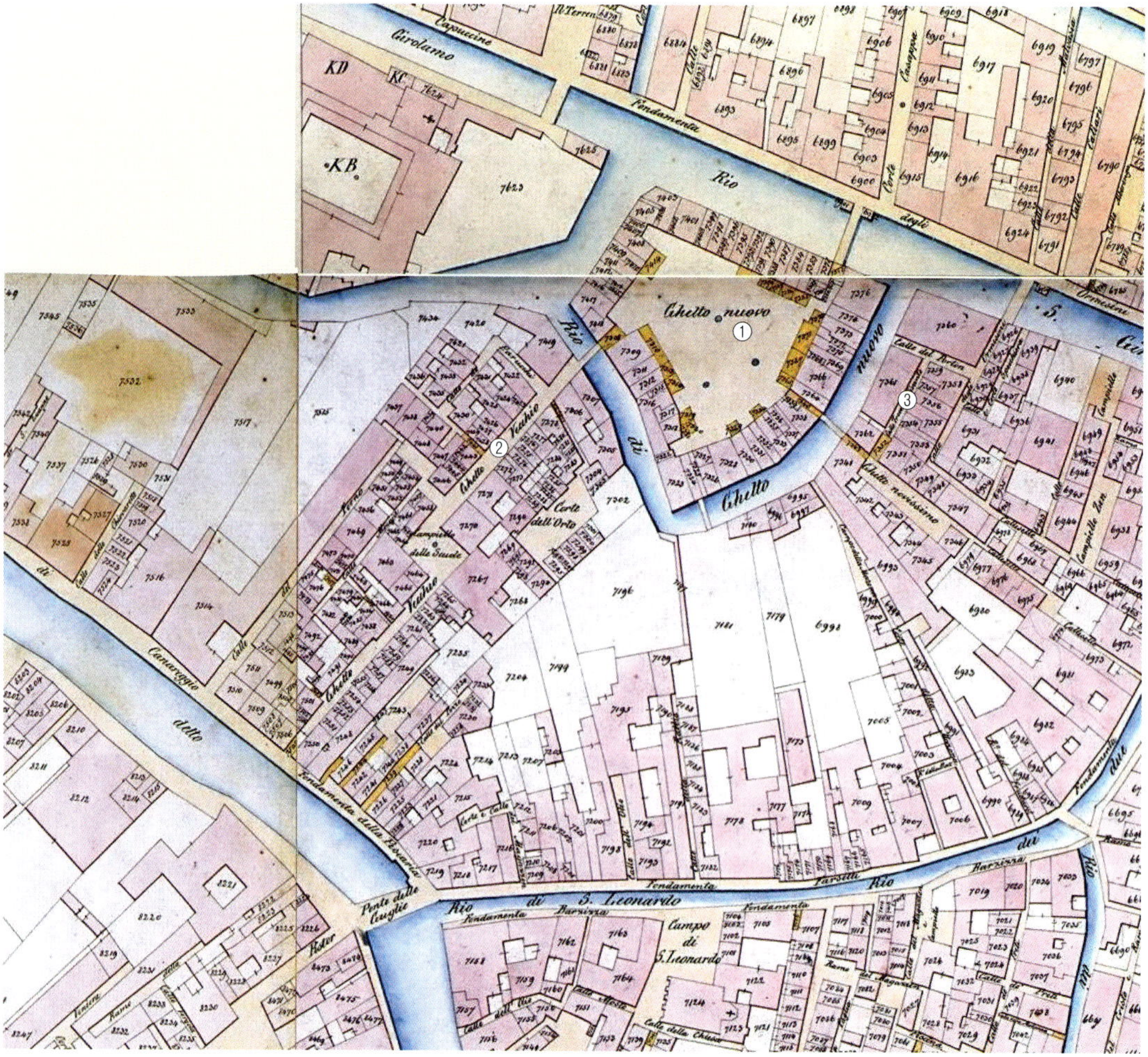

▼一八一一年ベネツィア・ゲットーの地籍図。一五四一年にゲットー・ヴェッキオが、一六三三年にゲットー・ノヴィッシモができた。①ゲットー・ヌオーヴォ ②ゲットー・ヴェッキオ ③ゲットー・ノヴィッシモ。

の広場を狭めることなく、ユダヤ自治による統制を感じさせる整然とした空間を保存しているが、ゲットー・ヴェッキオでは経済活動を優先し商業空間を必要としたためか、高層化・高密化が進んだ。この文化的差異はシナゴーグの装飾などにも大きく影響した。

3 イタリア・ユダヤ人の共同体ネットワーク

古代から一つの都市の共同体だけでなく地域のユダヤ人全体にかかわる問題が発生すると、重要なラビが集められ会議が開かれていた。ラビ会議が頻繁に開かれる時期は、その地域の非寛容の空気が濃くなっている時期と対応する。スペインでは一四世紀末から一五世紀にかけて、フランスやドイツは十字軍の時代一一～一三世紀に、さ

◀割礼の様子。

▶◀ゲットー・ヴェッキオへの入り口（李撮影）と門跡。

▲ゲットー・ヌオーヴォの中庭。いくつかの建物でフロアの高さが違う様子がうかがえる（李撮影）。
▶ゲットー・ヌオーヴォを囲む運河（李撮影）。

▲ベネツィアのスペイン・スクオーラ。シナゴーグの東側壁にはアロンの聖櫃があり、その対極に説教台が設けられている。聖櫃の上部には十戒の書かれた石板をかたどった装飾が掲げられている。聖櫃-説教台の軸に平行に男性用の席が並べられ、女性は2階のバルコニーの窓から参加する。追放時に財産を制限されたためスペイン系ユダヤ人は貧しい傾向があったが、ベネツィアのスペイン系シナゴーグはイタリア系に比べてはるかに豪華で、ベネツィアの6つのシナゴーグの中で最も規模が大きい。

▼ベネツィアのドイツ・スクオーラ平面図。ベネツィア・ゲットーにある5つのシナゴーグのうち、最も早く1528年に建てられた。スペイン・スクオーラと同様、アロンの聖櫃と説教台が対極に配置され、2階に女性用のバルコニーがある。

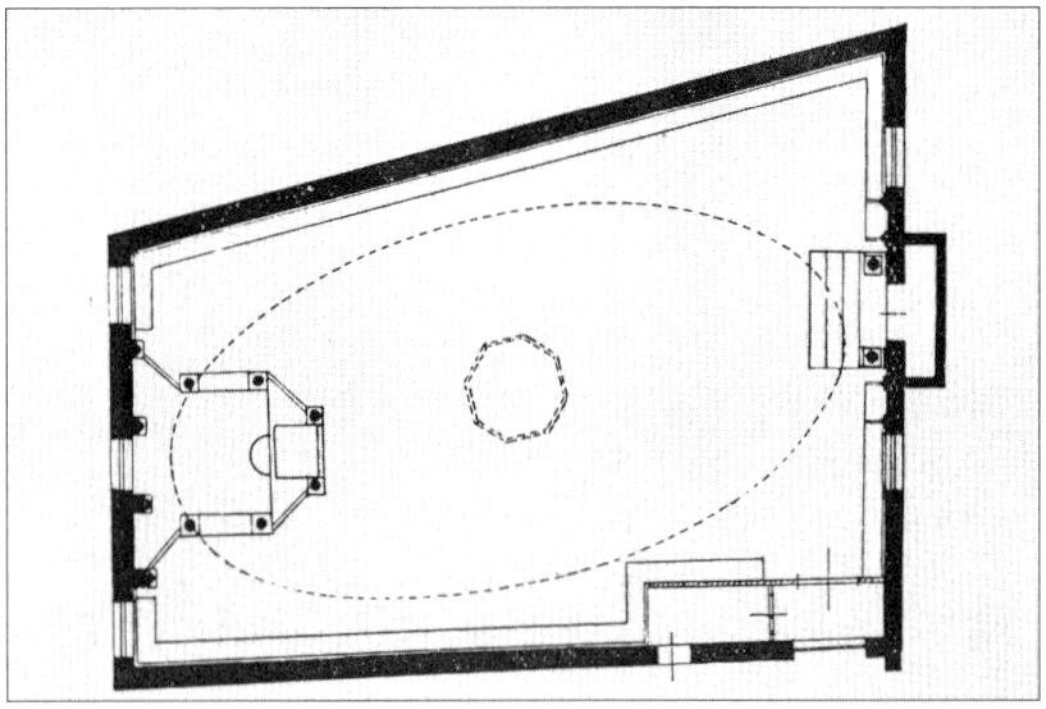

▲▼ゲットー・ヌオーヴォ（上）とゲットー・ヴェッキオ（下）。ゲットー・ヴェッキオの所狭しと建物が建っている様子と、ゲットー・ヌオーヴォの整然とした広場の様子は対照的である。

らにドイツではその後も暴動が頻発するのと呼応するように一六世紀頃まで頻繁に開かれている。

中世前期までは国王や領主によって居住が許可されれば生活が確保されたが、非寛容が強くなるといつ生活が脅かされるかわからず領主との関係だけでは対処できなくなったため、自治によって対策を立てなくてはならなかった。またそれだけでなく、迫害から逃れる移住者の増加による共同体間の交流が増え、これに伴って異なる規則を持つ共同体出身者同士の間で問題が起きたため、これを解決しなければならなかった。各共同体のラビ同士で解決できない問題が出てくると、複数共同体からなる委員会を設置して地域共同体全体の統制をはかった。委員会で決定したことは、その後各共同体に持ち帰って共同体規則として成立した。

【イタリアのラビ会議】

イタリアでは一五世紀に入ってからラビ会議が開かれるようになった。反ユダヤ感情の高まる当時のイタリアには、ローマ、パドヴァ、フェッラーラ、ボローニャを中心としたそれぞれの周辺地域と、ロマーニャ地方、トスカーナ地方の六つの地域共同体があり、一四一六年に開かれたボローニャの会議ではそれぞれの地域共同体から代表者を一人ずつ選出して、イタリアのユダヤ人全体を統制する大委員会が設置された。その後のラビ会議では、迫害への対処や糾弾を回避するための規制、共同体間の争いに対する解決の手だてなどが定められていった。一四一八年にはフォルリで会議が開かれ、豪華に見える服装を制限したり宴会を控えさせるなどの規則が設けられ、一五五四年のフェッラーラでの会議と一五八二年のクレモナの会議においては、異なる共同体同士の訴訟に関するラビの権利の範囲や、地域によって異なる権利が与えられているために起きた商業上の問題などへの対処規則などが主題に取り上げられている。

重大な危機に面し緊急に手を打つ必要があるときにもこの大委員会が機能した。一四二七年、当時反ユダヤに傾倒し始めていた教皇マルティヌス五世のもとに、フランシスコ会から深刻な報告がもたらされた。エルサレムにあるフランシスコ会の修道院がムスリムに没収された際、ユダヤ人の先導があったというのである。このためにイスラーム圏と強いつながりを持っていたベネツィアのユダヤ商人が糾弾され、これを受けて委員会は一四二八年にフィレンツェで会議を行い、緊急に各共同体に手紙が送られこれに対処した。結果、翌一四二九年にマルティヌス五世によって反ユダヤ感情を先導してはならないとする勅書が出されている。

▲▼ベネツィアのドイツ・スクオーラ。壮麗な内部装飾は、金色の塗料の代わりに黄色を用いるなど、ベネツィア当局によって度々、修復の制限がかけられた。

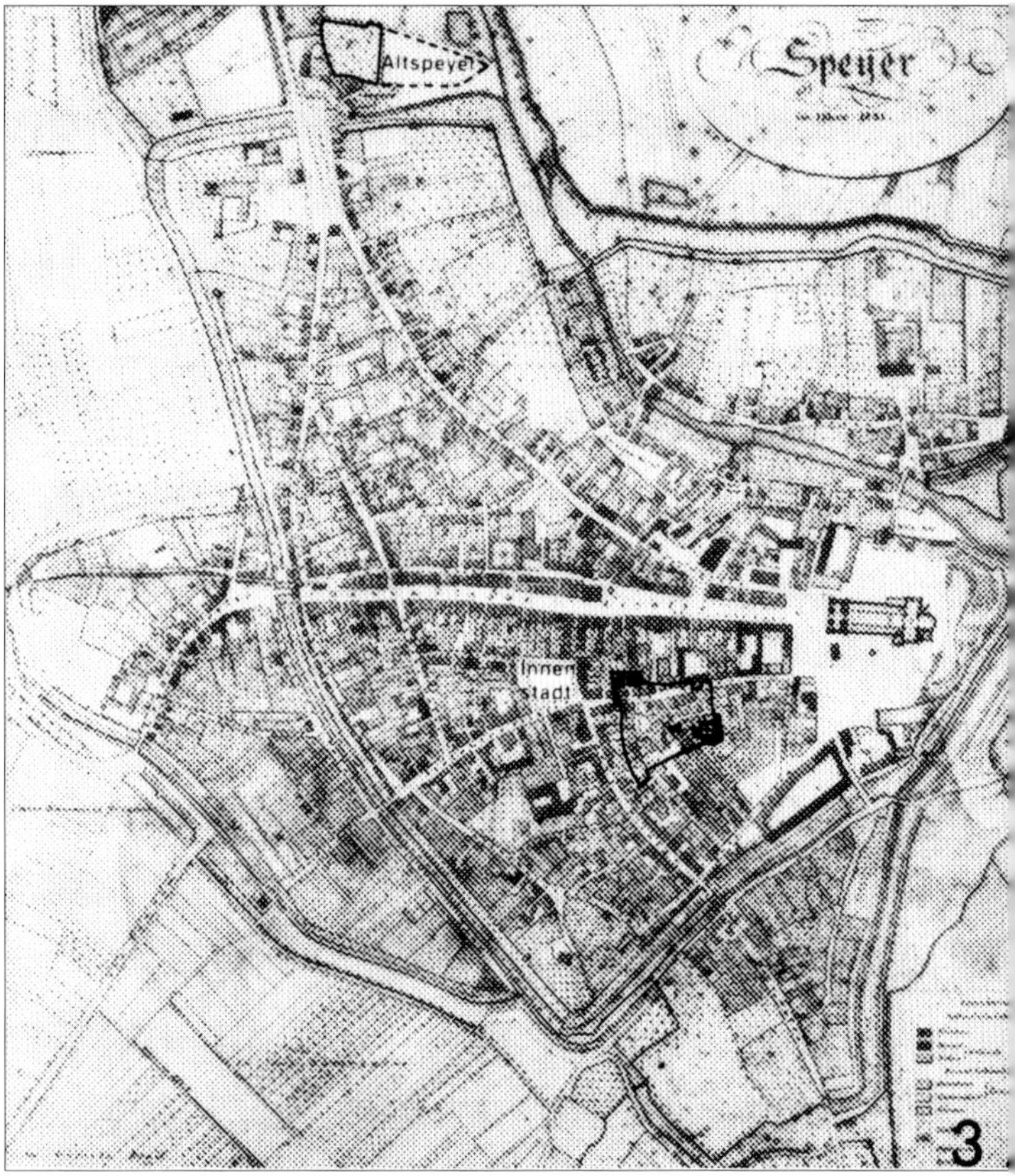

▲▼3点：シュパイヤの居住区とユーデンホフの位置。1084年にシュパイヤの司教リュディガーは保護のための壁で囲まれたユダヤ人居住区建設を宣言した。実際に居住区すべてが囲まれて建設されたのは市壁の外、北に位置するアルトシュパイヤと呼ばれる場所で、そこに周辺都市から逃れてきたユダヤ人を迎えた。それとは別に、もともと市内に居住していた区域には、シナゴーグの隣に壁で囲まれたユーデンホフを建設した。ユーデンホフは襲撃が起きた際には避難所として使われた。

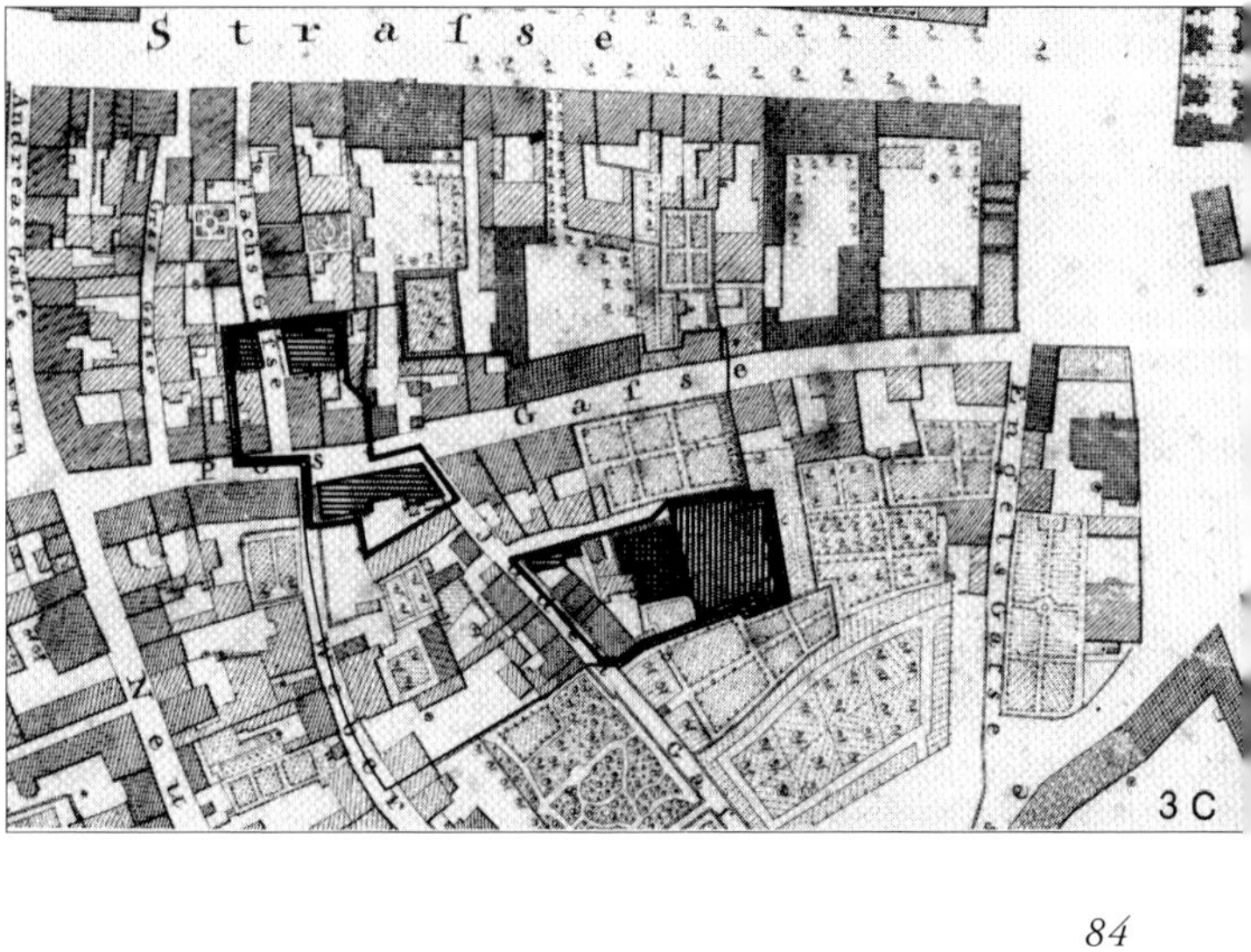

一六世紀にイタリアのユダヤ人によって創られた共同体ネットワークは、キリスト教社会との摩擦の中でユダヤが生き残るための対処であったが、これによってユダヤ人は各々の都市民であることよりもイタリア全体でのつながりが強化されることとなった。それぞれの「都市のユダヤ教徒」から対キリスト教徒の軸上にある「ユダヤ人」になっていったのである。

4 ドイツ・ユーデンガッセ

ドイツでは、ライン川を中心に四世紀頃から入植していたが、その後シャルルマーニュをはじめとする国王の保護を受け、交易によって発展した。

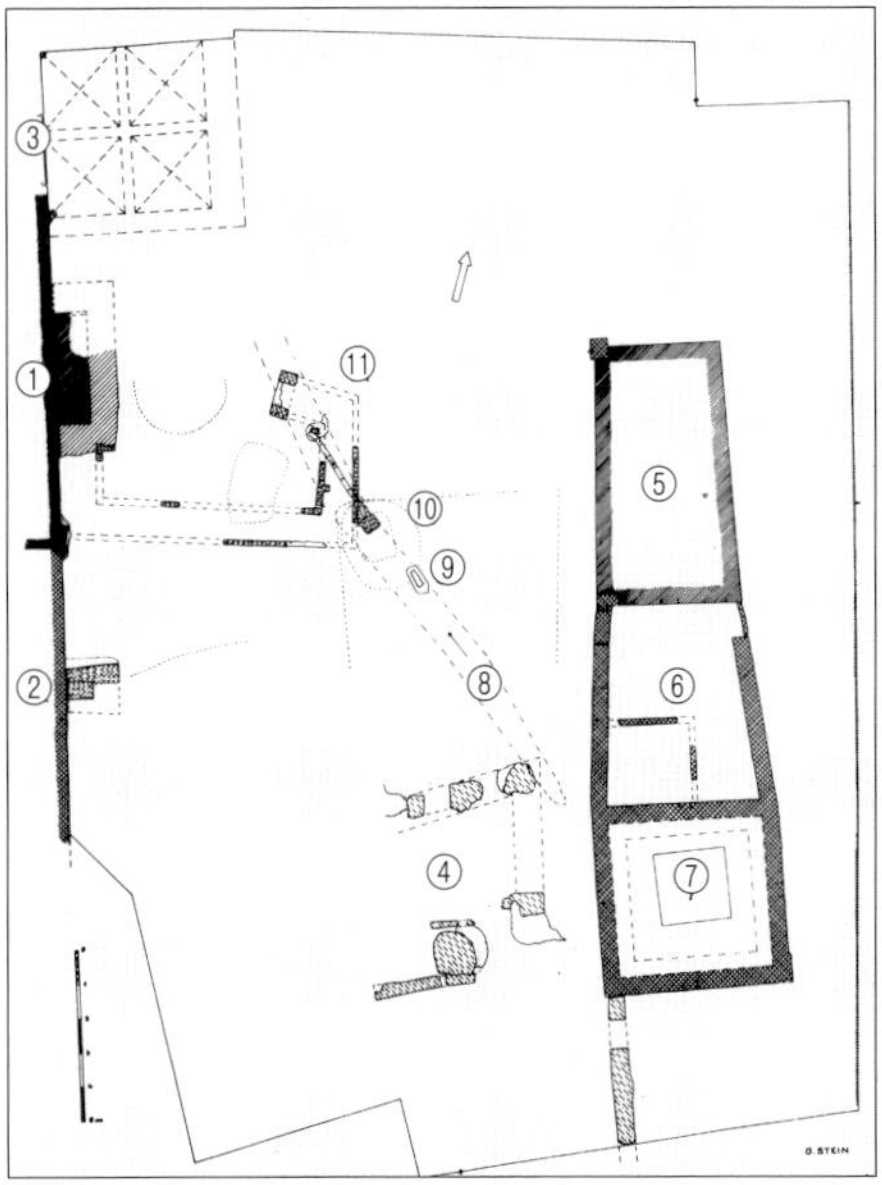

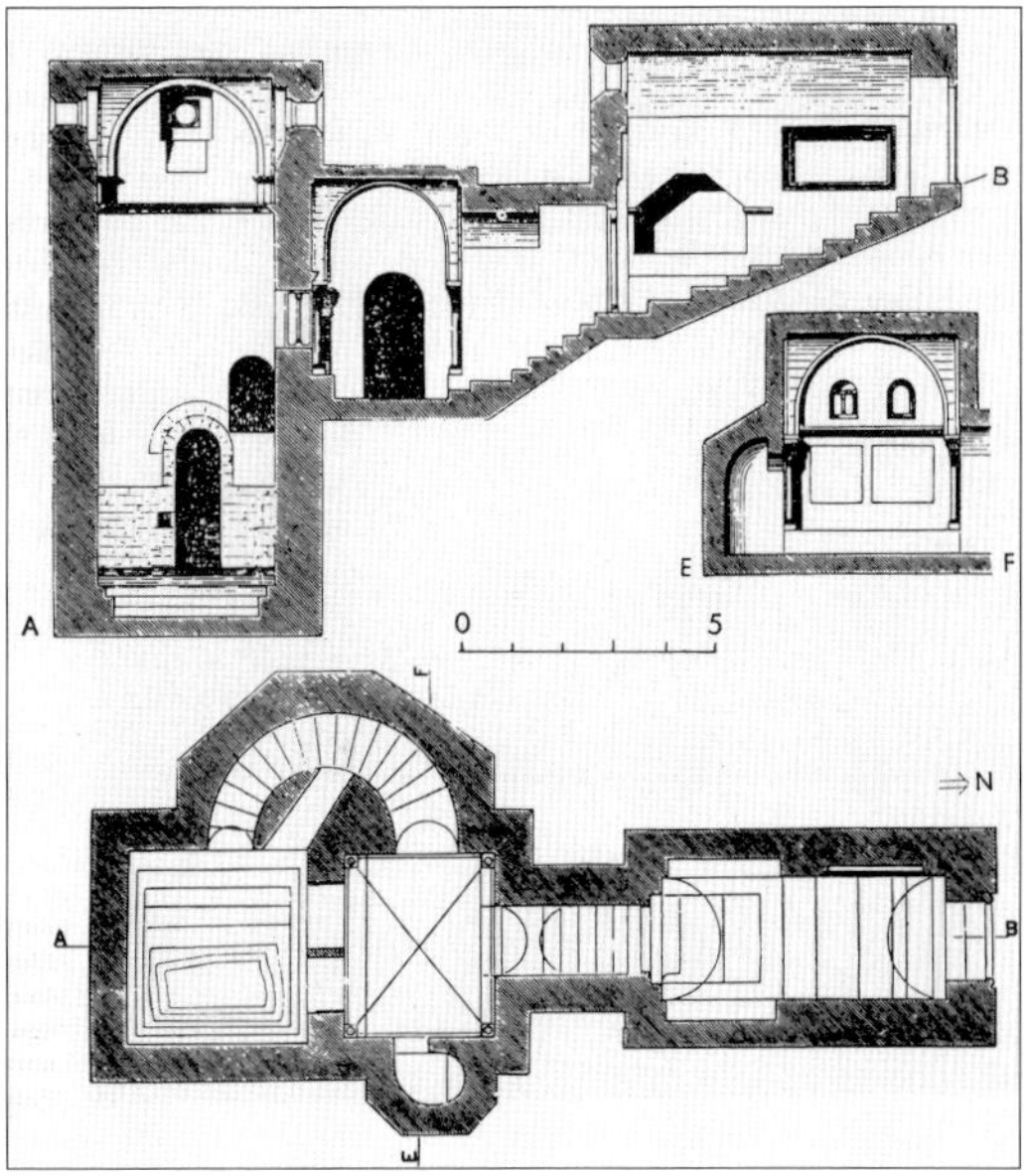

▶◀ユーデンホフの図面とミクヴェ。①男性用シナゴーグ東壁と後陣の基礎　②女性用シナゴーグの東壁と控え壁　③門番小屋　④かまど跡　⑤ミクヴェ階段室　⑥ミクヴェ上部丸天井　⑦水浴室　⑧灰の溝　⑨ゲニザ　⑩一三世紀のトイレ跡　⑪通路と水路。

ドイツのユダヤ人には通行税の免除などが適用され、ユダヤ法を尊重し自治が認められていた。ユダヤ人はケルンやマインツ、ヴォルムスなど通商上重要な都市に古くから住み、両替の権利を保有して市の発展に貢献した。当時のユダヤ人は土地の所有や商業上の特権、居住の自由が認められていたが、状況は十字軍の時代に急変する。教会によって掲げられたエルサレム奪回は教会組織による異教徒の排除を活発にし、さらに十字軍によるユダヤ人襲撃は、ドイツにおけるユダヤ人共同体の生活を脅かし周辺都市への大規模な移住を引き起こし、共同体の数は急増した。ユーデンガッセと名のついた通りが歴史上に現れるのはこのころからである。

　多くのユーデンガッセは一本の通りからなっている。一三世紀頃までに作られたものの多くは、既居住地から遠くない、経済の中心となるマルクトや町の大通りに隣接して建設された。対して一四、一五世紀に建設されたユーデンガッセは、市壁外や市から外れた場所が多い。壁や門によって閉鎖されていないものも中にはあったが、ほとんどのユーデンガッセの入り口には門がつけられ、夜になると閉鎖された。門番は共同体を監視する役割も担うことがあった。

【ドイツ・ゲットー前期】

　一一世紀、十字軍によるユダヤ人襲撃は国王の保護下にいたユダヤ人たちに大きな衝撃を与えた。突然外部から流れ込んできた迫害の風は、それまで当然に都市に居住していたユダヤ人の立場の不安定さを、一瞬にして明らかにした。各領主や司教は、保護下にあるユダヤ人をかくまったり一時的に周辺都市に逃がすなどの対応をとったが、市民が襲撃に加わることもあり、また自害を選ぶユダヤ人が多かったことから、多くの犠牲者を出した。襲撃後、各都市は周辺都市に逃れたユダヤ人を都市内へ呼び戻し、生活の安全を確保するよう取り計らった。ヴォルムスでは国王による保護令が真っ先に出され、身体と財産の安全を宣言し不当な裁判を禁じた。この保護令は約一五〇年後に帝国全域に適用されるようになる。

　また壁や門で閉じられたユーデンガッセを建設した都市もあった。シュパイヤのユーデンガッセは、一〇八四年九月、十字軍の襲撃直後に司教リュディガーによって壁で囲まれ建設された。またケルンのユーデ

▲ヴォルムスの旧シナゴーグに接して作られたラシの学塾。1624年に建てられ、その後二度再建されている。奥にある石造りの椅子は、ラシの座っていたものといわれている。

▲シュバイヤのユーデンホフの東側壁。向かって右が男性用シナゴーグ東壁、左が女性用シナゴーグ東壁。

▶一六三〇年、ヴォルムスの都市絵図よりユーデンガッセ。一一世紀頃までフリジア人が住んでいた場所にユダヤ人が住み始めた。町の中でもライン川の港に近い街区である。一〇三四年にシナゴーグが建てられ、一〇八〇年にユーデンガッセ入り口の市壁にユダヤ門が建設され、その一〇年後に国王による保護命令が下された。壁こそ建設されなかったものの、ヴォルムスでもユダヤ人は保護の対象だった。

ンガッセは、度重なる襲撃から保護するために一三〇〇年に壁が建設され始めた。ユーデンガッセの門には国王の保護下にあることを意味する紋章がつけられることもあった。この時代のユーデンガッセは都市外からきた迫害の波から保護するという意味あいが強い。

十字軍の襲撃はドイツの共同体ネットワークにも影響を与えた。もともとフランスとドイツのユダヤ人共同体の間では交流が盛んだったが、このネットワークがさらに強化される。一一五〇年頃にトロワで大規模なラビ会議が開かれ、両国から二五〇人を超えるラビが集まった。その後、ドイツではシュパイヤ、ヴォルムス、マインツの三都市がシュームと呼ばれる大きな共同体を形成し、ここが中心になって一一九六年から半世紀に少なくとも五回、会議が招集された。迫害による移住が増えたために、ドイツの共同体は自治上の混乱を多く抱え

▲2点：1500年（左）と1760年（右）の、ヴォルムスのユーデンガッセの様子。260年の間に居住区は高密化した。詳細な研究により、約100軒の屋号が判明している。1689年にフランスによる攻撃を受け、共同体は一度メッツに移るが、10年後にユーデンガッセが再建され、19世紀の解放まで存続した。ラシが教えた学塾の位置もわかる。現在、2度の破壊を経て再建されている。S シナゴーグ　FS 女性用シナゴーグ　H シナゴーグの家　T ホール　G コミュニティセンターと粉挽き小屋　M ミクヴェ　B 男性用浴場　SP 病院　OT、UT ユダヤ門　R ラシの学塾。

るようになっていた。

【ドイツ・ゲットー後期】

一五世紀頃には、異端審問や数々の中傷、ペスト流行などによってユダヤ人迫害が激化した。もはや外部からではなく都市内部からの反感が強くなり、多くの都市でユダヤ人は繰り返し追放を経験した。永久に戻れない都市も中にはあったが、多くはほどなくして再入植を許された。フランクフルトやヴォルムスなどでは決定的な追放は行われず、むしろ避難したユダヤ人を呼び戻すこともあった。ドイツの諸都市は戦争による出費をユダヤ人からの税収に頼っている状態であり、ユダヤ人への課税権を所有する権力者は彼らの追放を避けようとした。その代わり、壁や門でユーデンガッセを都市から切り離すことでこれらの事情を解決しようとした。

ヴォルムスのユーデンガッセは十字軍の時代に整備され国王の保護下に入ったが、壁が建設されたのは、ペスト流行により一三四九年にユダヤ人が襲撃され市外に排除された直後である。カール四世はペストの暴動が起こって一年もたたぬうちにユダヤ人保護令を出したが、ヴォルムスがユダヤ人を再び受け入れたのは一三五三年であり、またシュパイヤやマインツなどの周辺都市ではさらに八〇年ほど遅かった。反ユダヤ

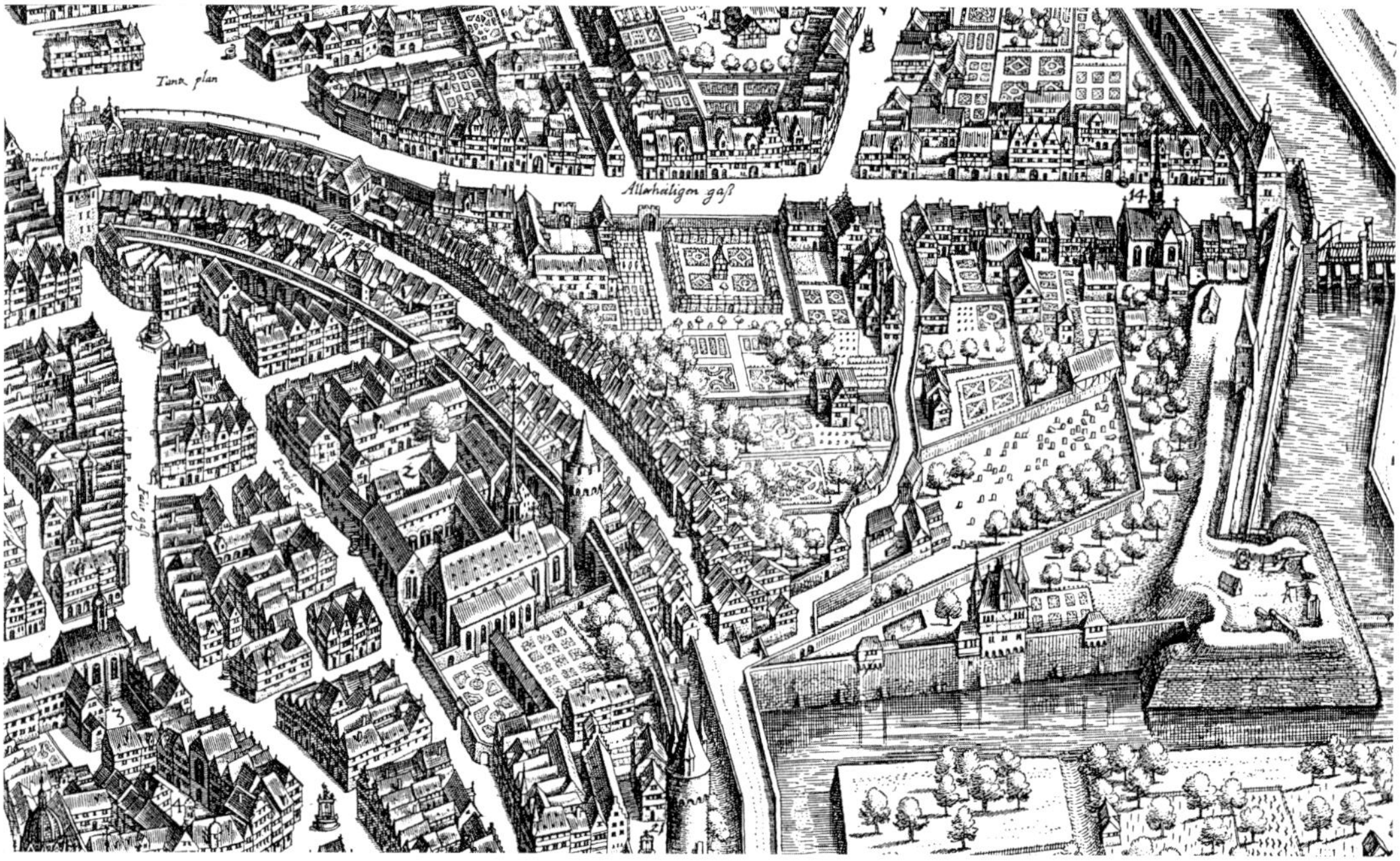

▲1628年メリアンのフォーゲルシャウプラン・フォン・フランクフルト・アム・マインよりフランクフルト・ユーデンガッセ。大市の開かれるフランクフルトのユダヤ人は、15世紀頃まで商業上も有利な大聖堂広場を中心に居住していたため、市民からの反感を買い、市壁外にユーデンガッセの建設が決まった。その当初100人に満たなかったユダヤ人人口は、17世紀に入る頃には2000人を超えるほどになった。

の冷めやらぬヴォルムスにユダヤ人を居住させるには、壁の建設が必要であった。

フランクフルトでは一四世紀に周辺都市から多くのユダヤ人が流入して発展し比較的自由を謳歌していたが、一四六〇年にユーデンガッセの建設が決定した。当時市議会や教会からユダヤ人追放の議論がたびたび持ち上がり市民による襲撃も後を絶たない状態だったが、特に市議会と国王は課税権を失うことを恐れてこれを決定したのだった。この時代のユーデンガッセは追放を避けるための代替案に過ぎなかった。

ユーデンガッセの建物は市議会や国王がこれを所有しユダヤ人に貸していた。そこに住むユダヤ人には賃料だけでなく居留権や人頭税など様々な理由をつけて税を課することができたため、ユーデンガッセの所有はしばしば覇権争いの的となった。フランクフルトのユーデンガッセは市議会が建設費を捻出してこれを所有し、ユーデンガッセが国王の所有物になることを避けるために決して売却することはなかった。ヴォルムスのユーデンガッセは長らく国王の所有物だったが、一四世紀頃には司教と市議

▼フランクフルト・ユーデンガッセ。フランクフルトのユーデンガッセは市壁の外側に作られた。激しい人口増加により、宮廷に抱えられるようなユダヤ人家族でも、間口の非常に狭い家しか持てなかった。建物が高層化した通りは光が入らず、またユーデンガッセは市の最も川下、排水のたまりやすい場所にあったため、衛生環境が悪かった。市議会は予算がつきるとユーデンガッセの建設をユダヤ人に命じ、重税を課し、さらにユダヤ人を嘲笑するような絵を描かせて掲げていた。

会が協力してユダヤ人にヴォルムス市民を対象とした法を適用させ国王の保護を事実上無効化し、課税権は市議会へと渡ることとなった。また、国王や領主がユーデンガッセの所有権を抵当に入れて借金をすることもあった。

解放への動き

さらに時代が下り一六世紀頃になると、ユダヤ人が宗教儀式をする際にキリスト教徒の子供を殺すという儀式殺人の中傷による市民暴動や教会による強制改宗が頻発し、ドイツの諸地域で繰り返し追放令が出された。数十年間入植が許されない都市もあれば、追放令が出た翌年に再入植が許されることもあった。ドイツの多くの都市では共同体の統率力が弱まり、シュパイヤでは度重なる追放令によって一五世紀頃からユダヤ人人口が減り、二世紀近くラビが不在の時期があった。また多くのトーラー学習の中心地はドイツから姿を消し、より東へと移っていった。広域のネットワークも弱まり、一六〇三年以降ラビ会議は開かれなくなった。

一方でフランクフルトやヴォルムスなど一部の都市は、他市から逃れてきたユダヤ人を受け入れ膨大な人口を抱えるようになった。ベルリンをはじめとする東ドイツでは、一六世紀にオーストリアからの追放で

◀ベルリンのクライネ・ユーデンホフ。一四世紀頃、アレキサンダー広場近く、現在のユーデンストラーセやアルテス・スタッドハウス付近に多くのユダヤ人が住んでいた。ここにはグロッセ・ユーデンホフがあり、一三五四年にこれに加えてクライネ・ユーデンホフが作られた。しかし一五七三年にブランデンブルグ領からの追放令が出される。約一〇〇年後、オーストリアから追放されたユダヤ人のうち裕福な者のみを受け入れるために定められた多くの条件をクリアした者だけが居留権を与えられ、再び同じ地区に居住が始まった。

移住してきたユダヤ人を受け入れた。ユダヤ人人口が急速に増えると、都市内への居留権が認められるのがより難しくなった。居留権に伴う課税は重くなり、結婚や出産などにも重税が課せられ、公共行事に際し一時的な祝い金などを支払わされることもたびたびあった。税金を確実に集める目的と居留権のないユダヤ人を長期にわたって市内に滞在させないよう統制する目的で、市議会や領主は自ら任命したラビを通じて共同体を管理させていた。

ドイツ全体を疲弊させた三十年戦争は、ユダヤ共同体の内外に大きな影響を与えた。共同体内部では一七世紀頃から宮廷ユダヤ人が現れた。ユダヤの支配権を市議会や司教に奪われた国王や領主は、裕福なユダヤ人を召し抱えるようになった。

三十年戦争による財政難を解決するために支配権を譲り渡した後も領主たちは保護を主張することがあり、一方でユダヤ人共同体は居留権を主張するため領主保護に頼らざるを得なかったため、宮廷に抱えられるユダヤ人は共同体の中で大きな影響力を持つようになった。また同時に領主側も裕福なユダヤ人のみを都市内に置きたいという事情からユダヤ共同体の内政に自分の抱えるユダヤ人を通じて干渉することもあったため、共同体に内部分裂を引き起こすこととなった。さらに、裕福なユダヤ人や国

▶二点：反ユダヤ思想を示すメダル。（左）一六九四年鋳造。飢饉の際に穀物を買いあさり価格を吊り上げ、農民の困窮をよそに投機で富を増やすユダヤ人を描く。悪魔が行李に穴をあけている。（右）一七三八年鋳造。ヴュルツブルク領主の宮廷ユダヤ人ジス・オッペンハイム（財務大臣及び徴税担当官）の絞首刑を描く。吊るされた鳥かごの中から、ジスが外を覗いている。

▲一部取り壊されたフランクフルト・ユーデンガッセ（一八八〇）。一七九六年にフランス軍による攻撃を受け、ユーデンガッセは北西の街区を失った。その直後に解放宣言が出されたものの市議会はこれをなかなか認めず、ゲットーの取り壊しにかかるのは一八六〇年を待たなくてはならない。市議会はユダヤ人解放令の無効を宣言していたものの、実際にはすでにユダヤ人の多くはユーデンガッセの外に居住しており、手入れのされていない高層住宅は倒壊することもあった。

庫への貢献度が高いユダヤ人には特権が与えられ比較的自由な活動が可能となり、彼らとキリスト教社会との上流階級での交流が生まれ始めるとユダヤ法に厳密にとらわれない宗教生活を送るユダヤ人が増えた。ハスカラー（ユダヤ啓蒙主義）も共同体内部で完結しがちだったユダヤ社会に大きな影響を与えた。

一方で共同体の外部ではユダヤへの関心が現れ始めた。この背景にはドイツ・ユダヤ社会で発展した文学の出版物を通じて、聖書やタルムードといった聖典だけでなく生活習慣や文化が知られるようになったことがある。これはキリスト教聖職者によるユダヤ教教義の論破が大きな動機としてあったが、ユダヤ人への反発を緩衝する役目も果たした。例えばヴォルムスではユダヤ人はキリスト誕生以前からいたことが歴史学者たちによって主張されると、ユダヤ人迫害を牽制する根拠となった。またフランス啓蒙主義の影響を受けた有識者が増え、ユダヤ人への重税と隔離は時代錯誤であるという主張が一八世紀頃から起き始めた。

ユダヤ共同体の結束の緩みと上流社会での変化はユーデンガッセの解放を内外からおし進めた。ヴォルムスやフランクフルトなど西側は一八世紀末のフランス軍の侵略を契機にユーデンガッセが廃止され、東でもプロシアでは一八一二年に解放が宣言された。しかし啓蒙思想に理解を示さない支配者はユダヤ人の解放に反発し、ユーデンガッセの門が取り壊され居住の自由が宣言された後もこれを無視し、居住区の指定を行い続けたり、経済依存が深すぎるあまり重税をなかなか撤回しない場合もあった。

▲一八世紀中頃の投てきの的。一七四七年、マリア・テレジアによるプラハからのユダヤ人追放を描く。遊び道具の中にさえ、ユダヤ人憎悪がみられる。
▼ユダヤ人が用いていたカレンダー。各週のトーラー朗読箇所とユダヤ教の祭日が、西暦の月とキリスト教の祭日と並べられている。商取引をはじめとしたキリスト教社会での交流と、ユダヤの法の遵守を両立させるのを助けた。カレンダーの周りは星座の絵が並んでいる。

第六章 近代国民国家におけるユダヤ教の多様性

市川 裕

【新しい人間観の誕生】

近代主権国家は、もはや神的権威に依存することなく自らを根拠として国民に君臨し、国民から絶対的忠誠心を要求するものとして登場した。伝統的なキリスト教の権威を削ぐために修道院を閉鎖し教会領地を没収するなどの政策を行う国家もあり、社会の世俗化をもたらす最大の要因となった。他方で国家は国民を統合し強い帰属意識を与え、人々に生きがいを与えることにより、既成宗教の機能を代替していった。そして何よりも、国家が人間の身分差別を撤廃し、部族やギルドや都市共同体などの中間的な権力組織を解体することにより、自由で平等な個人（アトム）という新たな人間観をもたらした。

【伝統的ユダヤ教の危機】

アトムとしての個人が社会の基本単位となる近代主権国家は、その内部に住むユダヤ人の集団を従来通りのままで放置することを許さなかった。これまでユダヤ人は、

▶人権宣言の板。フランス人権宣言文が二枚の石板に書かれた十戒を模していることは一目瞭然である。革命の理念はキリスト教にとって代わる新たな啓示であると解釈することもできよう。

どこであれ、ある程度の自治を認められて「ハラハー的ユダヤ教」を維持発展させることができたのであり、それは各地の為政者にとっても好都合であったが、近代国家においてその解体を余儀なくされたのである。したがって、近代とは、ユダヤ教が一五〇〇年以上にわたって築いてきた堅固な宗教共同体が解体の危機に直面した時代である。

近代国家の為政者たちは、領土と国民を形成するにあたって、それまで異邦人かつ異教徒であったユダヤ共同体をどう概念づけるかという難問に直面した。これを宗教集団と見るか人種や民族と見るかによって、同じ実体が異なる扱いを受けることになる。また、ユダヤ人の側でも、近代になって様々なユダヤ人アイデンティティが提示されることによって、ユダヤ教に対する様々な改革が生まれていく。ここに、近現代におけるユダヤ教の多様性の諸原因がある。

1 フランス型のユダヤ人解放

【フランス革命とユダヤ人問題】

ユダヤ人問題が初めて政治の舞台で議論されたのは、一八世紀末、フランス革命においてであった。フランスのユダヤ人は、長くフランス領内に居住してきたものの、その宗教に基づいた独自のユダヤ法を持つ自治共同体であった。フランス国民議会では、この集団を宗教集団と捉えるか、民族集団と捉えるかをめぐって論争があった。

啓蒙主義的な人権擁護派は、ユダヤ人にフランスの市民権を与えるよう主張した。その際の論拠が、「民族としてのユダヤ人には何も与えるな。人間（個人）としてのユダヤ人にのみすべてを与えよ」である。これに対して反対派はユダヤ人を異邦人とみなした。反対派によれば、「ユダヤ人という名前は、宗教集団の名前ではなく、特別の諸法規を持ち、それらの諸法規に従って過去に生きていたしこれからも生きようとしている民族の名前に他ならない」と。議会はユダヤ人を宗教集団と判断し、一七九〇年にボルドーとアヴィニョンのスファラディ系ユダヤ人が、翌年にはアルザスのアシュケナジ系ユダヤ人が市民権を賦与された。ただし、無条件ではなかった。あくまで、「民族としてのユダヤ人には何も与えるな」という前提条件が満たされた限りで賦与されたのであった。

▼ナポレオンの礼拝自由宣言の賞賛。フランス革命では修道院の閉鎖や領地没収など、キリスト教に対する厳しい弾圧が行われたが、ナポレオンは信教の自由を回復させ国家が宗教団体を公認した。実はこの政策は、カトリック、プロテスタント、ユダヤ教が国家の統制下に置かれることを意味した。

【市民権取得の条件】

ではユダヤ人がフランス国民になるには何が必要とされたのか。国家が市民に要求する絶対的忠誠こそは、市民権獲得に伴うコストである。フランスのユダヤ社会はこれを実証しなければならなかった。その条件とは、ユダヤ法の自治を放棄すること、そして国家に忠誠を尽くすこと、即ち、国のために死ぬ心構えを実証することであった。

一八〇七年、ナポレオンによってパリに召集されたユダヤ人議会サンヘドリンの決定は、この要求に沿う決断であった。集まった長老やラビは、ユダヤ共同体がユダヤ法の自治を放棄して宗教団体であることを宣言する。ユダヤ啓示法であるハラハー体系は、宗教的規定と政治的規定で構成されていて、前者は永遠に妥当するが、後者は時代と環境に依存するとして、政治的市民的規定を放棄して国法に服すると決定した。この決定は、ユダヤ人社会全体の最高意思決定機関による公の宣言を意味した。

【ユダヤ教は「宗教」団体】

この決定によって、フランスのユダヤ社会は神と人との関係を律する宗教的法規のみを持つ組織となり、ここに「ユダヤ教」はキリスト教をモデルとした宗教として定

ナポレオンによるユダヤ人名士への質問状

質問項目は以下の12問からなり、内容的には3問ずつ4つに分類することができる。最初の3問はキリスト教徒のフランス人との通婚をめぐる問題、次の3問は、ユダヤ人がフランス国家への帰属意識を持っているかどうかを問うアイデンティティ問題、次の3問は、ラビ法廷の権限をめぐる問題、そして最後の3問が、職業、特に高利貸しに関する問題となっている。1通婚：①ユダヤ人が複数の女性と結婚することは合法的か。②フランス法に反してユダヤ法廷が離婚を宣告しないとき、その離婚は有効か。③ユダヤ法はユダヤ人同士の結婚だけを認めるのか、キリスト教徒と結婚できるか。2帰属意識：④フランス人は自分の同朋か、それとも異邦人か。⑤キリスト教徒のフランス人に対してユダヤ法はどんな行為を定めるか。⑥フランス市民となるユダヤ人は、フランスを祖国とみなすか。国防義務があるか。市民法典に服する義務があるか。3ラビ法廷：⑦だれがラビを指名するか。⑧ラビはどのような権限を行使するか。⑨ラビの選出や権限は法によるか慣習か。4職業と高利貸し：⑩ユダヤ法がユダヤ人に禁ずる職業はあるか。⑪ユダヤ法はユダヤ人に同朋から高利を取るのを禁ずるか。⑫ユダヤ法はユダヤ人に異邦人から高利を取るのを禁ずるか。

▲ナポレオンメダル。欧州のユダヤ人の身分に関する重大な決定のために、ナポレオンは欧州の指導的立場にあったユダヤ人代表者をパリに召集した。それを記念して発行されたメダルは、ナポレオンが神に代わってモーセに十戒の板を授けているかのような意匠が描かれている。

▶パリ・サンヘドリンの様子。一八〇七年五月の裁定でユダヤ教の政教分離が宣言された。「ユダヤの神の法には、宗教的規定と政治的規定がある。そのうち、宗教的規定は、場所や時間にかかわらず永遠に妥当する規定であるが、政治的規定は時代と環境に依存する。かつて古代にはイスラエル民族の政府は存在したが、現代では、イスラエルはもはや民族を形成していないゆえに、政治的規定は我々に適用されない」。

義され、宗教は個人の内面の自由の問題であるから、国家はそれには関与しないことになる。かくして、ユダヤ人はユダヤ教を信ずるフランス国民となり、市民権を取得した。その後、一八〇八年に、フランスのユダヤ人全員を管轄する長老会が設置され、宗教団体としての存在と財産権を承認される代わりに国家への忠誠と軍隊の徴集を誓った。宗教は国家に従属する地位が定まった。こうしてフランス文化を吸収した長老会のラビの主導によってユダヤ人の同化政策が実施されていく。

2 ドイツ型のユダヤ人解放

ドイツのユダヤ人もフランスに続いてユダヤ人解放を希求した。ドイツで展開した解放の動きは、三つの点で特徴的であった。公民権運動、会派組織の改革、そして学問的内省による「ユダヤ学」の隆盛である。

【公民権運動とキリスト教への改宗】

ナポレオン失脚後の反動政策に対抗して、G・リーセル（一八〇六～六三）を筆頭に市民権闘争が展開された。宗教は内面の信仰であるのに対して、ドイツ国民か否かを決めるのは国家への忠誠心であり、ドイツのユダヤ人がいかに愛国的にドイツのために戦ってきたかを訴えた。

ヨーロッパ社会への参入は容易ではなかったため、キリスト教へ改宗するユダヤ人が増加した。「受洗はヨーロッパ社会への入場券」といわれ、ライン地方で解放を経験したハイネもマルクスの父も、またベルリンの自由な気風の中でフェリクス・メンデルスゾーンの父も改宗に踏み切った。しかし、先祖が迫害の中でも守り続けたユダヤ教を放棄することは、自分の出自そのものの否定につながるため、決して平坦ではなかった。

【教派組織の改革】

ドイツのユダヤ人解放は、フランスと異なり、全土を覆う長老会制度は存在せず、各地のユダヤ人がそれぞれに教派組織を作る方式が一般的となった。ユダヤ教の内なる近代化の試みとして、ユダヤ教の教義と組織そのものをキリスト教に準じて改革する運動が起こり、「改革派」あるいは「進歩派」が誕生した。改革派運動はハンブルク、ベル

▶改革派の神殿シナゴーグ。フランス革命の新たな時代の機運の中で、改革派の人々は、伝統を破って新たなユダヤ人像を模索した。祈禱書へのドイツ語導入やオルガンの使用のほか、ユダヤという呼称に代えてヘブライの標記を用い、シナゴーグに神殿の名を冠して、エルサレム神殿に参集するヘブライ人という新しい自己イメージを標榜した。開館日は、ドイツ国民であることを訴えて「一〇月一八日、ナポレオンからのドイツ解放記念日」に合わせている。

▲「義勇兵の帰還」。ユダヤ人画家M.D.オッペンハイムの作品（1833～34、ニューヨークのユダヤ博物館蔵）。ユダヤ教徒が絵画を描くこと自体、ユダヤ人が解放によって西欧文化に開かれたことを示す歴史的に新しい事件といえる。画題は、ナポレオンに対する祖国解放戦争で祖国ドイツのために義勇兵となって軍務を果たしたドイツのユダヤ人青年が、安息日に帰宅した1コマを描いている。安息日を意に介さない青年の祖国ドイツへの忠誠とユダヤ教の安息日を遵守する家族の葛藤を描いて、当時のドイツにおけるユダヤ教徒の家族の肖像を捉えている。

リン、フランクフルトなどの大都市から開始されたが、改革派の父ともいわれたI・ヤコブソン（一七六八～一八二八）を筆頭に、平信徒が新たに改革派の会衆団体を創設し、王国の再建やメシアの出現、ユダヤ人の聖地への帰還などのメシア的要素を祈禱書から削除し、ドイツ語の説教やオルガン伴奏を礼拝に導入するなど、キリスト教に倣った礼拝改革を実行した。ハンブルクの六六名の有志が「ハンブルクの新ヘブライ神殿団体」を創設し、一八一八年シナゴーグを開館した。

　ハンブルクでは、一八四〇年から六六年にかけて、改革派の最左翼の指導者N・フランクフルターが立ち、ベルリンでは、四七年から、S・ホルトハイム指導下で改革が進んだ。フランクフルトでは、同地出身で改革派のA・ガイガーが、六三年から七〇年まで共同体のラビを務めた。ここでは、四八年の革命で促進されたユダヤ人解放は、六四年に最終的に達成された。

　改革派内部ではなにをどこまで変革するか、その一致を見出すことが難しく分裂を生んだ。改革の行き過ぎを感じたZ・フレンケルの指導で、伝統あるユダヤ的生活様式への復帰を求める人々が改革と伝統との中庸を行く保守主義を掲げた。これに対し、ラビ・S・R・ヒルシュは神の啓示としてのトーラーの権威を固守して新正統派を結成し、複数の会派がしのぎを削る状況が生まれる。

【ユダヤ学】

　ユダヤ知識人がドイツ社会に参入を始めたとき、学問の世界では歴史哲学と実証的な歴史学が擡頭した。ユダヤ知識人の課題は、ユダヤ教の独自性を主張しつつ、ユダヤ教における変化の必然性を正当化し、変化に意味を与えることであった。ユダヤ人はこれを大学で実行することができなかったため、L・ツンツ（一七九四～一八八六、ドイツのデトモルト生）を中心に独自の研究組織を結成する。それが一八一〇年代に始まる「ユダヤ学」である。当時のヘーゲル弁証法哲学や新しい実証的歴史学を基礎とした、ユダヤ人自身によるユダヤ教の内省であった。

▶「メンデルスゾーンの書斎で」。M・D・オッペンハイムのエッチング。新時代のユダヤ人像の模範となったのは、ドイツ啓蒙主義の立役者M・メンデルスゾーンであった。親友の劇作家レッシングが見守る中でルター派牧師ラファーターとチェスに興じるメンデルスゾーンという構図は、一九世紀前半のユダヤ教徒が思い描いた新しい社会関係を示唆する。

【アメリカ移民の傾向】

　ドイツで展開した多様な運動による教派組織の設立は、改革派、保守派、正統派の並立状態をもたらした。各派は次代の指導者を養成するため、キリスト教神学校にならって、ユダヤ教神学院を設立していく。こうしたユダヤ教の多様化の傾向は、一八四八年の革命の失敗を機にアメリカへ移住したドイツ系のユダヤ人にも受け継がれた。特に、アメリカにおいては、教派組織の自主性が尊重されるところから、教派組織の多様化は二〇世紀前半にかけて一層進展し、教派の発展はドイツをはるかに凌いでいく。

【西欧のユダヤ人解放】

　ユダヤ人は、一八七一年の統一ドイツ帝国の成立によって、ドイツ全土において市民権を獲得して法的解放を果たしたのである。西欧のユダヤ人は一八七五年までに西欧のほぼ全域で法的な平等を達成した。

ユダヤ教への帰属が私事になって世俗化したユダヤ人は、ヨーロッパ文化への同化が進行すると、様々な分野で頭角を現し、一九世紀から二〇世紀にかけて、とりわけ哲学思想界や経済金融分野では、ユダヤ人の社会進出が目覚ましくなる。

3 民族主義と反セム主義の高まりとヘルツルのシオニズム運動

【ドイツのロマン主義思想】

ドイツの近代はフランスと事情を異にした。民族に対する意味づけの違いである。ドイツは三十年戦争で疲弊し、復興に二〇〇年近くを要した。しかも国情は中央集権国家とは程遠く、一五〇〇ほどの大中小の領邦が割拠する状態であった。そこへ洗練されたフランス文化が浸透し、ドイツ人自身がドイツを卑下しフランス文化にかぶれた。ここに、辺境の東プロイセンから激しい反発が起こり各地に広がる。ドイツ精神の衰退を憂え屈辱感を深く味わった心情は、啓蒙主義を画一的で浅薄な無神論とみなし、抽象的な個人主義に対抗

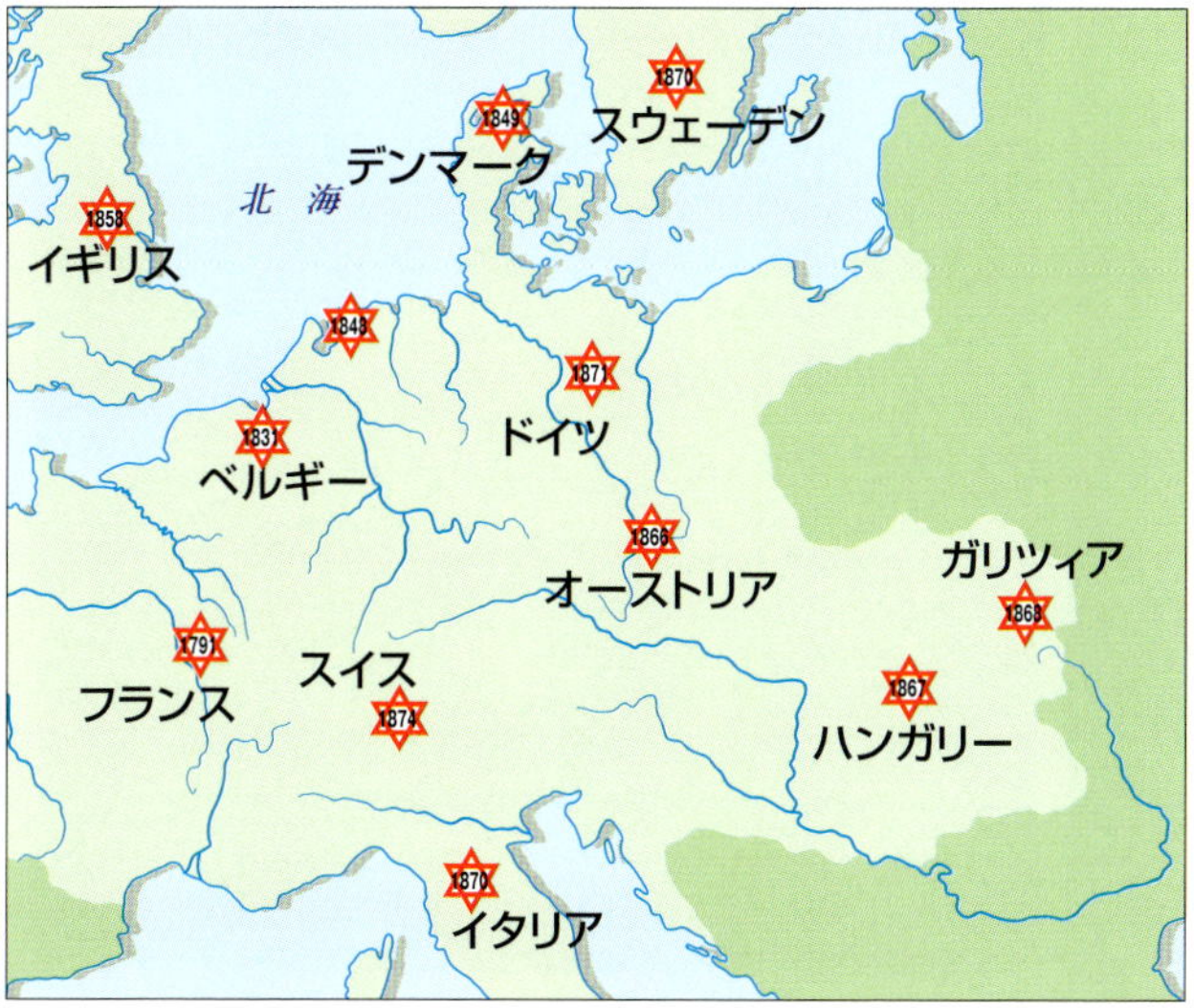

▲ユダヤ人解放地図。1875年までに西欧諸国のユダヤ人は、憲法で人権を保障される市民としての地位を獲得した。ドイツ国内では、解放を遂げるまでの地域差があったが、ドイツ帝国の成立で全ドイツのユダヤ人の解放が達成された。イタリアやオーストリア=ハンガリー帝国のユダヤ人も統一国家の成立時に市民となっている。

▼著名人一覧、出生年代別。ユダヤ人解放によって、西欧諸国のユダヤ人は文化的にも同化して、優れた知識人を輩出した。しかしそうした活躍は、のちに異人種としてのユダヤ人を排斥する「反セム主義」の攻撃にさらされ、ついにはナチス・ドイツのショアーを招来した。

1790年代生	H.ハイネ
1800年代	B.ディズレーリ、G.リーセル、F.メンデルスゾーン
1810年代生	P.J.ロイター、K.マルクス、J.オッフェンバック
1830年代生	C.ピサロ
1840年代生	J.ピューリッツァー
これ以降の世代は、反ユダヤ主義の擡頭に直面する	
1850年代生	S.フロイト、E.デュルケーム、L.ザメンホフ、A.ドレフュス、H.ベルクソン、E.フッサール
1860年代生	T.ヘルツル、G.マーラー、A.ヴァールブルク
これ以降の世代は、後半生にナチス時代を体験する	
1870年代生	R.ルクセンブルク、M.プルースト、A.シェーンベルク、B.ワルター、M.ブーバー、J.コルチャック、L.トロツキー、A.アインシュタイン
1880年代生	F.カフカ、A.モディリアーニ、F.ローゼンツヴァイク、A.ルービンシュタイン、M.シャガール
1890年代生	O.マンデリシュターム、D.ミヨー、G.ガーシュイン、L.ヴィットゲンシュタイン、W.ベンヤミン、R.ヤコブソン、G.ショーレム、S.エイゼンシュタイン、H.マルクーゼ
1900年代生	E.フロム、T.アドルノ、J.R.オッペンハイマー、I.B.シンガー、E.レヴィナス、V.フランクル、H.アーレント、B.ワイルダー、C.レヴィ=ストロース、S.ヴェイユ、I.バーリン、I.ドイッチャー

▲贖罪日の礼拝。1870年、普仏戦争でメッツに野営したドイツ軍のユダヤ兵士たちのために、贖罪日の礼拝が行われた。その様子が再現されている。これまでになく精神を高揚させる儀式だったと、参加した兵士が述懐している。
◀ハヌカー祭の灯明の点火（部分）。M.D.オッペンハイム、1880年。ハヌカーはマカベア戦争で神殿を奪回して清めを行った際に、1日分のオリーヴ油が奇跡的に8日間聖所の灯明をともし続けたことを神に感謝する祭礼である。ドイツ・ユダヤ人の活躍は目覚ましく、1871年の帝国統一までにドイツのユダヤ人の6割は中流階級以上に属する裕福な共同体となった。

して、疾風怒濤の巨大なロマン主義の宗教芸術運動を惹起した。ここに、ドイツ語を源泉とするドイツ精神の復活を標榜する民族主義の浸透する地盤が強固に存在した。国家統一の遅れたドイツにおいては、ロマン主義的なドイツ精神の優越という思想が、独特の民族主義を形成していく。

【民族主義 国家論の擡頭】

この思想は、個人ではなく、有機体である人間集団こそが社会形成の基盤であると考えた。この理論によると、人間は一人で生きていくことは不可能で、必ず何らかの集団の中に生を受ける。そして、言語を基盤として、衣食住のみならず、日々の生活習慣から経済活動、伝説や神話、儀礼と宗教的信念に至るまで、その集団の精神が深く個人に刻印され、個人にとって、その集団の存立こそが人生最高の目標となり、そのために命をかけて戦い、それなくしては自分の生きる意味は見出せないとされる。

このJ・G・ヘルダー（一七四四〜一八〇三）の意図した「民族精神」（フォルクスガイスト）は、元来は狭い範囲の家郷や村落が想定されていたが、主権国家へと拡大解釈され、運命共同体としての国家理論へと変貌する。そして、二〇世紀の民族自決理論によって世界的に認知され、有力な国家理論へ発展する。

この国家論がひとたび実践された場合、その国家の中に、少数民族や少数宗教集団が生き残るすべはあるのか。これはナチズムにおいて頂点に達した問題だが、その萌芽は、すでにドイツの一八四八年革命において、「民族の自由」という概念として登場した。領土の内外にかかわらず、同一言語を母語とする人々が国民を形成するという主張であった。

【反セム主義とユダヤ民族主義】

民族主義の萌芽があったとはいえ、一九世紀の西欧ではおしなべて楽観的な世界観が風靡し、解放ユダヤ人は、自由、平等、基本的人権を享受し、ユダヤ教体制を近代化させ、その国家の理念に同化し、アイデンティティを感じていく。ユダヤ人解放と同化主義は、まさにこの時代の正義であった。しかし、ユダヤ人の同化と繁栄を快く思わない愛国主義者の間でユダヤ人排斥運動が興った。ユダヤ人はヨーロッパ人とは違い、聖書に出てくるセム人種であるとして人種的に差別した。これが反セム主義で、一八七九年にこの概念が出現する。そして、ユダヤ人の同化が最も進んだフランスで、ドレフュス事件が起こった。

　一八九四年一〇月一五日に、アルザス出身のユダヤ系フランス人ドレフュス大尉はスパイ容疑で逮捕され、同一二月、フランス軍法会議で終身流刑を宣告される。パリ

▲▼ヘルツルと著書『ユダヤ人国家』の表紙。T.ヘルツルはウィーン出身の典型的な同化ユダヤ人だったが、1894年、パリでドレフュス事件に遭遇して以来、シオニズムの構想を重ね、1896年に『ユダヤ人国家』を出版する。これが西欧におけるシオニズム運動の出発点として記憶される著作となった。そして翌年にバーゼルで、第1回世界シオニスト会議を開催する。

DER

JUDENSTAAT.

VERSUCH

EINER

MODERNEN LÖSUNG DER JUDENFRAGE

VON

THEODOR HERZL

DOCTOR DER RECHTE.

LEIPZIG und WIEN 1896.

M. BREITENSTEIN'S VERLAGS-BUCHHANDLUNG

WIEN, IX., WÄHRINGERSTRASSE 5.

▲◀マーラーとウィーン宮廷歌劇場。一九世紀末にウィーン宮廷歌劇場の音楽監督の地位にあったマーラーが仕事場へ向かう途中の一コマ。マーラーはキリスト教に改宗していた。カトリックのハプスブルク宮廷にあって、シオニズムの父、T・ヘルツルの故郷でもあるが、世紀末ウィーンは、当時、反ユダヤ主義を掲げるルエーガーが市長になっている。

◀▲ドレフュスの風貌と身分剝奪式。普仏戦争の敗北後、フランスでは反セム主義が勢いを増し、ユダヤ系のA.ドレフュス大尉はドイツのスパイの容疑をかけられて軍法会議で有罪判決を受け、公衆の面前で身分を剝奪された。その後、ドレフュスは冤罪が証明されて無罪が確定した。

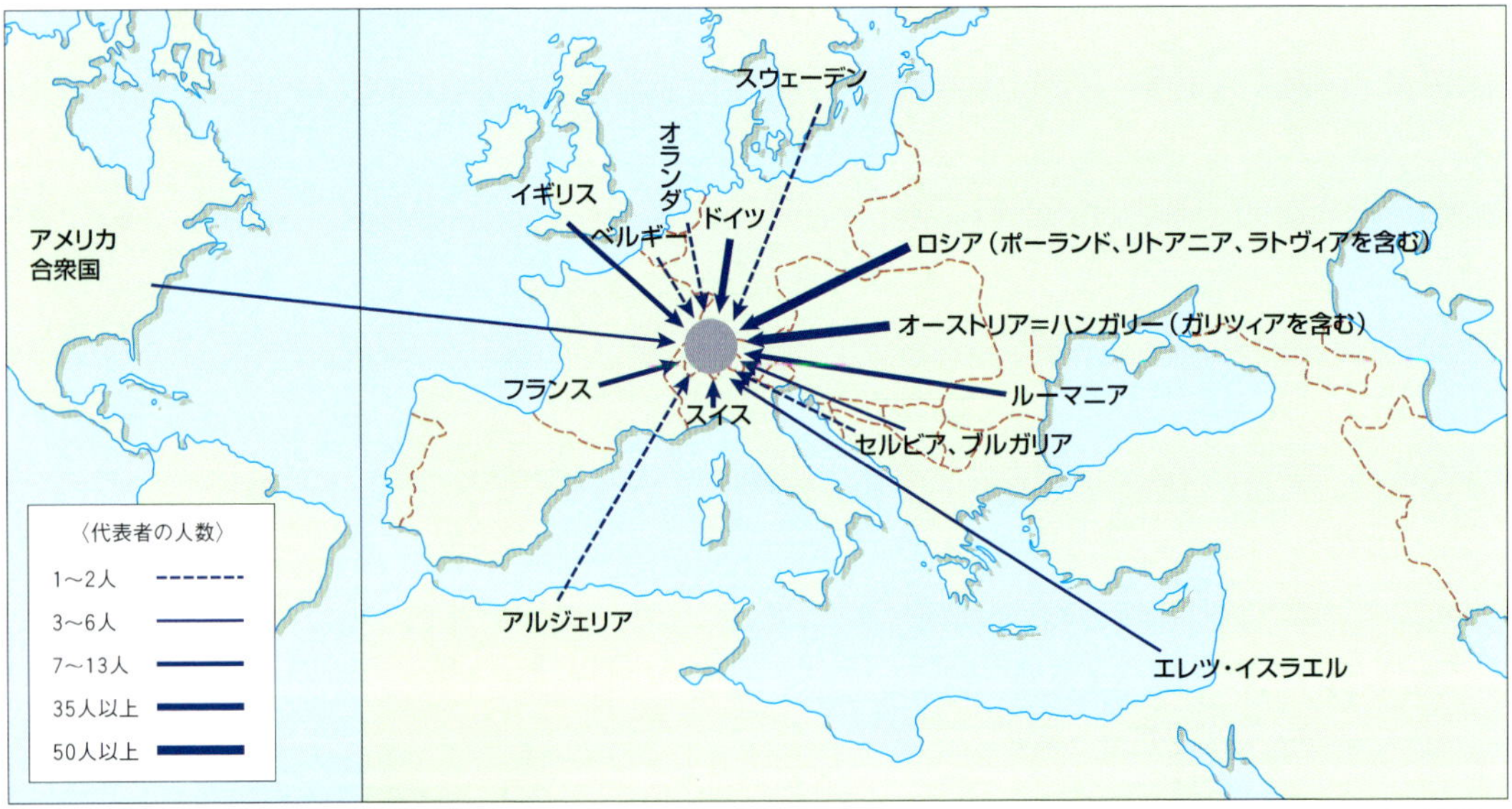

▶バーゼル綱領手書き。第一回世界シオニスト会議において、世界シオニスト機構WZOの設立が決定された。公式の標語は「シオニズムの目的は、ユダヤ民族のために公法によって守られた家をパレスチナに創設すること」であった。ヘルツルの日記一八九七年九月三日「バーゼル会議の成果を一言で表現するとしたら、……こうなるだろう。私はバーゼルでユダヤ人国家を建設したと。このことを今外に向かって叫べば、いたるところで嘲笑の的となろう。五年後にはひょっとしたら、そして五〇年後には確実に、誰もがそれを知るだろう」。

▲第一回世界シオニスト会議参加地域。

◀第一回世界シオニスト会議。

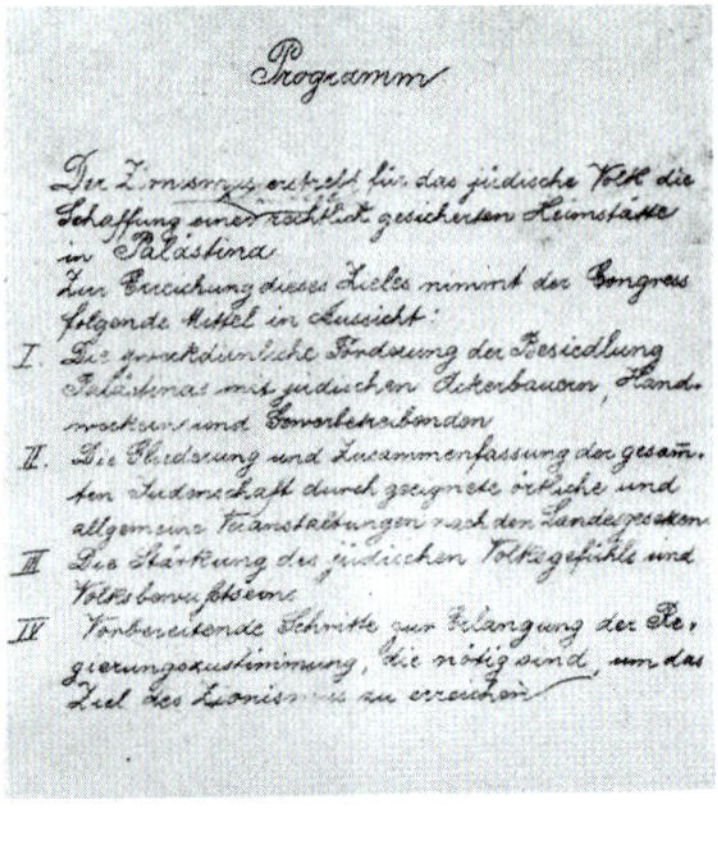

Programm

Der Zionismus erstrebt für das jüdische Volk die Schaffung einer rechtlich gesicherten Heimstätte in Palästina.
Zur Erreichung dieses Zieles nimmt der Congress folgende Mittel in Aussicht:
I. Die zweckdienliche Förderung der Besiedlung Palästinas mit jüdischen Ackerbauern, Handwerkern und Gewerbetreibenden.
II. Die Gliederung und Zusammenfassung der gesamten Judenschaft durch geeignete örtliche und allgemeine Veranstaltungen nach den Landesgesetzen.
III. Die Stärkung des jüdischen Volksgefühls und Volksbewusstseins.
IV. Vorbereitende Schritte zur Erlangung der Regierungszustimmung, die nötig sind, um das Ziel des Zionismus zu erreichen.

特派員として事件を目撃したウィーンの劇作家・ジャーナリストで同化ユダヤ人のT・ヘルツルは、一八九六年に『ユダヤ人国家』を著し、ユダヤ人問題の解決の試みとして、ユダヤ人国家建設の構想を発表した。

【同化推進派とシオニストの対立】

同化推進派の主張によれば、ユダヤ教は近代憲法にいう「宗教」に合致すべきものであり、信仰が基本である。そして、ユダヤ人の使命は「世界市民」であり、ユダヤ人の会衆は、先進国の忠実なブルジョア市民たるべきであると。シオニズムはこの流れに逆行する思想であった。民族主義隆盛の時代に「ユダヤ民族論」を掲げれば、各国の愛国主義者を勢いづかせ、ユダヤ人排斥に口実を与えるのは必至であると危惧された。両者の対立は、「ユダヤ教」の本質を宗教と見るか民族と見るかで根本的に対立した。一九世紀末から二〇世紀前半にかけてのドイツにおいて、これはユダヤ人にとって非常に厳しい選択であった。

4 東欧ユダヤ人の動向と移民の展開

【ポーランド系ユダヤ人の繁栄と衰退】

ポーランドの地はユダヤ人にとって特別の意味があった。中世の西欧アシュケナジ社会が十字軍やペストの流行をきっかけに儀式殺人の誹謗中傷と迫害により東漸を余儀なくされたとき、彼らに安住の地を提供したのがポーランドであった。ヘブライ語でポーリーンは「ここに宿泊せよ」の意である。近世におけるポーランドの繁栄に伴って、貴族の荘園を管理する立場でユダヤ人社会の自治を認められて、各地に小規模の都市を建設していった。ドイツやイタリアとは異なり、ここではシュテットルと呼ばれる小都市を形成するのが常であった。

しかし、一六四八年のカザークの反乱では各地でユダヤ人が襲撃を受け、ポーランドの国力が衰退するとともに、ユダヤ人社会も危機に陥った。その後、一六六五年にオスマン帝国内で始まったシャブタイ・ツヴィのメシア運動がユダヤ人社会を震撼させ、内外の危機は、ついに一七七二年に始まるポーランド分割へと発展していった。帝政ロシア領に帰属した人々は、ロシアのユダヤ人政策に直面する。ロシア本土への移住を阻止する目的で定住区域が設定され、域内ではロシアへの同化が推進された。ユダヤ人社会でも、当時西欧から浸

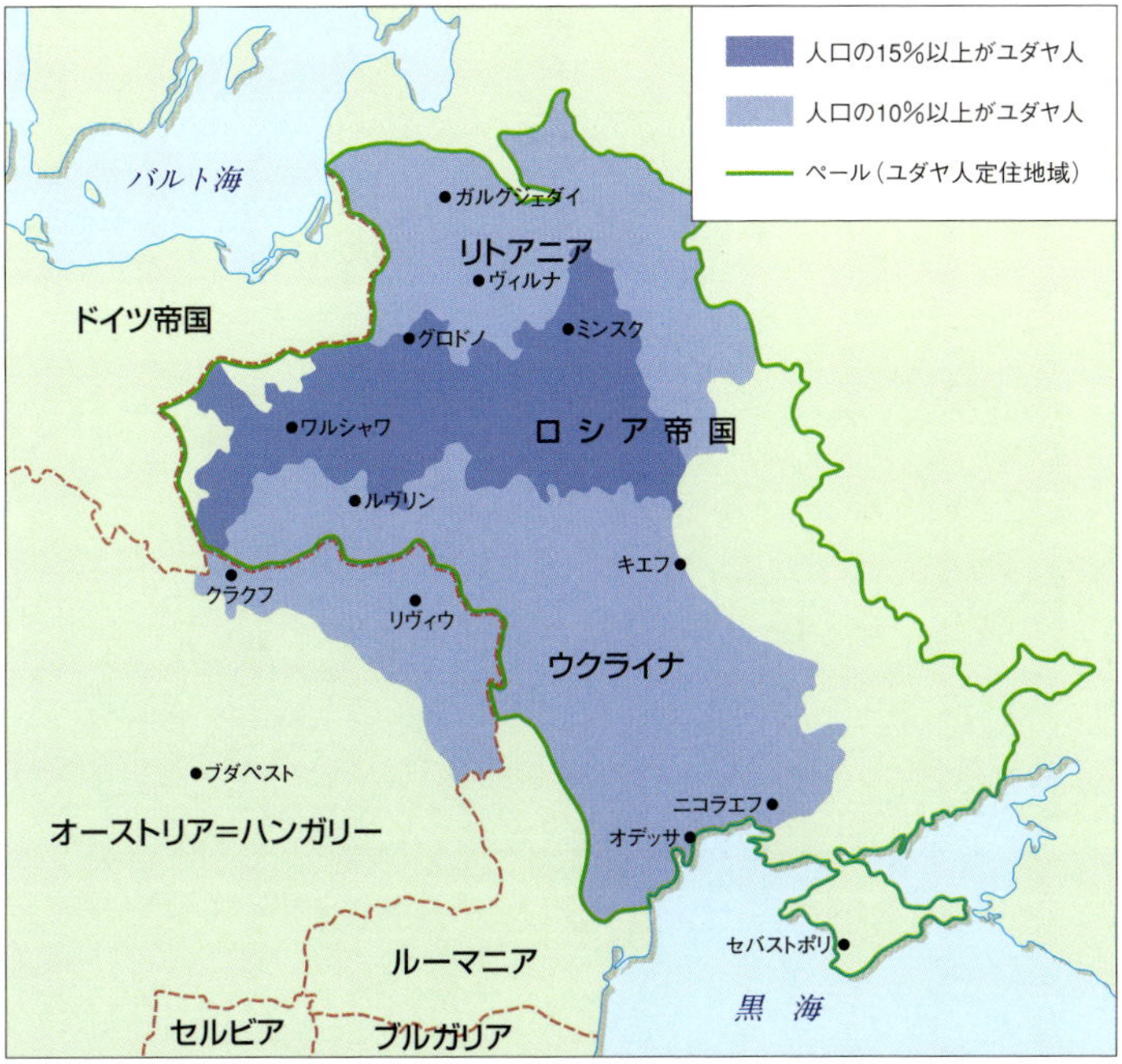

◀ペールの地図。一九〇〇年頃の東欧ユダヤ人の人口分布。太線の枠内が帝政ロシア時代に設定された居住区域（ペール）である。ユダヤ人人口が一〇人に一人という高い比率は広範囲に及び、他地域に比べて東欧ユダヤ人の人口の多さが際立つ。

▶▼ウッジの写真。ウッジはポーランド第二の都市でもあり、ポーランド人のほか、ドイツ人やユダヤ人など多様性に富んでいた。広場では市が開かれた。

▲二点：シュテットル（シャガールの絵と写真）。ショアーの結果、もはや存在しないシュテットルとはどんなところだったか。イスラエルの中等学校用教科書は二つの資料を示して何を読み取れるか問うている。左は当時の写真、右はシャガールの絵である。外観のみならず、そこに住んでいたユダヤ人の不安、夢、希望までが想像できよう。

透した啓蒙思想に影響されたユダヤ啓蒙主義者が同化政策に同調していく。

【ハシディズムと正統主義】

一九世紀になって生活全般に近代化の波が浸透していく中で、同化の推進に対抗する二つの宗教勢力が東欧においては抜きんでて影響力を発揮した。それが、ハシディズムの浸透と正統派ユダヤ教の躍進である。信仰治癒者のイスラエル・バアル・シェム・トーヴが創始したハシディズム運動は、戒律の遵守より内面の敬虔さを尊重し、指導者ツァディーク（義人）への献身的信仰は民衆の共感を呼び、ウクライナから東欧各地へ急速に浸透した。

伝統的ユダヤ教からの逸脱を憂えたヴィルナのガオン、ラビ・エリヤ・ベン・シュロモは、破門宣告によって対抗し、タルムード学を再建して、正統主義を活性化させた。弟子のラビ・ハイムがその衣鉢を継いでヴォロジンに寄宿制の学塾（イェシヴァ）を建設すると、その名声ゆえに優秀な学生が増加し、ついには正統主義の牙城に変貌した。

民族としてのユダヤ教

一九世紀後半になると、ロシア自体が農奴解放の近代化を推進する中で、定住区域のユダヤ人の間では、西欧と異なり、自分たちは一つの民族であるという観念が広く浸透していた。一八九七年の人口調査で、

▶クラクフのシナゴーグ。クラクフはポーランドの古都で早くからユダヤ人が居住した。　五、一六世紀に最も栄え、ラビ・イッサーレスが活躍。彼はユダヤ教の律法典シュルハン・アルーフにアシュケナジ系のハラハーを補完した。

▲ハシディーム（ハシードは敬虔なる者の意で、その複数形）。ユダヤ教敬虔主義の運動の担い手は、指導者のレッベがツァディークと呼ばれ、信者はハシードと呼ばれる。レッベを中心に密度の濃い集団を形成し、服装でも独自性が目立った。

◀タルムードの学習（ヴィルナ）。ヴィルナのガオンとその弟子ラビ・ハイムのもとでタルムード学が開花し、普通の大人たちも熱心にタルムードを学ぶことが日常化し、その傾向は今日まで及んでいる。

▶過ぎ越しのハガダー。一四〇〇年頃のドイツのハガダー。過ぎ越し祭の晩餐時には、エジプト脱出を祝う儀式が定式化し専用の祈禱書が成立した。それを「過ぎ越しのハガダー（物語）」あるいは、単に「ハガダー」という。出エジプトの故事やラビの格言などが挿絵入りで描かれ、各地で特色あるハガダーが作成された。

◀過ぎ越しの晩餐（一九一五年）。ロシアに遠征したオーストリア系ユダヤ人が、現地のユダヤ人家庭で過ぎ越し祭の晩餐を祝したときの様子。「この夜間の祭りはメランコリックさが特徴だ。厳粛な陽気さと、おとぎ話のような謎に満ちている」（H・ハイネ『バッヘラッハのラビ』より）。

ユダヤ人が総人口の一一・六パーセント、四八九万九三〇〇人で、その八割が、都市や小都市シュテットルなどに住み、都市部だけで総人口の三七パーセントを占めた。定住区域という領土とイディッシュ語という言語を持つ五〇〇万近い人口を有するユダヤ民族である。

ロシア帝国もユダヤ人を民族として処遇した。そこに、一八八一年の皇帝アレクサンドル二世暗殺事件が起きた。その直後に起きた暴動（ポグロム）の激化は、ロシアのユダヤ人の未来に暗い影を落とした。

【ポグロム以後のユダヤ急進主義】

解放によるロシア社会への同化の夢は断たれ、政治的参加を封じられた知識人の間では暴力革命を掲げる共産主義とパレスチナ入植による国家建設という理想が叫ばれ、一般大衆は貧困と迫害を避けるために北米への移住者が急速に増加する。伝統的宗教思想に代わって、政治的イデオロギーが勢いを得て、ユダヤ人労働者組合ブンドが迫害に備えて自衛団を結成し、またシオニズムの多様な思想が生まれ、ヘブライ語の復活と文学活動が盛んになり、文化的自治社会の建設構想まで、一九世紀末ロシアの政治思想的状況がユダヤ人にも波及した。

▲▼キシニョフのポグロム。1903年の復活祭にキシニョフで起こったポグロムは、1881年に発したものに次いで大規模かつ無慈悲なものであり、その事件後に、移民が増大。パレスチナへの第2次移民もこれを契機に開始される。暴動によって切り裂かれ穢され礼拝に使用できなくなったトーラーの巻物は、しかるべく「埋葬」され、ゲニザ（廃書蔵）に保管された。この様子を写した珍しい記録である。

【アメリカへの移住者】

移民に関しては、アメリカ合衆国への移住が抜きんでて多く、一八八一年から移民法によるユダヤ移民の制限が施行される一九二四年までに、ユダヤ移民の数は二〇〇万人を超えた。東欧ユダヤ人が大挙してアメリカに移民すると、ユダヤ人の小都市シユテットルの伝統的な生活様式が、ニューヨークなどの近代的大都市の真っ只中に出現した。そして大都市でスラムを形成し、就職難、低賃金、重労働という厳しい条件が重なった。衣服の分野はユダヤ人の産業とさえいわれて、ドイツ出身のユダヤ人資本家が多く、東欧系ユダヤ人は、安息日や祭日、祈りの時間が保証されたので、彼らの下で働いた。過酷な条件に甘んずることなく、労働組合や争議によって、労働条件の改善が進み、生活の向上が図られた。その過程で、豊かなイディッシュ文化を育んだと考えられる。

◀ポグロムの避難者（一八八二年）。皇帝暗殺に端を発して、儀式殺人（過ぎ越し祭の儀式でキリスト教徒の血を使ってパンを焼くというデマ）の噂がユダヤ人憎悪を掻き立て、エカチェリンブルクで勃発した暴動（ポグロム）がウクライナ全域に拡大した。以来、ユダヤ人迫害の暴動は一般的にポグロムと呼ばれるに至った。この暴動はロシアのユダヤ人の政治意識を変えるほどであった。

◀モスクワの劇場。スピラコフスキ劇団のハビマー劇場での上演。東欧ユダヤ人は豊かなイディッシュ文化を生み、演劇の分野にも及んだ。アンスキーの名作『ディブーク（憑依した死霊）』も生まれた。カフカにも印象を与えたことが知られる。ユダヤ啓蒙主義（ハスカラー）が広がった地域ではヘブライ語が復活し、伝統的なユダヤ語であるイディッシュ語を嫌う傾向も生まれた。モスクワではヘブライ語で上演されたという。

【パレスチナへの移住者】

欧州から見れば荒野同然の地を開墾し居住地を確保する役割は、「シオンへの愛（ヒバット・ツィオン）」を掲げたロシアからの波状的移民の手にゆだねられた。こうしたユダヤ人の入植地をヘブライ語でイシューブという。

建国を目的としたシオニストのパレスチナ移民を、ヘブライ語で特別に「アリヤー」（アリヤーは上昇、上京の意）と呼ぶ。第一次アリヤーは、すでにヘルツルの呼びかけ以前の一八八一年に、ロシアのポグロムを機に始まっていた。キシニョフ・ポグロムをきっかけに一九〇四年に始まった第二次アリヤーは、世界シオニスト機構による援助にも助けられて、大規模かつ計画性の高いものとなった。この時期の入植者から建国の中枢が輩出する。彼らは、荒地を購入してキブツ組織による農業共産社会を創設し、都市部では、ユダヤ人の手になる最初の都市として、一九〇九年にテル・アビブ市を建設する。

第七章

二〇世紀のユダヤ教――ショアーとアメリカとイスラエル

市川 裕

フランス革命で始まったユダヤ人の解放と同化の問題は、ナチズムによるショアーによって無残な結末を迎えることとなった。第二次世界大戦後には、建国されたイスラエルと世界最大のユダヤ人人口を誇るに至ったアメリカユダヤ人社会とを二つの軸としてユダヤ教の歴史は展開する。

1 二度の世界大戦とナチズムのショアー

【ワイマール体制】

第一次世界大戦は欧州の帝国主義を崩壊させ、ヴェルサイユ体制は、東欧各地に民族自決による国民国家の建設を促進した。各国のユダヤ人は少数集団として国政に参加した。ドイツでは、敗戦後に、世界に冠たる自由主義憲法による自由主義的民主主義体制をもたらしたが、その理念を支えるべき国民には脆弱な思想的基盤しかなく、敗戦による屈辱と多額の賠償責任に、失業、インフレ、経済恐慌が重なる中で、ユダヤ人が学術、経済、金融で活躍するという構造が作られてしまった。ワイマール体制は、宗教を私事化した結果、反ユダヤ主義をも私事化して個人の思想の自由の領域とみなしたため、これを取り締まることができず、反ユダヤ主義的言説が巷間に公然と流布することを許してしまった。一九三三年に、ワイマール共和国の民主主義体制そのものからナチスの国家体制が出現した。

【ナチス・ドイツ】

ナチス・ドイツはプロイセン的軍国主義と過激な人種差別理論を結びつけた国家社会主義政党として、ドイツ国家の再建を掲げて登場し政権を掌握した。ここに、啓蒙主義的個人主義の憲法観は、有機体的全体主義の

▶アーリア民族の人種的優越性を鼓舞するポスターがドイツ人に自信をもたらした。軍需産業による国民経済の回復と相まって、ドイツ人は一時的な国力回復に狂喜した。

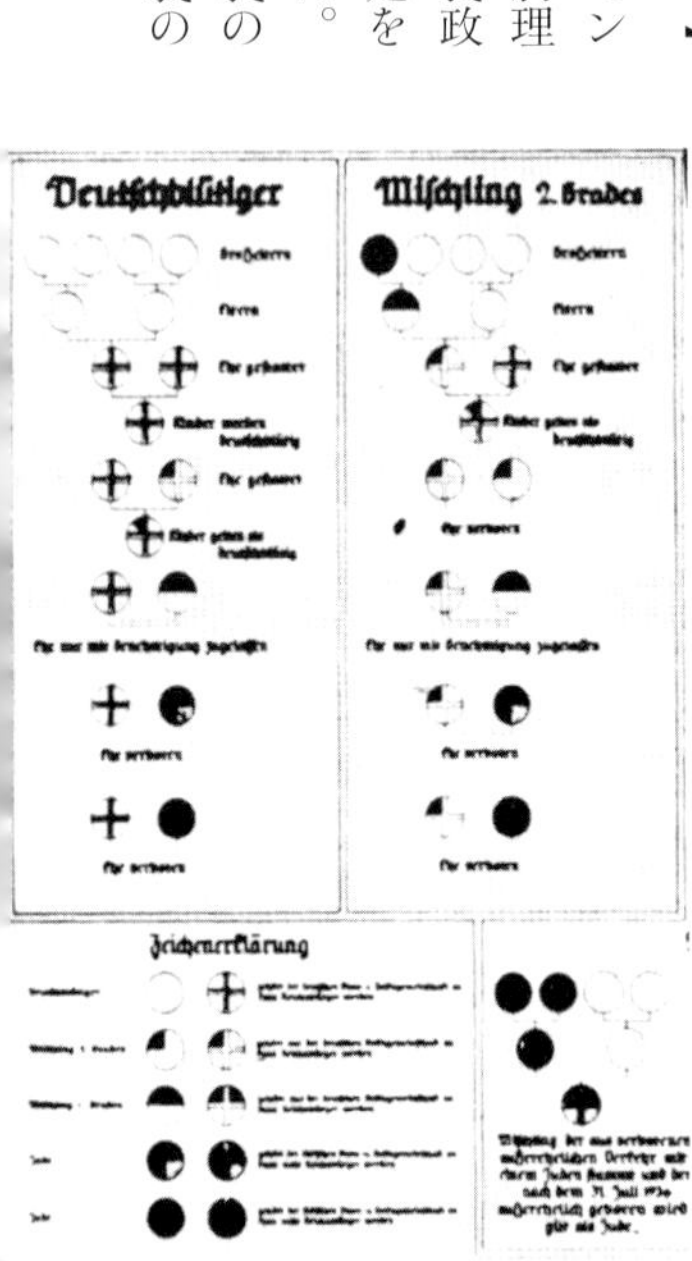

◀ユダヤ性の割合。メンデルの法則を思わせるような血統樹で人種混淆の弊害を説いてユダヤ性の割合を周知させる教育が行われた。ナチスの人種法（ニュルンベルク法、一九三五年）は祖父母の代にさかのぼって四人の中に一人のユダヤ系血族がいるか否かを判断基準とした。図の白丸は純潔アーリア人、黒丸がユダヤ人で、結婚による血の混淆でユダヤ性の割合が示された。

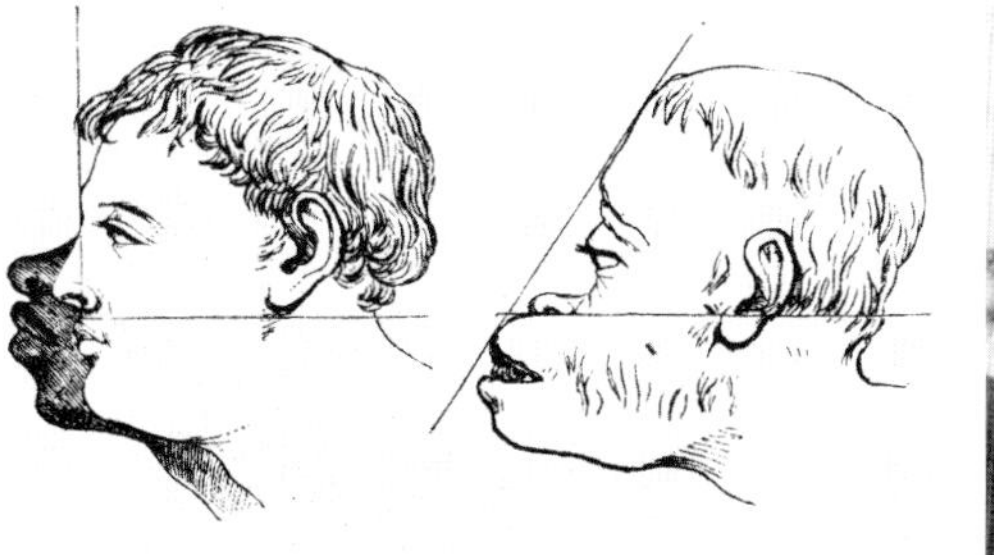

▲▶アーリア人の美的外観と比較して、人種優劣理論によって負の刻印を押されたのがユダヤ人や黒人である。イラストでは西欧人と黒人と猿とが比較されているが、1862年にロンドンで刊行されたR.ノックスの著書の中にある。19世紀後半には、人類の進化を実証するため、未開社会を原始の人類の考察に利用し、人類の進化と結びついた人類学を発展させた。人種理論も科学的装いのもとで盛んに論じられ、ナチスの人種理論もそうした進化論の亜流であった。

憲法観へと転じ、アーリア民族の純潔主義を国策としたナチス・ドイツは、ユダヤ人を人種・民族と見なし、征服した地域にもこの政策を実施した。とりわけゲルマン民族の生存圏と目された東欧スラヴ地域においては、征服後に現地の政府や住民の協力により数百万人のユダヤ人を隔離し強制労働に送り、一九四三年以降には絶滅収容所での大量殺戮へとエスカレートさせた。ここに、国家の名のもとにユダヤ人等を劣等

▼ナチスのカリカチュア。一盲の衆盲を導く喩えは古くから伝えられ、この風刺画もその流れをくむと思われるが、あまりにも犠牲が大きかった。

◀ユダヤ人狩り。ワルシャワ・ゲットーの蜂起。一九四二年以来、ゲットーでの悲惨な生活を強いられた人々は、一九四三年四月一九日、ユダヤ暦で五七〇三年ニサン月一四日、即ち、過ぎ越し祭の直前に決行した。それはまさに「エジプト脱出」の再現であった。写真は蜂起の後に逮捕され連行された様子。

▲ドイツのデパート。両大戦間の時代には、ベルリンのアレクサンダー広場に面してユダヤ資本の巨大デパート、ヘルマン・ティーツ・デパートがあった。1928年の撮影。他にも、ワルトハイム・デパートなどが有名だった。

ショアーによる犠牲者数（単位：人）

国名	ユダヤ人居住者数（1933年）	犠牲者数
ドイツ	565,000	144,000
オーストリア	250,000	48,767
ルクセンブルク	2,200	720
フランス	225,000	76,000（他国籍者含む）
ベルギー	100,000	28,000（他国籍者含む）
オランダ	160,000	102,000
デンマーク	6,000	116
ノルウェー	1,500	758
イタリア	48,000	5,596
ブルガリア	50,000	7,335
ユーゴスラヴィア	70,000	51,400
ハンガリー*	450,000	559,250
チェコスロヴァキア	559,250	143,000
ルーマニア	850,000	12,919
ポーランド	3,000,000	2,700,000
ソ連	2,520,000	2,100,000
合計		5,979,861≒6,000,000

*ハンガリーではハンガリー独立後の1920年に人口が473,000人（独立以前は、911,000人だが、独立によって国土が3分の1になったため）。1938～41年における国土の再併合（ルーマニア、チェコスロヴァキア、ユーゴスラヴィアからそれぞれの国土の一部を再併合した）の結果、ユダヤ人人口は1941年で825,000人（ユダヤ人のキリスト教改宗者約10万人含む）。

▲▶アウシュヴィッツがソ連軍によって解放されてから、絶滅収容所のむごたらしい実態が明らかになった。

人種として分離し物理的に抹殺するという二〇世紀最大の非人間的大量殺戮、六〇〇万人ものユダヤ人の殺戮行為であるショアーが実行されてしまった。ショアーによりユダヤ人のシオニズム反対論は消えた。

2 アメリカ合衆国のユダヤ人社会

一、歴史的発展

アメリカにおけるユダヤ人社会の発展は三つの時期に区分できる。一八八〇年までの第一期では、ドイツ出身者中心に改革派が導入され、市民戦争時の一八六〇～七〇年に変貌を遂げ「古典的改革」と呼ばれた。伝統を極力排除して、座席の男女混合、男性の頭巾なし、オルガン導入、一部で現地語の礼拝、祈禱書の改訂などの一連の改革が実行された。

▲1909年頃。ハンブルクからの出航風景。

第二期は、大規模な東欧ユダヤ移民が始まる一八八一年から第二次世界大戦終了時までである。第一次世界大戦後に移民が頂点に達し、正統派シナゴーグが大都市の下町に林立した。故地の風情に倣うもののハラハー遵守には反発する傾向にあった。次第に英語がイディッシュ語を凌駕し、アメリカ式礼拝が普及し、保守派を中心とする大規模な新しい会衆組織が誕生していった。

第三期は、戦後である。東西冷戦の時代になると、アメリカは自由主義世界の盟主になり、ユダヤ人はアメリカ社会において歴史上初めてユダヤ教を認知させることに成功した。ユダヤ人の社会的上昇に伴い、中産階級の郊外型シナゴーグが普及する。ユダヤ人のアメリカへの同化が進行し、USAとユダヤの両方に忠誠心を持つ「ユダヤ的市民宗教」が発展した。七〇年代までは、保守派が勢力を広げ最大教派となり改革派や正統派が後退するが、七〇年代から傾向が逆転し、混合婚の家族の受け皿となった改革派が伸長し、また、ユダヤ人社会内部での再改宗運動ハザラー・ビテシュヴァやルバヴィッチ派による宣教により正統派も復活している。

二、アングロサクソン型ユダヤ会衆制度の発展

ドイツに始まった新たなユダヤ教団体の制度化は、アメリカにおいて一層の発展を遂げた。いわゆる改革派、正統派、保守派、さらには再建派の並立である。いずれの派においても共通するのは、宗教団体形成のプロセスである。中心となる指導者が出現し、各地の会衆組織が統一され、綱領が策定され、

◀ローワー・イースト・サイドの写真。東欧のシュテットルがそのまま近代都市ニューヨークの真っ只中に再現されたと評される光景である。

	推定総数（最小〜最大）	全人口における割合
1660	50	—
1700	200〜300	—
1776	1,000〜2,500	0.04〜0.10
1790	1,300〜3,000	0.03〜0.08
1800	2,500	0.04
1820	2,650〜3,000	0.03
1830	4,000〜6,000	0.03〜0.05
1840	15,000	0.09
1850	50,000	0.22
1860	125,000〜200,000	0.40〜0.63
1880	230,000〜300,000	0.46〜0.60
1890	400,000〜475,000	0.64〜0.75
1900	938,000〜1,058,000	1.23〜1.39
1910	1,508,000〜2,044,000	1.63〜2.22
1920	3,300,000〜3,600,000	3.12〜3.41
1930	4,228,000〜4,400,000	3.44〜3.58
1940	4,771,000〜4,831,000	3.63〜3.68
1950	4,500,000〜5,000,000	2.98〜3.31
1960	5,367,000〜5,531,000	2.99〜3.08
1970	5,370,000〜6,000,000	2.64〜2.95
1980	5,500,000〜5,921,000	2.42〜2.61
1990	5,515,000〜5,981,000	2.24〜2.43
2000	5,340,000〜6,115,000	1.90〜2.20

▲アメリカのユダヤ人人口の推移。20世紀に入って100万人を突破するが、これは1881〜1924年の東欧・ロシアからの移民の流入のゆえである。これによって、第2次世界大戦後、アメリカは世界のユダヤ人の最大数を誇るに至った。

独自のラビを養成する神学院が設立される。

【改革派】

最初に組織を拡大させた改革派では、ラビ・アイザック・メイヤー・ワイズ（一八一九〜一九〇〇）により、神学的指導と体制作りが行われた。彼はアメリカをメシア的希望と見て、民族的伝統と決別し、倫理的一神教の教義を強調し、それを世界に唱道することを離散のユダヤ人の崇高な使命とした。全米のユダヤ人のためのユダヤ教という自負から、「改革派」という名称を用いず、また新たな民を標榜して、ユダヤからヒブル（ヘブライ）に、シナゴーグではなくテンプル（神殿）の名称を採用し、綱領策定に至る。

一八七三年に会衆組織が統合され、一八七五年に、神学院ヒブル・ユニオン・カレッジをシンシナティに設立した。一八八五年に綱領ピッツバーグ・プラットフォームを定め、一八八九年には、アメリカ人ラビ中央会議というラビ団体の創設を果たしている。東欧移民の急増に伴い、第一次大戦後に軌道修正して、一九三七年にコロンバス・プラットフォームを策定する。基本的な自由主義的立場の上に、伝統的慣習の再導入やヘブライ語への注目、熱烈なシオニズム支持などを許容した。

【保守派】

保守派は、改革派への批判を通して組織化が行われている。保守派の起源は、ラビ・Ｚ・フランケルが欧州改革派に反対し、礼拝言語はヘブライ語でなければならぬと主張し、一八五四年にブレスラウ・ユダヤ教神学院（ＪＴＳ）初代学長となったことにさかのぼる。アメリカでも、改革派が一八八三年の神学院（ＨＵＣ）の第一回卒業式で、非コシャーの宴を催し（トレファー・バンケット）、アサリ・蟹・海老・蛙の足などが饗され、一八八五年に綱領が起草されるに及んで、その急進性に反対したラビたちが団結して、ラビ・Ｓ・モライスを一八八六年にニューヨークのユダヤ教神学院ＪＴＳの初代学長に推挙したことに始まる。ハラハー的伝統の時代的な変化を認めつつ、伝統の内容を決する会衆組織の役割を重視して、ユダヤ教の学問的研究を極めて重視した。

一九〇二年にＳ・シェヒターがＪＴＳ学長に就任すると、高名な学者を教授陣に迎え、大学の評価を高め、一九一三年に統一シナゴーグを設立した。そして、保守派の指導理念として普遍的ユダヤ教（カトリック・ジュダイズム）を提唱し、アメリカのユダヤ人が置かれた危機的状況に対抗し、ユダヤ人の連帯を掲げた。保守派は経済的

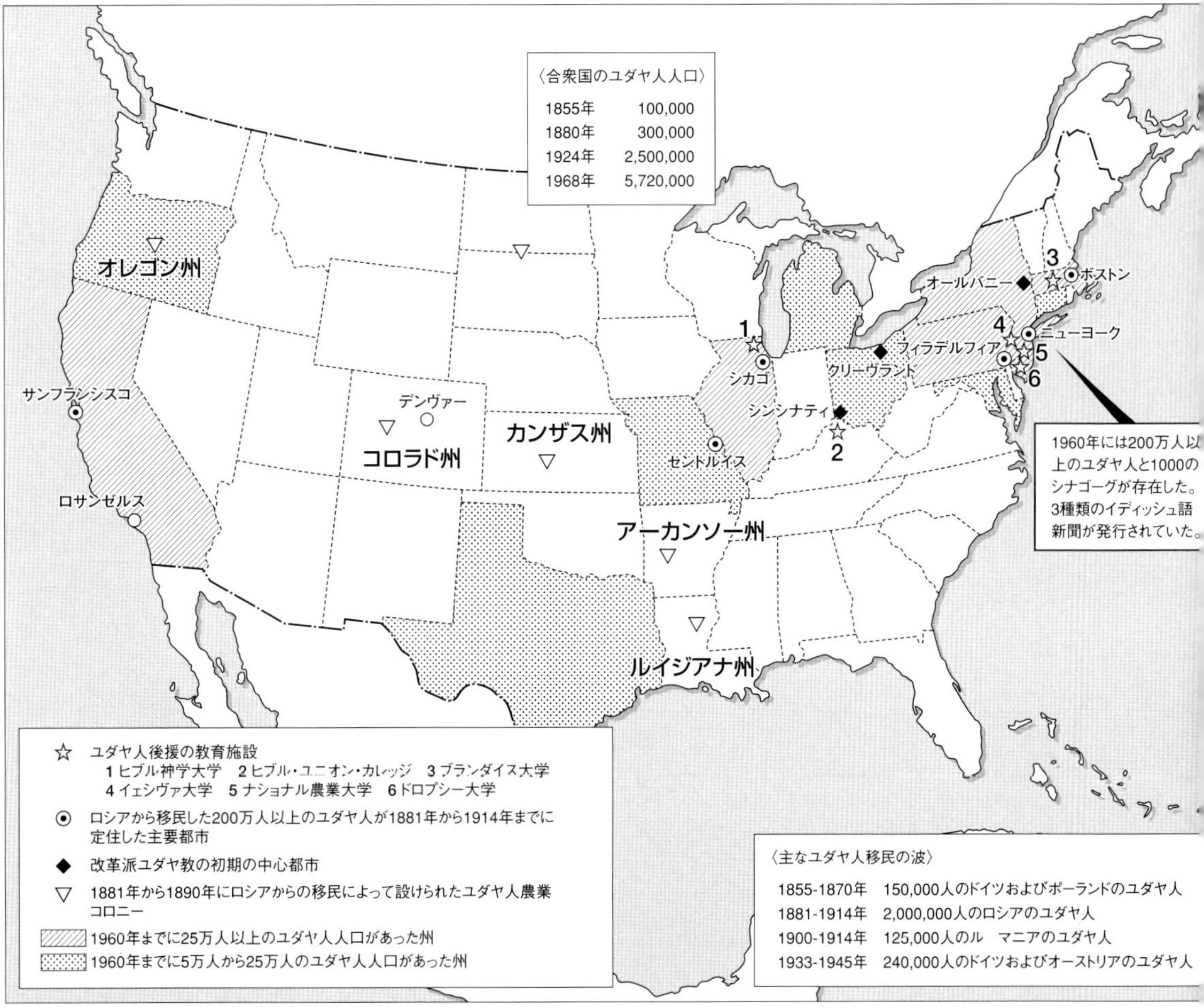

▲アメリカのユダヤ人の分布地図。アメリカの大都市に集中して居住していることがわかる。

社会的成功を遂げ郊外に移動した中間層のユダヤ人の間で普及し、一九三〇年代には改革派をはるかに凌いで大成功を収めた。

【正統派】

前二者が明確な教団形成を行ったのに比べると、正統派は比較的多様性を持っている。正統派の理念は、神の啓示としてのトーラーのゆるぎない地位である。これを認め、何らかの伝統的なハラハー的権威に従えばよいのである。伝統的に欧州各地には正統派のハラハー的権威が多数存在したから、内部では多様な立場が許容される。

一八九六年、ニューヨークに現イェシヴァ大学の前身が設立され、ラビ養成が行われてきた。リトアニアの伝統に由来するソロヴェイチクの指導に従う立場によれば、ユダヤ的諸価値は世界を変革できるという信念を持って、宗教と世俗の二つの世界に生きることを是認するのに対して、ハシディズム諸派の立場は、外部の世界に対して徹底した閉鎖的態度を示し、生活に必要な限りでの接触のみを認める。この二つを両極として、その中間に諸派が存在している。

【再建派】

上記の三者が伝統的ユダヤ教の枠を保持する教団とすれば、新たな再建派は、伝統的ユダヤ教の枠を突破した教団である。主

היברו יוניון קולג׳, סינסינטי – הזרם הרפ

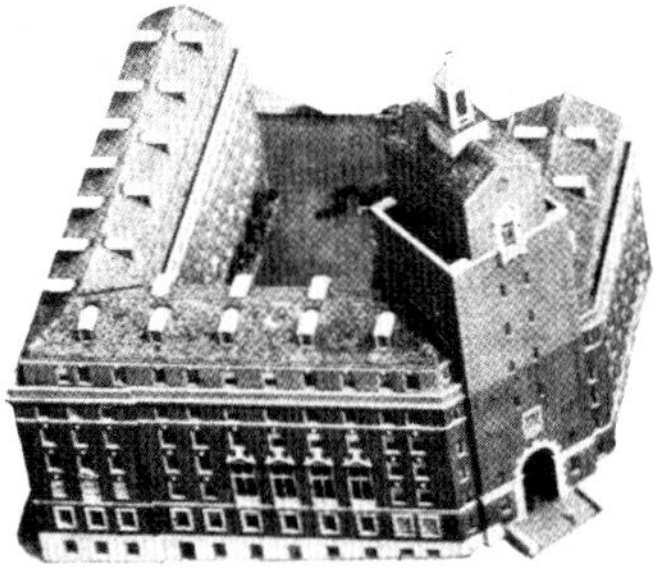

◀▲▶ユダヤ教3宗派の神学院。近代性への適応のあり方に対する考え方の違いによって生まれた3つの宗派は、正統派（右）、保守派（中）、改革派（左）ともに、指導者の育成が急務とされ、早くから神学院が創設された。

唱者のモルデカイ・カプランは、一八八一年リトアニア生れで、九歳でアメリカへ移住。大学教育を受け、E・デュルケーム、J・デューイ、W・ジェームズを愛読した。科学的自然主義と批判的歴史学の立場から伝統的教義である一神教と人格神を拒絶。近代性との和解を模索する中で、一九二〇年、デューイの『哲学の改造』に触発されて、「ユダヤ教再建プログラム」という論文を執筆した。

アハド・ハアムの「精神的ユダヤ教」に鍵を見出し、一九三四年に主著『一文明としてのユダヤ教』を著し、伝統的な宗教概念を離れた集団形成論を展開した。唯一神ではなく、ユダヤの民という集合体を基盤として、固定した信仰箇条もなければ、神の啓示もなく、神の戒律もない。あるのは、ユダヤ文明という歴史的運動体である。一九〇九～六三年にJTSで教鞭をとり、保守派のリベラル派へ影響力を発揮している。

▲エリス島で入国審査を待つ人々。1910年頃。
▼エリス島の外観。

▲▼安息日の朝の礼拝後の道すがら。ニューヨーク、1901年。
◀摩天楼とユダヤ移民。
▼ニューヨークの行商人。

三、慈善団体の発展と現代の諸問題

ユダヤ教は伝統的に慈善を正義の一環として重視してきたが、とりわけアメリカにおいて人道主義の活動は隆盛期を迎えた。慈善の語は正義と同義のツダカーである。伝統的ケヒラーにおいては、健康への配慮・病気見舞い・貧者の食事と援助・葬儀組合・寡婦孤児対策は徹底され、自助組織を組んで対応にあたってきた。近代に入ると科学技術の発展と生活の向上に伴って、様々な分野に広がっていき、医療と衛生の向上、病院建設、起業や勉学のための財政的援助などが行われた。移民を目指す故郷の親族への情報と援助を行う移民援助団体や、移民の生活適応を援助する無利子融資団体が組織された。

【支援対象者の拡大】

こうした組織は、多様な活動を包摂するアンブレラ方式で独立した団体が資金調達から資金配分までを責任を持って引き受ける場合が多く、困窮者の情報収集や、受給者への公正な配分方法、援助の有効な方策、受給資格の認定など、専門的な運営能力を備えている。寄付者側に専門知識は不要であり、社会的に成功した人々が、潤沢な慈善基金を安心して寄付できるこのシステム

期間（年）	移民数（合計）	アメリカ合衆国へ	イスラエルの地へ	その他の地へ
1840～1880	220,000人	200,000人（91.0%）	10,000人（4.5%）	10,000人（4.5%）
1881～1900	770,000人	690,000人（89.6%）	25,000人（3.2%）	55,000人（7.2%）
1901～1914	1,605,000人	1,440,000人（89.7%）	35,000人（2.2%）	130,000人（8.1%）

▲ヨーロッパからのユダヤ移民の数と目的地。

により、ユダヤ慈善基金の活動は飛躍的に発展した。

支援の対象は、二〇世紀の半ばには、アメリカ以外の地域の反ユダヤ主義への抵抗やシオニズム運動への援助などに広がり、また、非ユダヤ人の民族紛争や貧困対策にも貢献している。二一世紀になると、ユダヤ人社会の価値観と社会経済的関心が多様化したため、寄付活動も行動パターンの多様化が見受けられる。

▶ブラウステイン＝ベングリオン協定。ユダヤ教に対する考え方の違いから起こったアメリカとイスラエルの確執は、この協定によって一応の決着を見た。しかし、両者の考え方はその後も基本的には変化していないように思われる。

▶公民権運動（ヘシェル）。アメリカのユダヤ人は、アメリカ的近代精神に裏打ちされて普遍的大義のために活動する人々が多く、その典型的な人物が、公民権運動に献身したアブラハム・ヘシェルである（前列右から二人目）。

【現代の諸問題と教派の多様な態度】

アメリカ社会全体に関わる社会問題、例えば、堕胎、死刑制度、安楽死、同性愛に対しては、キリスト教の諸教派がそれぞれ見解を提起するように、ユダヤ教の諸派も様々な取り組みを行っている。また、ユダヤ人のアイデンティティに関わる事柄では、父系的出自を認めるか、混合婚でのラビの司式を認めるか、女性ラビの叙任、同性愛者の礼拝参加など、一義的な解決が困難な問題が多く、教派によって異なる取り組みが見られる。

アメリカ・ユダヤ教にとって焦眉の問題が二つある。一つは、アメリカのユダヤ社会の全体像に関わるものである。アメリカのユダヤ人が配偶者に非ユダヤ人を選ぶ混合婚の比率が一九九〇年に五二パーセントに達した。また、アメリカのユダヤ人社会は現状でも全体的に見て、正統派と非正統派へ大きく分裂する傾向が顕著になっていて、神学的見解で意見が対立する場合も多い。最大の課題は、これらの分裂傾向や多様化の流れをいかに統合するかである。

他の一つはイスラエルとの関係である。イスラエル建国によって、離散ユダヤ人の「二重の忠誠心」問題が現実味を増した。離散ユダヤ人は市民権を持つ国家の市民としての忠誠心を第一義とするにしても、イスラエル側からの支援要請は様々な形でなされてきた。イスラエルの保守政権による軍事強国化に対しては、批判と支持で分裂する傾向も顕著である。混合婚の増加に対してイスラエルからの批判が強く行われるが、アメリカ側は反論して、ユダヤ性を血縁化することに反対し、異邦人の改宗によるユダヤ教刷新への期待が表明されている。

3 国民国家イスラエルとユダヤ教

ユダヤ人国家建設を目指すシオニズムの出現は、ユダヤ教の歴史に新たな次元を開いた。ユダヤ教というのは、人間の内面的な信仰のみならず、日常の生活規範を包括する啓示法体系であった。ユダヤ人が新たに建設する国家はこのユダヤ教とどういう関係になるのか。この問題は、国民、領土、法制度、政治体制などすべてにわたって政治的制度に無関心だったラビ・ユダヤ教の伝統が、西欧近代の近代主権国家モデルとどう折り合いをつけるのかという興味深い問題でもある。

一、中東の近代とシオニズムの展開

【中東の近代】

中東における近代は、一八世紀末のナポレオンによるエジプト遠征で幕を開けた。インドへの航路確保の観点から、東地中海地域は地政学上の要衝で、英仏の覇権争いが開始される。これを契機として列強が進出を開始し、弱体化したオスマン帝国は列強との外交交渉によって不平等条約を締結し、経済的にも搾取される事態になる。帝国各地での反乱と独立への動きに対して、スルタンはフランスに範を取った近代化政策タンジマートの実施で対抗した。この政策は少数宗教集団の統治に関して、筆頭賢者ハハム・バシュによる自治制度を柱として自治権を拡大し、憲法の下での平等に近い国法体制を構想した。

オスマン帝国内のユダヤ教徒は、筆頭賢者の下で広範囲の自治を認められ、聖地ではエルサレムに筆頭賢者リション・レツィ

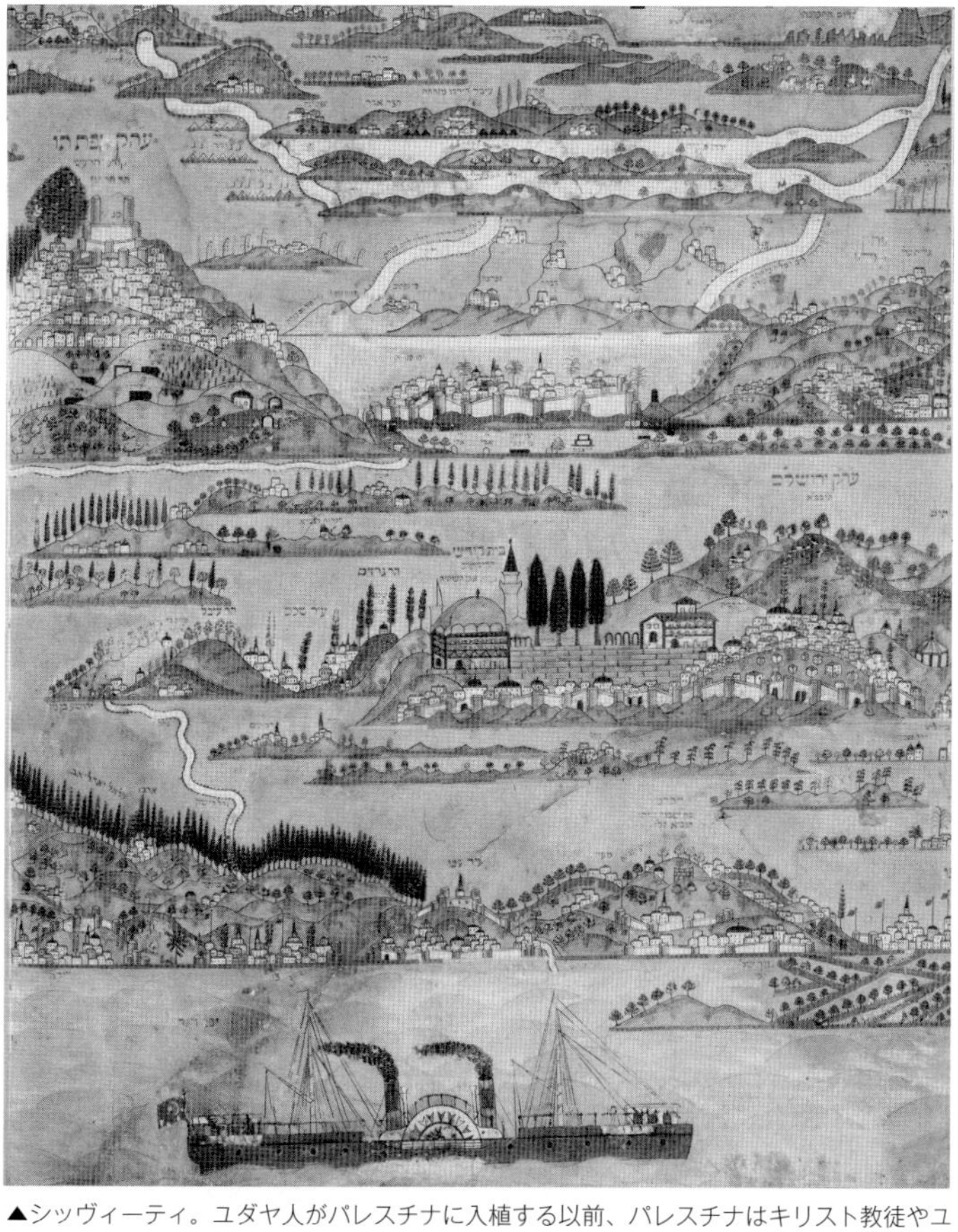

▲シッヴィーティ。ユダヤ人がパレスチナに入植する以前、パレスチナはキリスト教徒やユダヤ教徒にとっては巡礼の的でもあった。ユダヤ人にとってのエルサレム巡礼は聖地に行ってそこで暮らして死ぬことを意味した。シッヴィーティとは、礼拝時に向き合うためのもので「私は主を目の前に置く」という詩編の言葉に由来する。仮庵の祭などで室内装飾などに使われた図柄として、聖地の名所旧跡を描いた絵地図がある。

オン（シオンの長）が設置された。ユダヤ教徒やキリスト教徒は「啓典の民」としてイスラーム法上、庇護民の地位を保障されてきたが、ここに至って、西欧の近代化とは異なり、宗教集団別の自治がより鮮明に制度化された。

【ヨーロッパのユダヤ人によるパレスチナ進出】

パレスチナでは、ツファット、エルサレ

▲▼19世紀のエルサレムの情景3点。1861年にフランス海軍が聖地を訪問した際、兵士が素描した絵が西欧で評判を得た。その中には、エルサレムを鳥瞰する画（下）、聖墳墓教会（上右）、岩のドーム（上左）も載っていた。当時、エルサレムの住民はベドウィンの襲撃を恐れて城壁外に居住しなかったが、60年代からユダヤ人が城壁外に居住を開始した。岩のドームはムハンマドが昇天した岩を記念したドームであるが、この場所はイサク奉献の祭壇、ユダヤ教神殿の至聖所の場所と伝えられる。

▲絵葉書に描かれた入植地。パレスチナ地域におけるユダヤ人の活動は、1881年のシオニストの第1次入植以前からすでに行われていた。ユダヤ人の富裕な地主が大規模な農園経営を行うために、ユダヤ人労働者やアラブ人労働者を雇う形式が多かった。フランスのロスチャイルド家（ロッチルド）がフランスのワイン醸造法を導入してリション・レツィオンなどに果樹園を作っていった様子も見て取れる。

▲嘆きの壁（1877年）。「嘆きの壁」は、神殿崩壊とバルコフバの反乱以後、近代に至るまで、ユダヤ人は神殿の丘への自由な出入りを禁じられた。年に一度、アブ月の9日の断食日にここで喪に服し祈りをささげることが許されていた。

ム、ヘブロン、ティベリアの都市に少数ながらユダヤ教徒が居住していた。エルサレムは、列強の進出でキリスト教による病院や学校が普及し、キリスト教に改宗するユダヤ教徒も現れた。

　西欧のユダヤ社会も、フランスの世界イスラエル同盟や英仏のロスチャイルドやモンテフィオーレなどの富豪による援助により、農業学校や女子教育、病院が設置され、パレスチナのみならず、中東各地のユダヤ人の生活改善が進んだ。そこへ、一八八一年にロシアからの第一次移民が農地開墾を目指してパレスチナへやって来た。彼らは、ロシアでパレスチナを目指した運動、ヒバット・ツィオンとビルーという団体に主として属しており、農村に入り自ら農地も開拓した。それらの代表的な開拓村が、リション・レツィオン、ズィフロン・ヤーコヴ、ロシュ・ピンナー、ペタハ・ティクバである。また、ヘブライ語の復活を目指したE・ベン・イェフダ（一八五八～一九二二）も第一次入植者の一人である。

【ヘルツル以後のシオニズム】

　シオニズムに関わる運動は、ヘルツルを中心に一八九七年に世界シオニスト機構が設立され、パレスチナ入植活動と並んで列

▲E.ベン・イェフダの横顔。現代ヘブライ語の父と称えられる人で、第1次入植者の1人である。

▼20世紀のガリラヤ湖。最初のキブツが湖畔に出現した。

▼美術学校。ヘブライ大学のほかに、エルサレム市で開校されたのがベツァレル美術学校である。名の由来は、シナイの荒野で会見の天幕作りを任された職工の1人の名にちなんでいる。

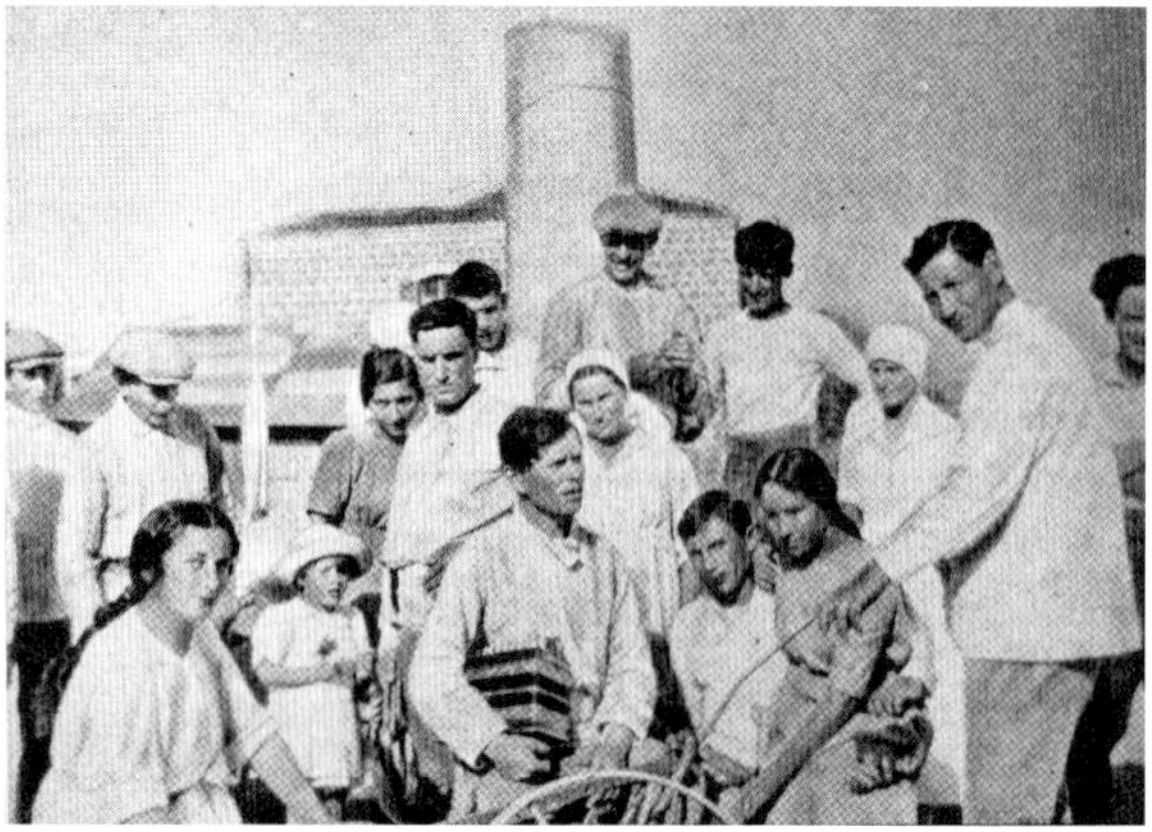

▲2点：第2次入植者の中から、荒野に土地を開拓して集団で農場を経営するキブツ組織が誕生する。キブツとは、ヘブライ語で結合、集合の意。対象となった地域は、北のガリラヤ湖周辺を中心にガリラヤ地域一帯に広がっていった。土地購入にあたっては、世界シオニスト機構が活躍した。

▲体育祭（1913年）。パレスチナのユダヤ人居住地で開催された体育祭。チームの旗の「ダビデの星」の中に三日月が描かれている。

▲ユダヤの警備隊。パレスチナの入植者の居住地域をベドウィンの襲撃から守るために、早くから警備隊が組織された。これがのちの自衛軍の源泉の1つとなる。

▼テルアビブの定礎式。正式名称は、テルアビブ・ヤフォ。初代市長ディーゼンゴフは、旧約聖書時代より続く港湾都市ヤッフォ（ジャッファ）の北辺の砂丘に立って、都市建設を宣言した。20世紀における最初のユダヤ人都市となった。

▲アレンビー将軍のエルサレム入城（1917年12月）。十字軍以来実に800年の歳月を経て、再びキリスト教徒が町を奪回する記念すべき事件であった。アレンビーはイエスにならって、徒歩でエルサレムの門を通った。

強との交渉が展開する。第一次大戦以前の活動は、世界シオニスト機構が基本原則を採択しベルリンを拠点に列強との交渉が進められ、ウガンダ案などが検討された後、最終的にパレスチナに照準が定められた。パレスチナへの進出めざましいドイツやオスマン帝国との交渉を進める一方で、H・ヴァイツマンが英国の政官界との交渉を進展させた。一九〇三年のキシニョフ・ポグロムに続く第二次入植において、世界シオニスト機構の協力も加わり、土地の購入から集団農場キブツによる開拓、テルアビブ市の建設など、労働に基づく国家建設の基礎が築かれた。この世代の若者から、後の建国の中心人物が輩出する。

▲テルアビブ（1920年）。その後は、移民の増加も加わって、テルアビブ市は1939年に人口13万2000人に達した。

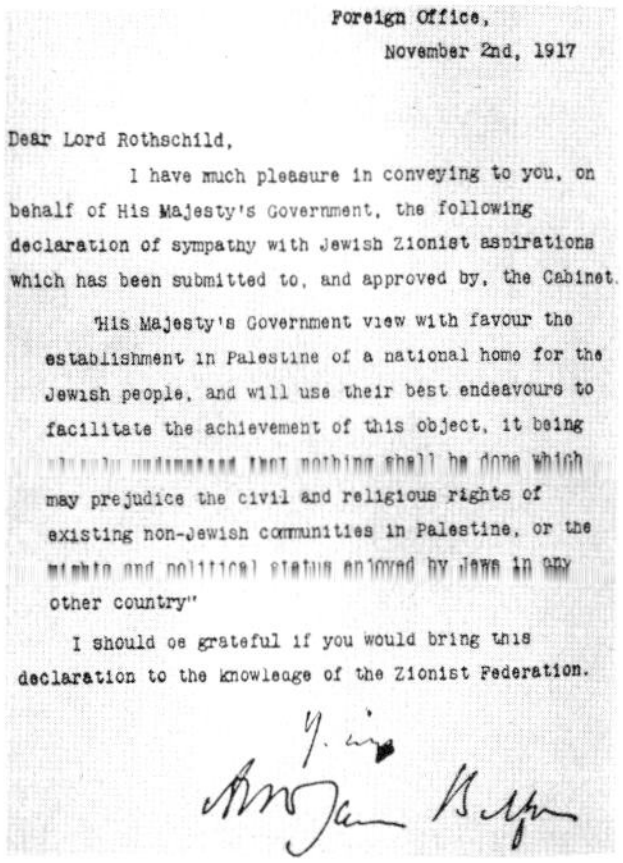

Foreign Office,
November 2nd, 1917

Dear Lord Rothschild,

I have much pleasure in conveying to you, on behalf of His Majesty's Government, the following declaration of sympathy with Jewish Zionist aspirations which has been submitted to, and approved by, the Cabinet.

"His Majesty's Government view with favour the establishment in Palestine of a national home for the Jewish people, and will use their best endeavours to facilitate the achievement of this object, it being clearly understood that nothing shall be done which may prejudice the civil and religious rights of existing non-Jewish communities in Palestine, or the rights and political status enjoyed by Jews in any other country"

I should be grateful if you would bring this declaration to the knowledge of the Zionist Federation.

Yours
Arthur James Balfour

▶バルフォア宣言。「パレスチナにおけるユダヤ民族のための民族の郷土（ナショナル・ホーム）の設立を好意を持って見ており、この目標の達成を促進するよう最善の努力を払う」とした。これを受けて、英国政府は、「この目的達成を保証するために全力を尽くし、必要な手段と方法について世界シオニスト機構と討議する」ということになっていた。

二、英国による委任統治時代と独立宣言

第一次世界大戦は東欧とパレスチナの状況を一変させた。ロシア革命が成功しドイツ・オーストリアが敗れたため、戦後に東

◀労働組合。一九三一年のユダヤ人定住圏の組織の中心を占めたのが労働者総同盟（ヒスタドルート）。その第三回「代議員集会」は、七一議席中、マパイ党三一議席、修正派一六議席、ミズラヒ党（国家宗教党）五議席。この組織と社会との関係は、ソヴィエト体制と類似している。農業定住地は、一九三八年に二三三カ所（内訳：キブツ六八カ所、モシャヴ七一カ所）。人口が、約二万人。柑橘園栽培一五万ドゥナム（三万七五〇〇エーカー）。ユダヤ人定住圏の自給体制確立を目指した。工業　工業企業体：一九三七年に約五六〇〇。従業員三万人。年間生産高九〇〇万英ポンド超。カリウム会社の生産高は、一九三一年の九〇〇〇トンから一九三九年の六万三五〇〇トン、四二万八〇〇〇英ポンドに。発電量：一九三一年の三〇〇万キロワット／時から、一九三九年の二五〇〇万キロワット／時。

▶三人の英国人。ユダヤ民族の郷土建設に大きく貢献した英国人三名が、ヘブライ大学開学式で集合したときの写真と思われる。左から、第一次世界大戦中にエルサレムを征服したアレンビー将軍、バルフォア宣言を起草した元外相のバルフォア、そして委任統治の初代長官、H・サミュエルである。サミュエルは穏健なシオニストのユダヤ人であった。

欧の国民国家が相次いで独立した。英軍がエルサレム入城を果たし、オスマン帝国が解体したため、パレスチナはドイツから英国に覇権が移り、戦後は英国が国際連盟の承認の下で委任統治を開始した。英国は大戦中に互いに矛盾するような外交的約束を交わし、バルフォア宣言もその一つであることから、委任統治の当初よりアラブ住民との関係が危惧された。しかし、ヴァイツマンの主張に賛同した外相バルフォアは、ユダヤ人に民族の故郷建設を約束することは「歴史的意義ある正義の行為」であるとした。英国はアラブ、ユダヤ双方に内的自治を与えて独立への備えとした。

【ユダヤ社会の内政】

パレスチナのユダヤ人居住地であるイシューヴでは、選挙による議会を開設し、行政は議会から選出された民族評議会に委ねられた。自衛軍ハガナーが組織され域内のインフラが整備され、労働総同盟が創設されて、労働訓練、移民の適応、大規模な産業経営が実行された。

一九二九年には、世界シオニスト機構によってユダヤ機関が設立され、離散の地のユダヤ人社会との関係や外交全般の機能を果たしていく。この頃からD・ベングリオンが労働総同盟の書記長として頭角を現し、政党を結成し、レヴィ・エシュコル、ゴルダ・メイア、イツハク・ベン＝ツヴィとともに国家のヴィジョンを実行していく。

【人口の流入と対外的軋轢】

ユダヤ人人口はユダヤ移民の吸収によって、一九二二年から三九年までの間に、八万三七九〇人から約五〇万人へと急激に増加した。二〇年代には、東欧からの第三次、第四次の移民があり、ユダヤ人社会建設が進展し、これに脅威を感じたアラブの反乱も始まった。

一九三三年からは、ナチスからの資産家ユダヤ人の亡命者が三九年までに二〇万人にも及び、ユダヤ指導部はその資産の海外流出を利用してドイツとの通商も進めた。英国は、三七年にエルサレムを英国管理下

▶ベングリオンの写真。労働シオニズムを掲げてロシアから移民した集団の中に、若きベングリオン（×印）の姿も見られる。

▲ヘブライ大学開学式一九二五年四月一日。大学建設はシオニズムの実現の重要な一環と位置づけられていた。一九一八年夏、世界シオニスト機構を代表する「シオニスト委員会」（ヴァイツマンその他）が英国政府の名において軍政府と交渉。一九一九年に、M・ウシシュキンが委員長に、A・ルッピーンが協力する体制が敷かれた。定住集団を組織化し、各種事業への援助（経済援助、医療援助、教育制度改編、ヘブライ大学建設、入植地・農業定着地の援助等）を開始した。一九三〇年代には、ヘブライ大学在学生一〇〇〇人、ハイファ工科大学五〇〇人を数えた。

に置く二国家分割案を提示するが、双方から反対され解決されないままに第二次世界大戦が勃発した。

パレスチナのユダヤ人社会は英国とともに枢軸国と戦い、一時はナチス・ドイツの侵攻に遭い、滅亡を覚悟で応戦するなど戦果を挙げた。戦後は、パレスチナの将来像をめぐって、英国、アラブ、ユダヤの三つ巴の闘争が激化したため、英国は後事を国際連合に託した。国連は代表団を派遣して調査し、二国家分離案と連邦国家案の二つを提出するが、総会では前者のみが提案され、一九四七年一一月に総会でパレスチナ分割案が可決された。一九四八年五月一四日、英国による委任統治が終了する直前にイスラエルは独立を宣言するが、周辺のアラブ諸国が宣戦布告し、ここに第一次中東戦争が勃発した。

【イスラエル独立宣言】

イスラエル独立宣言はヘルツルを建国の精神的父、国家の預言者と位置づけ、建国のシオニズム的理念が明示された。イスラエルの国家観の特徴は三点にまとめられる。ここに、新たなユダヤ教観が提供されたと考えられる。

第一は、現代の国家理論による正当性の主張、即ち、民族自決の「自然権」と国際機関の承認である。また、近代国家の実質的な必要条件として国民・領土・防衛・経済的文化的繁栄を挙げ、それらをすべて満たしたことを確認している。ショアーの避難所としての意義も明示された。

第二は、離散ユダヤ人を包摂する「民族」概念の実体化である。「イスラエル」という国名は、聖書の民イスラエル、古代イスラエル王国との連続性、アブラハムの子孫

▲当時のアラブの代表者たち。委任統治政府に対して、ユダヤ人は対等の関係と見て自己の要求を突き付け、攻撃的だったのに比べ、アラブ人代表は穏健な態度で礼儀を重んじる姿勢を示した。

に約束された地との連続性を保証し、建国は「二〇〇〇年前の祖国への帰還」と意味づけられた。これにより、ユダヤ人とはユダヤ教徒ではなく、イスラエル民族の集合体と捉えられる。

第三は、宗教的意味合いとしてのメシアニズムの諸要素である。これまでの離散ユダヤ人社会はすべて捕囚（ガルート）として意味づけられ、建国は「捕囚の歴史の終了」と位置づけられた。この国は、全イスラエルの贖い（ゲウラー）であるとされ、世界中の離散の民は、イスラエルへ参集することを要請された。

三、イスラエル国家の成立から第三次中東戦争……▲

建国後、いわば背水の陣で国防に専念したイスラエルは、第一次中東戦争の結果、予定された領土よりはるかに広大な領土を確保して休戦に入った。エルサレム旧市街とヨルダン川西岸地区はヨルダン王国が支配することになった。ここにイスラエルは、シオニズムの国家理念に則って本格的に国家運営を行っていく。

【国家理念と人口問題】

イスラエルは国家の理念として二つの要請を実現することを課題とした。ユダヤ人国家であることと民主主義国家であることの両立である。建国当初から国内に二、三割のアラブ系市民などがいて、少数集団に権利の平等を法的に保障しなければならない。また、ユダヤ人人口が国民の圧倒的多数を占めるためには、移民によってユダヤ人人口を増加させねばならなかった。そのためイスラエルは世界のユダヤ人社会に向けてイスラエルに移住するよう強くアピールしてきた。

【「ユダヤ人とはだれか」】

一九五〇年に帰還法が制定され、世界り

Declaration of the Establishment of the State of Israel*

ERETZ ISRAEL[1] was the birthplace of the Jewish people. Here their spiritual, religious and political identity was shaped. Here they first attained to statehood, created cultural values of national and universal significance and gave to the world the eternal Book of Books.

After being forcibly exiled from their land, the people kept faith with it throughout their Dispersion and never ceased to pray and hope for their return to it and for the restoration in it of their political freedom.

Impelled by this historic and traditional attachment, Jews strove in every successive generation to re-establish themselves in their ancient homeland. In recent decades they returned in their masses. Pioneers, ma'pilim[2] and defenders, they made deserts bloom, revived the Hebrew language, built villages and towns, and created a thriving community, controlling its own economy and culture, loving peace but knowing how to defend itself, bringing the blessings of progress to all the country's inhabitants, and aspiring towards independent nationhood.

In the year 5657 (1897), at the summons of the spiritual father of the Jewish State, Theodor Herzl, the First Zionist Congress convened and proclaimed the right of the Jewish people to national rebirth in its own country.

This right was recognized in the Balfour Declaration of the 2nd November, 1917, and re-affirmed in the Mandate of the League of Nations which, in particular, gave international sanction to the historic connection between the Jewish people and Eretz-Israel and to the right of the Jewish people to rebuild its National Home.

The catastrophe which recently befell the Jewish people—the massacre of millions of Jews in Europe—was another clear demonstration of the urgency of solving the problem of its homelessness by re-establishing in Eretz-Israel the Jewish State, which would open the gates of the homeland wide to every Jew and confer upon the Jewish people the status of a fully-privileged member of the comity of nations.

Survivors of the Nazi holocaust in Europe, as well as Jews from other parts of the world, continued to migrate to Eretz-Israel, undaunted by difficulties, restrictions and dangers, and never ceased to assert their right to a life of dignity, freedom and honest toil in their national homeland.

In the Second World War, the Jewish community of this country contributed its full share to the struggle of the freedom- and peace-loving nations against the forces of Nazi wickedness and, by the blood of its soldiers and its war effort, gained the right to be reckoned among the peoples who founded the United Nations.

On the 29th November, 1947, the United Nations General Assembly passed a resolution calling for the establishment of a Jewish State in Eretz-Israel; the General Assembly required the inhabitants of Eretz-Israel to take such steps as were necessary on their part for the implementation of that resolution. This recognition by the United Nations of the right of the Jewish people to establish their State is irrevocable.

This right is the natural right of the Jewish people to be masters of their own fate, like all other nations, in their own sovereign State.

ACCORDINGLY WE, MEMBERS OF THE PEOPLE'S COUNCIL, REPRESENTATIVES OF THE JEWISH COMMUNITY OF ERETZ-ISRAEL AND OF THE ZIONIST MOVEMENT, ARE HERE ASSEMBLED ON THE DAY OF THE TERMINATION OF THE BRITISH MANDATE OVER ERETZ-ISRAEL AND, BY VIRTUE OF OUR NATURAL AND HISTORIC RIGHT AND ON THE STRENGTH OF THE RESOLUTION OF THE UNITED NATIONS GENERAL ASSEMBLY, HEREBY DECLARE THE ESTABLISHMENT OF A JEWISH STATE IN ERETZ-ISRAEL, TO BE KNOWN AS THE STATE OF ISRAEL.

WE DECLARE that, with effect from the moment of the termination of the Mandate, being tonight, the eve of Sabbath, the 6th Iyar, 5708 (15th May, 1948), until the establishment of the elected, regular authorities of the State in accordance with the Constitution which shall be adopted by the Elected Constituent Assembly not later than the 1st October, 1948, the People's Council shall act as a Provisional Council of State, and its executive organ, the People's Adminisration, shall be the Provisional Government of the Jewish State, to be called "Israel".

THE STATE OF ISRAEL will be open for Jewish immigration and for the Ingathering of the Exiles; it will foster the development of the country for the benefit of all inhabitants; it will be based on freedom, justice and peace as envisaged by the prophets of Israel; it will ensure complete equality of social and political rights to all its inhabitants irrespective of religion, race or sex; it will guarantee freedom of religion, conscience, language, education and culture; it will safeguard the Holy Places of all religions; and it will be faithful to the principles of the Charter of the United Nations.

THE STATE OF ISRAEL is prepared to cooperate with the agencies and representatives of the United Nations in implementing the resolution of the General Assembly of the 29th November, 1947, and will take steps to bring about the economic union of the whole of Eretz-Israel.

WE APPEAL to the United Nations to assist the Jewish people in the building-up of its State and to receive the State of Israel into the comity of nations.

WE APPEAL — in the very midst of the onslaught launched against us now for months — to the Arab inhabitants of the State of Israel to preserve peace and participate in the upbuilding of the State on the basis of full and equal citizenship and due representation in all its provisional and permanent institutions.

WE EXTEND our hand to all neighbouring states and their peoples in an offer of peace and good neighbourliness, and appeal to them to establish bonds of cooperation and mutual help with the sovereign Jewish people settled in its own land. The State of Israel is prepared to do its share in common effort for the advancement of the entire Middle East.

WE APPEAL to the Jewish people throughout the diaspora to rally round the Jews of Eretz-Israel in the tasks of immigration and upbuilding and to stand by them in the great struggle for the realization of the age-old dream — the redemption of Israel.

PLACING OUR TRUST IN THE ALMIGHTY, WE AFFIX OUR SIGNATURES TO THIS PROCLAMATION AT THIS SESSION OF THE PROVISIONAL COUNCIL OF STATE, ON THE SOIL OF THE HOMELAND, IN THE CITY OF TEL-AVIV, ON THIS SABBATH EVE, THE 5th DAY OF IYAR, 5708 (14th MAY, 1948).

David Ben-Gurion

Daniel Auster	Golda Myerson
Mordekhai Bentov	Nachum Nir
Yitzchak Ben Zvi	Zvi Segal
Eliyahu Berligne	Rabbi Yehuda Leib Hacohen Fishman
Fritz Bernstein	David Zvi Pinkas
Rabbi Wolf Gold	Aharon Zisling
Meir Grabovsky	Moshe Kolodny
Yitzchak Gruenbaum	Eliezer Kaplan
Dr. Abraham Granovsky	Abraham Katznelson
Eliyahu Dobkin	Felix Rosenblueth
Meir Wilner-Kovner	David Remez
Zerach Wahrhaftig	Berl Repetur
Herzl Vardi	Mordekhai Shattner
Rachel Cohen	Ben Zion Sternberg
Rabbi Kalman Kahana	Bekhor Shitreet
Saadia Kobashi	Moshe Shapira
Rabbi Yitzchak Meir Levin	Moshe Shertok
Meir David Loevenstein	
Zvi Luria	

* Published in the *Official Gazette*, No. 1 of the 5th Iyar, 5708 (14th May, 1948).
1 *Eretz-Israel* (Hebrew) — the Land of Israel, Palestine.
2 *Ma'pilim* (Hebrew) — immigrants coming to Eretz-Israel in defiance of restrictive legislation.

▲独立宣言原本。ヘブライ語（右）と英語が併記されている。

ユダヤ人は、イスラエルへの帰還と同時に市民権が賦与される法が施行された。その際、ユダヤ人か否かの判断はユダヤ教正統派のラビによる専権事項とされた。このことが世俗国家を掲げるイスラエルの宗教問題の源泉の一つとなった。

　正統派の定めるユダヤ人の伝統的定義は、「母親がユダヤ人かユダヤ教への改宗者」であるが、実際にいくつかの事例で問題が生じた。個人レヴェルでは、生まれはユダヤ人だがキリスト教へ改宗した者や、正統派ユダヤ教以外の宗派による改宗を経てユダヤ人になった者のユダヤ性への懐疑の問題などが起こり、帰還法のユダヤ人定義は、ユダヤ教以外の宗教の信者を排除する改正を行った。一九八四年からのエチオピア系ユダヤ人の大規模移民の際に、彼らのユダヤ性に疑問が付され浸礼が課されて以来、政治問題へと発展してきた。また、一九九〇年代の旧ソ連からの大量移民には一割以上非ユダヤ人が含まれていたが、特別の規定により市民権が与えられた。

▲アラブ人たちのデモ。1935年。エルサレム旧市街の「岩のドーム」の前に集結したアラブ人のデモ隊。前列に杖を持ったムフティもいる。ユダヤ移民の増大にいらだちデモや暴動に訴えたが、当局はこれを経済的社会的問題としか理解せず、根深い政治的対立という禍根を残す結果となる。

【結婚と離婚を管轄する宗教庁】

政府は一九五三年に正統派ユダヤ教組織と紳士協定（現状維持、スタートゥス・クオとも呼ばれる）を結んだ。この紳士協定は、中東の法慣習を踏襲し、宗教庁が住民の私的身分を管轄することを認めた。この結果、イスラエルは宗教婚制度となり、結婚と離婚は一般の法曹とは別に存在する宗教的権威の統制下にある。国内のユダヤ人は正統派ユダヤ教のラビ法廷、イスラーム教徒スンニー派はムスリム法廷カーディ、キリスト教徒は各宗派の宗教権威の管轄となる。この制度はイスラームの統治方式に由来し、既に英国委任統治期の法規で以下の諸教団の宗教法廷が認定されていた。ギリシア正教、ローマ・カトリック、グレゴリオ・アルメニア教会、マロン派、アルメニア・カトリック、シリア・カトリック、カルデア教会、ギリシア・カトリック、シリア正教、バハイ教、福音教会、ドゥルーズ教である。この制度では異なる宗教に所属する者同士の結婚は認められない。結婚を希望する場合は、海外で結婚し国際的取り決めに従うイスラエル世俗法体系を通じて結婚を承認させる方法があるが、この場合でも、誕生した子供の身分が不安定

歴史的経緯

①「エレツ・イスラエル（イスラエルの地）」はユダヤ民族誕生の地である。
②強制的に捕囚の身になったが、離散の地でつねに帰還を希求してきた。
③どの世代も再建に努め、近年集団で帰還してきた。
④ヘルツル主唱のシオニスト会議で民族の権利を宣言した。
⑤世界がバルフォア宣言と国際連盟でその権利を承認した。
⑥ナチスの殺戮はユダヤ難民問題の緊急性を実証した。
⑦第２次世界大戦では、この地のユダヤ人も自由のために戦った。
⑧国際連合の総会は、ユダヤ民族の自然権とユダヤ人国家建設を承認した。

アピール

①世界のユダヤ人へ「捕囚民の帰参」を促し、それを「イスラエルの贖い」とみなす。
②全住民の社会的・政治的諸権利の完全な平等を約す。
③周囲のアラブ諸国家へ平和と善隣友好の手を差し伸べる。

となり、問題が残る。

【建国後の移民と社会内部の階層化】

建国の中心となったのは東欧出身の社会主義的なユダヤ人だったが、建国後に中東イスラーム圏から大量のユダヤ人が移住してきた。宗教的理由の他に、イスラエル建国に反対するアラブ・イスラーム諸国で抑圧が強まったためである。彼らはスファラディ系・ミズラヒ系であり、アシュケナジ系との生活様式や生活水準の違いから、国内に階層化が生じた。

移民の受け入れにおいては、政府が生活への適応促進制度（クリッター）を設け、各地に設置された集合住宅へ出身地ごとに集団入居させた。こうしてイスラエルという移民社会においてユダヤ人同士が互いの異文化性を直接に経験することになった。出自の違いには優劣の感情が付随したため、アシュケナジ系がエリート層を形成し、ミズラヒ系がそれを支える体制が形成された。

【イスラエルの市民宗教】

イスラエルは世界中から様々なユダヤ共同体を受け入れる世俗国家として出発した。ユダヤ人であるという共通点以外はほとんど共有物のない諸集団を統合するのは、この国の挑戦であり実験であった。新たな国民統合の方策として、徴兵制・殉教精神の育成・建国の神話・国家行事の儀礼などを導入することで、国家への忠誠と民族的一体感を生むことを目指した。これらイスラエルの市民宗教としての諸特徴は、ユダヤ人の宗教的民族的伝統の諸要素から、今日の国家に適合する要素を選択的に抽出して出来上がっている。とりわけ国民のアイデンティティ形成に大きな役割を果たしたものは、公用語としてのヘブライ語と軍隊である。

【イスラエル国内法の傾向】

イスラエルは憲法を制定せずに基本法によって国内法を整備してきた。これは、憲法草案委員会の委員長が暗殺されるなど、建国の準備が整わないまま短期間で建国されたためであった。もとより国内法は英国の委任統治以来、英国法の影響下にある。これに対して、法は民族精神の産物であるとの立場から、タルムード以来の伝統的な市民法こそがユダヤ人国家にふさわしいとして、国内法に取り込もうという運動も根強く続いている。

四、イスラエル建国六〇年間の変容 ……▲

建国後、ときを経る中で、イスラエル社会にも様々な変化が生じた。国家思想でのポスト・シオニズム、政治的な右傾化、軍事大国化、ユダヤ教国家への傾向などが指摘される。政治的社会的事件を追って、その変化の傾向を考えてみよう。

【一九六七年以後の政治的保守化】

建国以来恒常的に周囲のアラブ諸国との臨戦態勢に置かれたイスラエルは、一九六七年の第三次中東戦争に六日間で勝利を収め、広大な領土を征服し、エルサレム旧市街、ヨルダン川西岸地区、ガザ地区、ゴラン高原、シナイ半島などの占領を続けた。一九七七年には保守系リクード党のベギン首相による右派政権が誕生、領土との交換でエジプトとの平和条約が締結された。一九八〇年代からは、宗教政党が政界に進出し、パレスチナ解放機構（PLO）のテロに対抗して、一九八二年にレバノン侵攻を行い武力で鎮圧した。

一九八七年から、占領地で住民の抵抗運動インティファーダが興る。九一年にソ連邦が解体し、冷戦構造が崩れ、アメリカ主導によるパレスチナ和平が進展し、九三年のラビン首相とアラファト議長との自治協定調印で最高潮に達したが、九五年にラビン首相が暗殺され和平の機運が失われた。イスラーム主義を掲げる過激なハマスがガザ地区を中心に支持者を増やし、二〇〇〇年には第二次インティファーダを起こして、イスラエル国内での無差別殺害のテロ活動を活発化させた。シャロン内閣は二〇〇二年に、自爆テロ阻止のためにヨルダン西岸地区との境界に分離壁の建設を開始した。

【同時多発テロとその後の中東情勢】

二〇〇一年九月一一日の同時多発テロ以降、国際政治の枠組みに変化が現れ、アメリカの一極集中が急速に弱まり、イスラーム主義を掲げる勢力が国際政治に影響を振るい始めた。中東・西アジア一帯は、イラ

1948～51	33万人	東欧諸国と（Displaced rerson）
1950年代	24万人	中東イスラーム諸国
1950年代～70年代	40万人	北アフリカ
1960年代～70年代	22万5000人	東欧
	7万人	中東イスラーム諸国
1970年代	15万人	旧ソ連
1980年代～	6万人	エチオピア
1990年代～	97万人	ロシア

▲建国後の移民と人口。建国時人口は65万人。2008年現在730万人で、内訳は550万人のユダヤ人、30万人のロシア人、150万人の非ユダヤ人（120万人のアラブムスリム、15万人のクリスチャン、12万人のドルーズ人、他）。

▼建国1周年のエルサレム市の様子

ンを盟主とするイスラーム主義に加えてアルカイダに主導されたイスラーム主義が連動して、各国で西欧の政治理念に対立するイスラーム主義が主張されるようになる。そしてイスラエルでは、ポスト・シオニズムの意識とユダヤ社会の多様化が顕著になっていく。

　こうした気運の中、二〇〇四年にアラファトが逝去、M・アッバスが継承した。イスラエル政府は二〇〇五年の九月までにガザの入植地と軍施設をすべて撤収したが、ガザ地区では、二〇〇六年に総選挙でハマスが勝利し、以後ファタハとハマスによるパレスチナ国家権力掌握のための闘いが激化する。二〇一一年からは北アフリカで「アラブの春」民主化運動が広がり、独裁制が廃止されたものの、選挙によってエジプトのムスリム同朋団などのイスラーム主義が擡頭して、トルコにもイスラーム回帰が顕著になり、イスラエル包囲網はかえって強化され、イスラエル批判も高まっている。

【イスラエル社会の三つの対抗軸】

　イスラエルは建国当初から、国家の理念の実現において重い課題を担ったが、社会の成熟度が増す中で顕在化したのが、三つの対立軸である。最後に、ユダヤ教全体の今後を展望するうえでこの点に触れたい。

　第一の対立軸は、宗教対世俗である。イスラエルはユダヤ民族の世俗国家として建国されたが、一九八〇年代から、スファラディ系・ミズラヒ系を代表するユダヤ教正統派が議会に進出し、宗教的なハラハーを国内法で強制しようとする動きが強まり、世俗的なユダヤ人を再改宗する「悔い改め」の運動が盛んになり、世俗的ユダヤ市民と正統派ユダヤ教徒との対立が国論を二分するほどに先鋭化してきた。また、シオニズム国家を宗教的に支持する国家主義的な宗教思想が勢力を広げ、西岸地区の入植地は彼らの過激な思想に支えられるようになり、アラブ人差別を公然と掲げた政党も着実に支持者を増やしている。穏健な国家主義的正統派の人々は、こうした深刻な対立を憂いて、世俗主義者との対話を通して国家と宗教の両立を目指している。

　第二の対立軸は、ユダヤ人の出自の多様性と国家的な統合との葛藤である。同じユダヤ人というだけの理由で、歴史と伝統を異にした世界中の諸集団がイスラエルという一つの国家に糾合したが、いざ共同生活を始めたときの文化的歴史的背景の隔たりは大きく、社会階層化や出身地別の差別も見られた。こうした多様性は、国家的統合による一元的なイスラエル文化の中で、ユダヤ教の強さと柔軟性を物語るものでもある。しかしイスラエル生まれがすでにユダヤ人人口の五〇パーセントを超えた今、文化的多様性の存続の難しさが顕著になっている。

　第三の対立軸は、政治理念における大イスラエル主義か否かの問題である。イスラエルの半世紀の領土的変遷を見れば一目瞭然であるが、ヨルダン川西岸全体を領有するかのように領土を拡大している。占領の継続の間に入植地が深くパレスチナ支配領域へ侵蝕し、パレスチナ人との領土争いは深刻の度を増している。とりわけ、七〇年代以降、大イスラエル主義を掲げて占領地の領土化を目指す保守系の政権になってからは、入植地建設に拍車がかかり、さらに国家主義的正統派ユダヤ教がそれを思想的に支える構図が明瞭になった。こうした保守的理念が福音派キリスト教の原理主義と結びついて、アラブ諸国家との対立を憂慮すべきものにしている。

　今日のイスラエルにおけるユダヤ教は、武力に依存する国家に寄り添うような展開を見せている。かつてのラビ・ユダヤ教は、国家的権力を失う代わりに、宗教による社会的紐帯を維持して金融・貿易などの経済活動によって生存を維持し、離散ユダヤ人の苦難の生活を支えた。「残りの者に希望を託せ、律法によって生きよ、歴史の証言者たれ」という教訓ははたして今後どう生かされるのであろうか。

あとがき

　ふだんの講義でふんだんに使ってきた図版類を、こうして一冊の書物にほぼ満足のいく形で掲載できたことは、若手の研究成果を公表することと並んで本書で達成できた貴重な成果であり、感謝に耐えない。

　最近では講義で映像を利用することも多くなった。ランズマンの『ショア』のような衝撃的な映像作品も、ユダヤ教の歴史を理解するうえで欠かすことはできないと思う。この場を借りて映像分野の重要な資料を紹介してみたい。

　まず、東欧のシュテットルの生活を理解するのに最適な映画を三本紹介する。一つめは有名な『屋根の上のヴァイオリン弾き』。次に、『ジャズシンガー』というトーキー初の長編映画。ニューヨークの下町を舞台に、東欧移民の親子の葛藤。礼拝の先唱者カントールの息子がジャズにうつつを抜かし勘当され、ブロードウェイにデヴューするまでに成長するが、その日が贖罪日と重なってしまう。三つめは、『ディブーク（死霊）』。一九三七年のポーランド映画。恋人にとりついた青年の死霊をめぐる大騒動で、ハシディズムのレッベが活躍する。

　それから教育的なドキュメンタリー作品として三本を紹介しよう。一つめはBBC制作の『検証ヒトラーとその時代　五〇年後の対話』。ナチス戦犯の子供たちとショアーを生き延びたユダヤ人の子や孫たちとが面と向かって語り合えた記録である。二つめは、『スペイン追放後の五〇〇年』で、イスラエルのテレビ局制作。一九九二年を記念して、スペイン各地を訪ねてスファラディ系のユダヤ人の歴史をたどった。VHSで八時間の長編。そして最後に、BBC制作で、歴史家S・シャーマ編の『ユダヤ人の物語』。DVDで五時間。古代から現代までを五つの有機的な歴史物語として編集した、極めて思慮に富んだ刺激的な作品である。

　図版と映像で想像力をフルに働かせて、読者が独自にユダヤイメージを構築してくれることを願う。最後に、本書を世に送り出してくれた河出書房新社編集部の渡辺史絵、岩崎奈菜の両氏に心より御礼を申し上げる。

市川　裕

浄の血』河出書房新社 2013
黒田靖之『クレズマーの文化史―東欧からアメリカに渡ったユダヤの音楽』人文書院 2011
赤尾光春・早尾貴紀編『シオニズムの解剖』人文書院 2011
宮澤正典編『日本におけるユダヤ・イスラエル論議：文献目録1989-2004』昭和堂 2005
U.オルレブ，母袋夏生訳『走れ、走って逃げろ』岩波書店2003
G.R.アミット，母袋夏生訳『心の国境をこえて―アラブの少女ナディア』さ・え・ら書房 1999
高尾千津子『ソ連農業集団化の原点―ソヴィエト体制とアメリカユダヤ人』彩流社 2006
野村達朗『ユダヤ移民のニューヨーク―移民の生活と労働の世界』山川出版社 1995
I.カツェネルソン，飛鳥井雅友・細見和之訳『滅ぼされたユダヤの民の歌』みすず書房 1999
F.ティフ編，坂東宏訳『ポーランドのユダヤ人―歴史・文化・ホロコースト』みすず書房 2006
R.ヒルバーグ，望田幸男・原田一美・井上茂子訳『ヨーロッパ・ユダヤ人の絶滅』上下 柏書房 1997
W.ラカー，高坂誠訳『ユダヤ人問題とシオニズムの歴史』（新版）第三書館 1994
池田明史編『イスラエル国家の諸問題』アジア経済研究所 1994
臼杵陽『世界化するパレスチナ/イスラエル紛争』岩波書店 2004
奥山眞知『イスラエルの政治文化とシチズンシップ』東信堂 2002
武井彩佳『戦後ドイツのユダヤ人』（シリーズ・ドイツ現代史3）白水社 2005
立山良司『揺れるユダヤ人国家』文藝春秋（文春新書）2000
小原克博・中田考・手島勲矢『原理主義から世界の動きが見える』PHP研究所（PHP新書）2006
日本マラマッド協会編著『ホロコーストとユダヤ系文学』大阪教育図書 2000
山森みか『「乳と蜜の流れる地」から』新教出版社 2002
E.ヴィーゼル，村上光彦訳『そしてすべての川は海へ』上下 朝日新聞社 1995
S.ヴィーゼンタール，松宮克昌訳『ひまわり―ユダヤ人にホロコーストが赦せるか』原書房 2009
E.レヴィナス，内田樹訳『困難な自由―ユダヤ教についての試論』国文社 1985
ヤコヴ・M.ラブキン，菅野賢治訳『トーラーの名において』平凡社 2010
ジークムント・バウマン，森田典正訳『近代とホロコースト』大月書店 2006

図版出典一覧

E. Romero, U. M. Kapón, *The Jews and Europe: 2000 years of History*, New York, Henry Holt, 1994.
M. Zimmerman, S. Shavit (eds.), *Ha-Yehudim Me-Reshit Ha-Et Ha-Hadashah: Shiurim be-Historia le-Beit Ha-Sefer Ha-Mamlakhati*, Jerusalem, Misrad Ha-Hinukh ve-Ha- Tarvut.
F. Hubmann, *The Jewish Family Album: The Life of a People in Photofraphs*, Boston and Tronto, Little, Brown and Company, 1974.
市川裕『ユダヤ教の歴史』山川出版社 2009
関谷定夫『シナゴーグ―ユダヤ人の心のルーツ』リトン 2006
ウォルター・ラカー，高坂誠訳『ユダヤ人問題とシオニズムの歴史　新版』第三書館 1994

1章

Encyclopedia Judaica, Vol.11, 1 ed., Jerusalem, Keter Publishing House, 1971.
Nelson's Bible Encyclopedia for the Family, Nashville, Thomas Nelson Publishers, 1982.
E. Netzer, Z. Weiss, *Zippori*, Jerusalem, Israel Exploration Society, 1994.
J. B. Pritchard, *The Times Concise Atlas of The Bible*, London, Times, 1991.
Ed P. Sanders, *Judaism: Practice and Belief 63BCE -66CE*, London, SCM Press, 1992.

2章

M. Avi-Yonah, *Encyclopedia of Archaeological Excavations in the Holy Land*, Vol.1, London, Oxford University Press 1975.
EI. pstein ed., *Hebrew-English Edition of the Babylonian Talmud: Seder Zera'im, Berakoth, London*, The Soncino Press, 1990.
J. B. Pritchard, *The Times Concise Atlas of The Bible, London*, Times, 1991.

3章

J. Comay, *The Diaspora Story*, New York, Random House, 1981.
M. Gilbert, *The Routledge Atlas of Jewish History*, London, Routledge, 1995.
N. D. Khalili, *Visions of Splendour in Islamic Art and Culture*, The Khalili Family Trust, 2008.
E. Juhasz, M. Russo-Katz, *Sephardi Jews in the Ottoman Empire : aspects of material culture*, Jerusalem, Keterpress, 1990.
N. A. Stillman, *Jews of Arab Lands in Modern Times*, Philadelphia, The Jewish Publication, 1991.
佐藤次高『イスラームの「英雄」サラディン』講談社選書メチエ 1996
佐藤次高『イスラーム世界の興隆』中央公論社 1997
山内昌之『近代イスラームの挑戦』中央公論社 1996

4章

The Zohar: Pritzker Edition, translation and commentary by Daniel C. Matt, Stanford, Stanford University Press, 2003-.
A. Kaplan, *The Book Bahir*, Weiser Books, 1989.
Sefer ha-Zohar [Hebrew], edited by Mosad ha-Rav Kook, 1970.
G. Busi, *Mantova e la Qabbalah*, Milano, Skira, 2001.
I. Tishby ed., *Tzitzat Nobel Tzevi* [Hebrew], the Bialik Instite, 1954.
In the Footsteps of the Besht [Hebrew], edited by The National Library of Israel, 2010.
J. Dan, *On Gershom Scholem: Twelve Studies* [Hebrew], The Zalman Shazar Center for Jewish History, 2010.

5章

Archivio di Stato di Roma.
Regione Toscana (Progetto CASTORE).
Archivio di IUAV.
R. Calimani et al., *The Venetian Ghetto*, Milano, Electa, 2005.
U. Fortis, *The Ghetto on the Lagoon*, Venezia, Storti Edizioni, 1988.
Jüdisches Museum Berlin (1999-), I. Brodersen, et al., *Stories of an exhibition*, Berlin, Stiftung Jüdisches Museum, 2001.
V. B. Mann, *Gardens and ghettos: the art of Jewish life in Italy*, Berkeley, University of California Press, 1989.
A. Nachama et al., *Jews in Berlin*, Berlin, Henschel, 2002.
S. Siegmund, *The Medici State and the Ghetto of Florence*, California, Stanford University Press, 2006.
K. Stow, *Theater of Acculturation*, Seattle and London, University of Washington Press, 2001.
Historischer Verein der Pfalz, *Geschichte der Juden in Speyer*, Speyer: Die Bezirksgruppe, 1981.
M. Merian, *Die schönsten europäischen Städte*, Hamburg, Hoffmann und Campe, 1963.
B. Reifenberg, et al., *Portrat einer Stadt: Frankfurt am Main*, Umschau, 1958.
F. Reuter, *Warmaisa*, Norderstedt Books on Demand, 2009.
G. Stein, Speyer, *Judenhof und Judenbad*, München, Kunstverl, 1991.
C. Bernoni and R. Franz, *Roma scomparsa nelle fotografie di Ettore Roesler Franz*, Roma: Newton Compton, 2007.
E. Pucci, *Com'era Firenze 100 anni fa*, Firenze: Bonechi Editore, 1969.
T. Signorini, P. Dini, et al., *Telemaco Signorini*, 1835-1901, Montecatini Terme, Assessorato alla cultura, 1987.
G. Vasi, *Piazze di Roma*, Milano, Edizione Il Polifilo, 1989.
コーリン・ロウ，レオン・ザトコウスキ，稲川直樹訳『イタリア十六世紀の建築』六耀社 2006

6章

Y. Losen, *Ammud ha-Esh: Perakim be-Toledot Ha-Ziyyonut*, Jerusalem, Shikmona Publishing Company, 1982.
M. Zimmerman ed., *Reshit Ha-Ziyyonut: Shiurim be-Historia le-Beit Ha-Sefer Ha-Mamlakhati*, Jerusalem, *Misrad Ha-Hinukh ve-Ha-Tarvut*, 1976.

7章

M. Berenbaum, *The World Must Know: The History of the Holocaust as told in the United States Holocaust Memorial Museum*, 2nd ed., Washington, United States Holocaust Memorial Museum, 2006.
Encyclopedia Judaica, Vol. 5, 1 ed., Jerusalem, Keter Publishing House, 1971.
E. Muchawsky-Schnapper, *A World Apart Next Door*, Jerusalem, The Israel Museum, 2012.
J. D. Sarna, American Judaism: *A History*, New Haven and London, Yale University, 2004.
E. Schiller, *Souvenir from Jerusalem*, Jerusalem, Ariel Publishing House, 1978.
E. Schiller, *The first photographs of Jerusalem: The Old City*, Jerusalem, Ariel Publishing House, 1978.
Y. Losen, *Ammud ha-Esh: Perakim be-Toledot Ha-Ziyyonut*, Jerusalem, Shikmona Publishing Company, 1982.
M. Zimmerman ed., *Me-Milkhama le- Milkhama 1918-1945*, Misrad Ha-Hinukh ve-Ha- Tarvut, 1981.
M. Zimmerman ed., *Reshit Ha-Ziyyonut: Shiurim be-Historia le-Beit Ha-Sefer Ha-Mamlakhati*, Jerusalem, Misrad Ha-Hinukh ve-Ha-Tarvut, 1976.

参考文献一覧

市川裕『ユダヤ教の歴史』山川出版社 2009
Encyclopaedia Judaica, 2nd ed., 22 vols., Keter Publishing House, 2007.
日本ユダヤ学会編『ユダヤ・イスラエル研究』日本ユダヤ学会 1966～(既刊28巻)
市川裕・臼杵陽・大塚和夫・手島勲矢編『ユダヤ人と国民国家』岩波書店 2008
黒川知文『ユダヤ人迫害史—繁栄と迫害とメシア運動』教文館 1997
関谷定夫『聖都エルサレム—5000年の歴史』東洋書林 2003
関谷定夫『シナゴーグ—ユダヤ人の心のルーツ』リトン 2006
手島勲矢編『わかるユダヤ学』日本実業出版社 2002
R.アロン，A.ネエール，V.マルカ，内田樹訳『ユダヤ教—過去と未来』ヨルダン社 1998
A.ウンターマン，石川耕一郎・市川裕訳『ユダヤ人—その信仰と生活』筑摩書房 1983
E.R.カステーヨ，U.M.カポーン，那岐一尭訳『図説ユダヤ人の2000年』(歴史篇、宗教・文化篇) 同朋舎出版 1996
M.ギルバート，池田智訳『ユダヤ人の歴史地図』明石書房 2000
D.コーン＝シャーボク，熊野佳代訳『ユダヤ教』春秋社 2005
P.ジョンソン，石田友雄監修『ユダヤ人の歴史』上下 徳間書房 1999
N.ソロモン，山我哲雄訳・解説『ユダヤ教』岩波書店 2003
N.デ・ランジュ，長沼宗昭訳『ジューイッシュ・ワールド』朝倉書店 1996
P.ペリー，手島勲矢・上野正訳『トーラーの知恵—現代を生きるためのユダヤ人の聖書観』ミルトス 1988
H.H.ベンサソン編，石田友雄日本語版総編集『ユダヤ民族史』全6巻 六興出版 1976-78
R.ムーサフ＝アンドリーセ，市川裕訳『ユダヤ教聖典入門』教文館 1990
L.ポリアコフ，菅野賢治・合田正人監訳『反ユダヤ主義の歴史』全5巻 筑摩書房 2005-7
市川裕『ユダヤ教の精神構造』東京大学出版会 2004
沼野充義編『ユダヤ学のすべて』新書館 1999
N.デ・ランジュ，柄谷凛訳『ユダヤ教とはなにか』青土社 2004

《一次資料（翻訳）》

アレクサンドリアのフィロン，野町啓・田子多津子訳『ユダヤ古典叢書　世界の創造』教文館 2007
石川耕一郎・三好迪・長窪専三訳『ユダヤ古典叢書　ミシュナ』教文館 2003-(既刊2巻)
石田友雄・市川裕総括編集『バビロニア・タルムード』三貴 1993-(既刊16巻)
日本聖書学研究所編『聖書外典偽典』全7巻＋別2巻 教文館 1975-82
F.ヨセフス，秦剛平訳『ユダヤ戦記』全3巻 筑摩書房（ちくま学芸文庫）2002

◆◆◆1章◆◆◆

池田裕『旧約聖書の世界』岩波書店 2001
市川裕「ユダヤ人をユダヤ人にしたもの—トーラーの精神」(宮本久雄・大貫隆編『一神教文明からの問いかけ』) 講談社 2003
上村静『宗教の倒錯—ユダヤ教・イエス・キリスト教』岩波書店 2008
後藤光一郎『宗教と風土—古代オリエントの場合』(宗教史学論叢4) リトン 1993
田川建三『イエスという男』(第2版増補改訂版) 作品社 2004 (初版：三一書房 1980)
本村凌二『多神教と一神教—古代地中海世界の宗教ドラマ』岩波書店（岩波新書）2005
山我哲雄・佐藤研『聖書時代史』(旧約篇、新約篇) 岩波書店（岩波現代文庫）2003
A.ヘシェル，並木浩一監修，森泉弘次訳『イスラエル預言者』上下 教文館 1992
A.マザール，杉本智俊・牧野久実訳『聖書の世界の考古学』リトン 2003
C.レヴィン，山我哲雄訳『旧約聖書—歴史・文学・宗教』教文館 2004
F.G.ヒュッテンマイスター，H.ブレードホルン，山野貴彦訳『古代のシナゴーグ』教文館 2012
月本昭男『この世界の成り立ちについて—太古の文書を読む』ぷねうま舎 2014
長谷川修一『旧約聖書の謎—隠されたメッセージ』中公新書 2014
田川建三『書物としての新約聖書』勁草書房 1997
ハンス・コンツェルマン，小河陽訳『異教徒・ユダヤ教徒・キリスト教徒—ヘレニズム・ローマ時代の文献に現われる論争』新地書房 1990
秦剛平『旧約聖書続編講義—ヘレニズム・ローマ時代のユダヤ文書を読み解く』リトン 1999
E.シューラー，小河陽訳『イエス・キリスト時代のユダヤ民族史』教文館 2012

◆◆◆2章◆◆◆

J.グットマン，合田正人訳『ユダヤ哲学—聖書時代からフランツ・ローゼンツヴァイクに至る』みすず書房 2000
M.ハルバータル，A.マルガリート，大平章訳『偶像崇拝—その禁止のメカニズム』法政大学出版局 2007
A.コーヘン，村岡崇光・市川裕・藤井悦子訳『タルムード入門』全3巻 教文館 1997
市川裕「一神教と〈戒〉—ユダヤ教的特徴」(松尾剛次編『思想の身体　戒の巻』) 春秋社 2006

◆◆◆3章

『岩波講座・東洋思想　ユダヤ思想』(第1～2巻) 岩波書店 1988
佐藤圭史郎「西アジアにおける金銀の流通量とユダヤ商人—特に10、11世紀における」『田村博士頌寿東洋史論叢』田村博士退官記念事業会 1968
佐藤次高『中世イスラム国家とアラブ社会』山川出版社 1986
家島彦一『イスラム世界の成立と国際商業』岩波書店 1991
湯浅赳男『新版ユダヤ民族経済史』洋泉社新書 2008
鈴木董『オスマン帝国とイスラム世界』東京大学出版会 1997
深沢克己・高山博編『信仰と他者—寛容と不寛容のヨーロッパ宗教社会史』東京大学出版会 2006
E.ケドゥーリ，関哲行ほか訳『スペインのユダヤ人—1492年の追放とその後』平凡社 1995
M.R.メノカル，足立孝訳『寛容の文化』名古屋大学出版会 2005
A.J.ヘッシェル，森泉弘次訳『マイモニデス伝』教文館 2006
W. J. Fischel, *Jews in the Economic and Political Life of Medieval Islam*, London, The Royal Asiatic Society, 1937.
S.D. Goitein, *Letters of Medieval Jewish Traders*, Princeton, Princeton University Press, 1973.
J. Mann, *The Jewish in Egypt and Palestine under the Fatimid Caliphs*, 2vols., London, Oxford University Press, 1920.
N. A. Stillman, *The Jews of Arab Lands*, Philadelphia, Jewish Publication Society of America, 1979.

◆◆◆4章◆◆◆

G.ショーレム，山下肇訳『ユダヤ教神秘主義—その主潮流』法政大学出版局 1985
G.ショーレム，石丸昭二訳『サバタイ・ツヴィ伝—神秘のメシア』法政大学出版局 2009
B. Bokser, *Abraham Isaac Kook: The Lights of Penitence*, The Moral Principles, Lights of Holiness, Essays, Letters, And Poems, New Jersey, Paulist Press, 1978.
L. Fine, *Physician of the Soul, Healer of the Cosmos: Isaac Luria and His Kabbalistic Fellowship*, Stanford, Stanford University Press, 2003.
L. Fine, *Safed Sprituality: Rules of Mystical Piety, The Beginning of Wisdom*, New Jersey, Paulist Press, 1984.
P. Giller, *Shalom Shar'abi and the Kabbalists of Beit El*, New York, Oxford University Press, 2008.
M. Hallamish, *An Introduction to the Kabbalah*, Albany, State University of New York Press, 1999.
B. Huss ed., *Kabbalah and Contemporary Spiritual Revival, Beer-Sheva*, Ben-Gurion University of the Negev Press, 2011.
M. Idel, *Kabbalah: New Perspectives*, New Haven & London, Yale University Press,1988.
P. Schäfer, *The Origins of Jewish Mysticism*, Tübingen, Morh Siebeck, 2009.
G. Scholem, *Origins of the Kabbalah*, New Jersey, Princeton University Press, 1987.

◆◆◆5章◆◆◆

大澤武男『ユダヤ人ゲットー』講談社 1996
C. Roth, *The Jews in the Renaissance*. New York: Herper & Row Publishers, 1959.
U. Fortis, *The Ghetto on the Lagoon*, Venezia: Storti Edizioni, 1988.
R. Bonfil, *Jewish life in Renaissance Italy*, Berkeley: University of California Press, 1994.

◆◆◆6章◆◆◆

手島佑郎『ユダヤ教の霊性—ハシディズムのこころ』教文館 2010
手島勲矢『ユダヤの聖書解釈—スピノザと歴史批判の転回』岩波書店 2009
圀府寺司編『ああ、誰がシャガールを理解したでしょうか？』大阪大学出版会 2011
J.ボヤーリン，D.ボヤーリン，赤尾光春・早尾貴紀訳『ディアスポラの力』平凡社 2008
有田英也『ふたつのナショナリズム—ユダヤ系フランス人の「近代」』みすず書房 2000
上田和夫『イディッシュ文化—東欧ユダヤ人のこころの遺産』三省堂 1996
黒川知文『ロシア社会とユダヤ人—1881年ポグロムを中心に』ヨルダン社 1996
山下肇『ドイツ・ユダヤ精神史　ゲットーからヨーロッパへ』講談社（講談社学術文庫）1995
Th.ヘルツル，佐藤康彦訳『ユダヤ人国家—ユダヤ人問題の現代的解決の試み』法政大学出版局 1991
G.L.モッセ，三宅昭良訳『ユダヤ人の〈ドイツ〉—宗教と民族をこえて』講談社 1996
高尾千津子『ロシアとユダヤ人—苦悩の歴史と現在』東洋書店 2014
長田浩彰『われらユダヤ系ドイツ人』広島大学出版会 2011
M.ブレンナー，上田和夫訳『ワイマール時代のユダヤ文化ルネサンス』教文館 2014
野村真理『ウィーンのユダヤ人—一九世紀末からホロコースト前夜まで』御茶の水書房 1999

◆◆◆7章◆◆◆

鶴見太郎『ロシア・シオニズムの想像力』東京大学出版会 2012
アイザック・バシェヴィス・シンガー，西成彦訳『不

1280頃	モシェ・デ・レオンが『光輝（ゾーハル）の書』を著す。
1290	イギリスからユダヤ人が追放される。
1348	黒死病の流行。ヨーロッパ各地でユダヤ人が迫害される。
14C	アシュケナジ系ユダヤ人が東ヨーロッパへ大移動。
1391	セビリャをはじめスペイン各地で大規模なユダヤ人迫害が起こる。カタロニアとマジョルカのユダヤ人避難民が北アフリカに到着。
1394	フランスからユダヤ人が追放される。
1453	オスマン朝がコンスタンティノープルを征服。ビザンツ帝国滅亡。
1492	グラナダ征服によりレコンキスタ完成。スペインで王朝が統一され、ユダヤ人追放令が発布される。
1496	ポルトガルからユダヤ人が追放される。
1516	J.ロイヒリンがカバラー研究について教会の承認を得る。ベネツィアでゲットーの政策が始まる。
1530頃	ツファットがカバラーの中心地となる。
1543	M.ルター『ユダヤ人と彼らの虚偽について』を著す。
1555	パウルス4世がゲットー建設を命じる勅書を発布。
1570	イツハク・ルーリアがツファットに到着。カバラー思想を展開。
1595	クラクフのユダヤ人コミュニティで、全国的な協議会の規約が制定される。
1648	フミエルニツキの指揮によってカザークの反乱が起こり、多くのユダヤ人が迫害される。
1656	B.スピノザがアムステルダム・ユダヤ人コミュニティから破門される。
1665	シャブタイ・ツヴィのメシア運動が起こる。
1730	ニューヨークのマンハッタンにシナゴーグがはじめて建設される。この頃、バアル・シェム・トーヴが布教開始。
1737	ゲダリヤ・ハヨーンがエルサレムにベイト・エルを創設。
1755	ウクライナでヤコブ・フランクのメシア運動が起こる。
1784	M.メンデルスゾーン、『エルサレム』を著す。
1789	フランス革命が起こる。
1807	ヨーロッパ全土を対象にパリでユダヤ人議会（サンヘドリン）開催。ユダヤ法の政治的規定の破棄が宣言される。
1819	ドイツでヘップ・ヘップ運動が起こり、ユダヤ人が迫害される。
1835	ロシア政府が「ユダヤ人に関する規定」でユダヤ人の定住地域を正式に設定。
1871	ドイツ帝国の成立。ドイツでユダヤ人解放。
1881	E.ベン・イェフダがパレスチナに移住し、現代ヘブライ語の構築に着手。ウクライナで大規模なポグロムが起こる（～84）。第1次アリヤーが始まる。
1894	フランスでドレフュス事件が起こる。
1896	T.ヘルツル『ユダヤ人国家』を著す。
1897	第1回世界シオニスト会議がバーゼルで開催され、世界シオニスト機構を設立。
1901	S.ドゥブノフが文化的自治主義を提唱。
1903	キシニョフで大規模なポグロムが起こる。
1905	『シオン長老の議定書』が出版される。
1917	バルフォア宣言。イギリス政府がパレスチナでのユダヤ人国家建設を支援。
1920	パレスチナがイギリスの委任統治領となる。
1923	ゲルショム・ショーレムがパレスチナに移住、カバラーの研究を行う。
1924	アメリカで移民法規制が成立。東欧ユダヤ人の移住が制限される。
1933	ヒトラーが政権を掌握。
1938	ドイツ全土でポグロムが起こる（水晶の夜）。
1941	ナチスによるユダヤ人虐殺（～45）。
1948	イスラエル独立宣言。
1949	イスラエル首相ベングリオンがアメリカのユダヤ人に大規模な移民を呼び掛け、反発を受ける。
1950	イスラエル政府が帰還法を制定。
1967	第3次中東戦争でイスラエルがヨルダン川西岸とガザ地区を占領。
1987	イスラエルでインティファーダが起こる。ハマース結成。
1988	パレスチナ国民評議会がパレスチナ国家独立宣言を行う。

ユダヤ教の歴史 関連年表

前13C頃	イスラエルなど小規模国家が中近東に出現。
前722	イスラエル王国がアッシリアに滅ぼされる。
前587	ユダ王国が新バビロニアに滅ぼされ、第一神殿が崩壊、バビロン捕囚（～前586）。
前586	捕囚時代。預言者エゼキエルが活動。申命記史書や祭司文書などが成立。
前538	ペルシア王キュロスにより、バビロニアからパレスチナへ捕囚民が帰還。
前430頃	エズラによるトーラー朗読。ユダの民の悔い改めが行われる。
前333	アレクサンドロス大王の小アジア征服、ギリシア帝国の東方への拡大。
前280頃	聖書のギリシア語訳。
前198	セレウコス朝によるパレスチナ支配が始まる。
前63	ローマがエルサレムを占領し、パレスチナを支配。
前48	ヘロデがガリラヤ知事に任命される。
前10頃	ヒレルがサンヘドリンの議長（ナスィ）として活動。ヒレル学派とシャンマイ学派が活動。タンナイーム時代の開始。
66	カエサリアでのユダヤ人迫害により、ユダヤ人による対ローマ戦争勃発。
70	ローマ軍によって第二神殿が崩壊。
132	バルコフバによる対ローマ戦争（～135）。ラビ・アキバらが殉教する。鎮圧後、エルサレムは「アエリア・カピトリーナ」に改称され、ユダヤ人の出入りが禁止される。
135	ローマのハドリアヌス帝がユダヤ人を迫害し（～138）、多数の学者がバビロニアへ移住。
200頃	ラビ・ユダ・ハナスィ、ミシュナを編纂。
3C初め	アモライーム時代の開始。
242	ササン朝シャプール1世の治世開始。「レシュ・ガルータ（捕囚民の長）」がユダヤ人の代表として認められる。
313	ローマ帝国コンスタンティヌス1世がキリスト教を公認（ミラノ勅令）。
359	ヒレル2世がユダヤ暦の算定法を公表し、各地のユダヤ人コミュニティに通達。
4C末	エルサレム・タルムード編纂。初期のミドラシュ編纂（～640頃）。ヘーハロート文学の成立。
500頃	バビロニア・タルムード編纂。
527	ビザンツ帝国ユスティニアヌス帝の治世開始。反ユダヤ法を刷新し、ローマ法典に編入。
610	ムハンマド最初の啓示。
638	アラブ軍がエルサレムを征服。
711	イスラーム勢力がイベリア半島をほぼ征服。
740	ハザール王国がユダヤ教に改宗。
762	アッバース朝、バグダード建都。
797	フランク王国カロリング朝カール大帝の使節が、アッバース朝カリフ・ハールーン・アッラシードを訪問。
825	カリフが捕囚民の長以外の代表者を立てることを認める。この頃、カロリング朝でユダヤ人商人に対する法的保護に関する憲章が発布される。
878	アグラブ朝シチリア征服を完了。
909	北アフリカでファーティマ朝成立。カイワラン（チュニジア）がユダヤ人コミュニティの中心に。
928	サアディアがスーラの学塾の塾長に任命される。
973	ファーティマ朝がカイロに遷都。エジプトでユダヤ人コミュニティが繁栄。
1066	ノルマン人がイギリスを征服。直後にユダヤ人がフランスから移住してくる。
1070	この頃、ラシがトロワ（フランス）に学塾を創設。
1096	第1回十字軍がライン川流域でユダヤ人を虐殺。
1144	ノリッジ（イギリス）で血の中傷事件が起こる。
1147	ムワッヒド朝がマグリブとイベリア半島を征服し、ユダヤ人を迫害（～60）。
1178	マイモニデス、法典集『ミシュネー・トーラー』を著す。
1179	第3回ラテラノ公会議。ユダヤ人の職業が限定され、金貸し業者が増大。
1196	シューム（シュパイヤ・ヴォルムス・マインツ）協議会が開かれる（～1250までに5回）。
12C末	『清明（バヒール）の書』が著される。
13C初め	盲目のラビ・イツハクが「エイン・ソーフ」の概念を発展させる。
1215	第4回ラテラノ公会議。反ユダヤ的な諸制度が制定される。

◉編・著者略歴

市川裕（いちかわ・ひろし）
東京大学大学院人文社会系研究科教授。宗教史学、ユダヤ思想、比較法史研究。主な著書に『宗教の世界史7　ユダヤ教の歴史』（山川出版社）『ユダヤ教の精神構造』（東京大学出版会）などがある。
■はじめに／1、2、6、7章／あとがき

◉執筆者略歴

嶋田英晴（しまだ・ひではる）
東京大学大学院人文社会系研究科研究員。中世イスラーム支配下のユダヤ史研究。主な論文に「ユダヤ教徒の生き残り戦略　中世イスラーム世界の場合」（博士論文）がある。
■3章／コラム

山本伸一（やまもと・しんいち）
日本学術振興会特別研究員PD。ユダヤ神秘思想およびメシアニズム研究。主な論文に「シャブタイ派思想における反規範主義の起源と展開」（博士論文）がある。
■4章

李美奈（り・みな）
東京大学大学院人文社会系研究科修士課程在籍。イタリアのユダヤ史・ゲットー研究。主な論文に「隔離と同化　ゲットーの壁とはなんであったのか」（工学修士論文）がある。
■5章

ふくろうの本

図説　ユダヤ教の歴史

二〇一五年　三　月二〇日初版印刷
二〇一五年　三　月三〇日初版発行

編者……………………市川裕
装幀・デザイン………日高達雄＋伊藤香代（蛮ハウス）
発行者…………………小野寺優
発行……………………河出書房新社
東京都渋谷区千駄ヶ谷二-三二-二
電話　〇三-三四〇四-一二〇一（営業）
〇三-三四〇四-八六一一（編集）
http://www.kawade.co.jp/
印刷……………………大日本印刷株式会社
製本……………………加藤製本株式会社

Printed in Japan
ISBN978-4-309-76230-2